Transformation
of Rural Employment
Landscape and Dynamics
in a Megacity

A Case Study
of Shanghai

# 超大城市乡村就业图景的变迁及动力机制转型
## ——以上海为例

魏 澜 / 著

上海社会科学院出版社
SHANGHAI ACADEMY OF SOCIAL SCIENCES PRESS

本研究系上海市哲学社会科学规划课题"上海农村社会保障体系的家庭化路径研究"(项目编号:2022BSH012)的阶段性成果。

# 目 录

**第一章　导论** ·································································· 1
　第一节　研究背景 ·························································· 1
　第二节　研究方法 ·························································· 3
　第三节　本书安排 ·························································· 3

**第二章　改革开放以来上海农村的发展变迁** ························· 7
　第一节　乡镇企业异军突起 ············································· 7
　第二节　劳动力持续外流的二十年 ··································· 11
　第三节　乡村振兴战略与乡村的可持续发展 ······················· 14

**第三章　本书关键词** ······················································ 16
　第一节　再生产 ···························································· 16
　第二节　素质话语 ························································· 24
　第三节　优绩主义 ························································· 30
　第四节　劳动力人口治理 ················································ 37
　第五节　小结 ······························································· 41

**第四章　积极养老视角下上海低龄老年人的就业机制** ········· 43
　第一节　老龄化与积极养老 ············································ 43
　第二节　生产性老龄化 ··················································· 45
　第三节　上海农村低龄老年群体就业情况分析 ···················· 48

## 第五章 "内生型"青年村干部扎根上海乡村的机制与实践 …… 67
### 第一节 关于村干部的"全职化"问题 …… 69
### 第二节 回村做干部的"初心" …… 72
### 第三节 本地村干部扎根乡村的内在动力 …… 76
### 第四节 青年村干部的个体利益诉求与公共利益考量 …… 78
### 第五节 结语 …… 81

## 第六章 上海乡村创业者的发展困境及其能动性 …… 83
### 第一节 返乡创业的政策环境：中央一号文件中关于返乡下乡创业的内容 …… 84
### 第二节 乡村创业者的基本情况 …… 86
### 第三节 上海乡村创业者的结构性困境及其能动性 …… 89
### 第四节 结语 …… 97

## 第七章 就业视角下上海农业"适度规模化"的内涵及其限度 …… 99
### 第一节 农业适度规模经营的内涵 …… 99
### 第二节 农业规模化对农民就业的影响 …… 103
### 第三节 上海农业规模化与农民就业情况的相关性分析 …… 107
### 第四节 从家庭农场看农业适度规模经营 …… 113
### 第五节 就业视角下上海的地方化"适度规模化"限度 …… 116

## 第八章 上海外来务农者的"转型升级"之路 …… 119
### 第一节 外来务农者的概念界定 …… 119
### 第二节 上海的外来务农人员基本情况分析 …… 121
### 第三节 从被排挤的弱势群体变为上海农业的引领者 …… 124

## 第九章　上海乡村产业振兴"带头人"的培育问题 …… 134
### 第一节　优绩主义逻辑下的"典范"效应 …… 134
### 第二节　乡村产业振兴"头雁"的培育 …… 137
### 第三节　关于典型示范作用的反思 …… 141

## 第十章　培育新型职业农民的机制及其问题 …… 143
### 第一节　何为"新型职业农民"？ …… 143
### 第二节　我国新型职业农民发展情况的相关研究 …… 146
### 第三节　政府视角下上海市新型职业农民培育的基本情况 …… 150
### 第四节　世界部分发达国家农民的职业化道路 …… 153
### 第五节　"新型职业农民培育"中政府主导的不可行性 …… 160

## 第十一章　困难就业群体及其就业保障机制 …… 162
### 第一节　就业困难群体的概念界定及人员分类 …… 162
### 第二节　上海农村困难就业群体情况分析 …… 165
### 第三节　上海促进农村困难就业者就业的相关对策 …… 170
### 第四节　发达国家针对困难就业群体的就业政策 …… 176
### 第五节　解决我国就业困难群体再就业的一些对策 …… 182
### 第六节　结语 …… 184

## 第十二章　超龄劳动者的就业保障困境及其对策 …… 186
### 第一节　"超龄劳动者"的法律界定 …… 187
### 第二节　超龄劳动者的生存现状与问题 …… 188
### 第三节　部分发达国家对超龄劳动者的保障措施 …… 199
### 第四节　结语 …… 205

**参考文献** …… 207
**后记** …… 228

# 第一章 导 论

## 第一节 研究背景

"就业"无论是在经济意义上,还是在价值意义上,对于现代社会的绝大多数个体来说都是一个人生关键词。这个关键词,既关乎每个个体的生计问题,也关乎整个社会发展的形态与方向,更关乎每个个体的存在问题。中国自改革开放以后,随着市场的开放,农村劳动力向城市急剧流动转移,不仅引起了产业结构的重大调整,也引起了整个城乡社会的深刻变迁。因此,学界近二三十年来,对流动人口、农民工的研究可谓汗牛充栋。毫无疑问,这个群体已经成为国家人口构成中非常重要的组成部分。根据统计,2023年,全国的流动人口已经达到了3.76亿,由此而来的,是大量的留守儿童和留守老人,农村尤甚。可以说,无论是在家庭结构还是在社会结构上,中国的农村无疑都经历了重大而剧烈的变迁。然而,2017年开始实施乡村振兴战略以来,国家开始坚定地尝试扭转农村空心化,老龄化,农业颓废,农村社会散乱,生态破坏,农民文化凋零这些局面。在政府各项政策的大力推行以及各类媒体的宣传之下,"乡村"一词突然充满了"希望""乡愁""理想"等浪漫化的寓意。一时之间,返乡创业、返乡就业也成为时髦,一些青年怀揣着建设乡村的理想,在山川田野间尝试描绘一幅关于生命和发展的新图景;一些在城市漂泊劳碌多年的中年人也试图重整老家的资源,开启一段关于"归来再启程"的人生旅途;而那些留守的老人们仿佛也得到了重新参与社会建设的机会,再次成为农村发展需要的劳动力资源。同时,随着网络、新媒体等数字化应用在普通百姓生活与生产中的广泛普及,如今的"乡村就业",不仅可以在行业维度上进行细分,在时间和空间意义上,也形成了各种不同的形态。全职就业、兼职就业、临时就业、自由就业、远程就业,叫法众多,不一而足。不可否认,乡村振兴战略的确让整个社会对"乡村"再次燃起了改造和重建的热情,虽然现在对这一战略的整体评估还为时尚早,但在这个过程中随之而来的问题、困境、悖论,则是需要我们正视并不断进行调整的。

本书通过 2021 年至 2023 年间对上海农村就业情况的调研,试图呈现上海乡村就业的新图景。作为一个研究议题,"农村就业"事实上只是理解农村发展生态的一把钥匙,一个线索。本书以农村就业为主线,以个案研究为基础,结合宏观数据与政策分析,深入探讨上海的产业结构调整、土地资源配置、乡村振兴战略的实施、资本下乡等各种政府行为与社会行动是如何形塑乡村就业图景的。在微观层面上,本书将细致把握老年农民(尤其是低龄老年农民)、返乡创业青年、农村青年干部、新型职业农民、外来务农人员、就业困难人员等不同乡村群体的就业策略、就业状态及其所面临的挑战与困境。在宏观层面上,本书则力图将经验数据材料与上海各级政府出台的政策文件紧密结合,比较国内外其他地区乡村发展的不同经验,全面分析上海农业农村发展的趋势和挑战,并在此基础上,探讨在乡村振兴背景下,农村就业机制如何能实现优化。正如蒂莫西·米切尔(Timothy Mitchell)所指出的,宏观层面的矛盾、关系和趋势在微观层面都有呈现,而且往往以最真实的形式表现出来。[①] 然而,也正如扬·杜威·范德普勒格(Jan Douwe van der Ploeg)所批评的,农政研究(agrarian studies)所采用的学术理路最大的缺陷之一,就是往往只注重"宏观原因"和"宏观结果"之间的直接关联,严重忽视了微观层面,但大多数的宏观因素,实际上都在微观层面被行动者主动地理解、转化成一系列的行动。[②] 因此,需要指出的是,基于人类学的

---

[①] Mitchell, Timothy, *Rule of experts: Egypt, techno-politics, modernity*. Berkeley: University of California Press, 2002.
[②] [荷]扬·杜威·范德普勒格(Jan Douwe van der Ploeg):《小农与农业的艺术:恰亚诺夫主义宣言》,潘璐译,叶敬忠译校,社会科学文献出版社 2020 年版。

"整全视角",本书力图将农村就业问题作为一个整体进行分析。具体而言,本书所指的"就业机制优化",其内涵不仅指劳动力资源的优化利用,生产力的优化提升,更指向在乡村"生活"的个体拥有更多的劳动乐趣、工作幸福感、人生意义等。"人生意义"维度的探讨,对于我们理解乡村"就业"之所以具有重要的意义,缘于我们在一系列调研中的发现。对于大多数在乡村工作,或者说选择在乡村工作的人而言,"生活""家庭""人生意义"这些议题,几乎都是最重要的择业因素。

## 第二节 研究方法

本研究选择上海农村一些具有代表性的就业群体进行深入调研。具体研究方法上,包括一系列的半结构访谈、座谈会(焦点小组访谈)、参与式观察等,结合历年的政策分析、相关统计数据等,试图呈现当前农村劳动力就业机制的形成以及其所面临的问题和困境。如上所述,基于人类学的"整全视角",本书力图将农村就业问题作为一个整体进行分析。需要承认的是,本书的研究过程存在一些不足,主要体现在缺乏深度的农村社区蹲点调研。传统的人类学田野调查方法要求基于长时段的蹲点调研开展研究,博士训练一般要求12—24个月,本研究未能在一个小型社区内进行长时段的蹲点调研,因此,在许多问题的分析上,未能充分嵌入村庄整体发展的脉络中。然而,笔者基于博士训练阶段的长期蹲点调查经验,在2021—2023年间陆陆续续的多点调研,以及笔者所在单位研究团队长期聚焦上海乡村振兴工作的方方面面,收集到的数据信息全面丰富,或可在一定程度上弥补此缺憾。

## 第三节 本书安排

本书一共分为十二章,具体章节安排如下:
第一章为导论,交代本书的主要研究背景、研究方法与各章节的安排。

第二章聚焦介绍上海在改革开放四十多年过程中农村劳动力的基本结构变迁，尝试勾勒上海乡村就业变迁的基本背景。本章将改革开放以来上海农村的发展划分为三个阶段：20世纪70年代末至20世纪90年代的乡镇企业发展阶段；2001年中国加入WTO后，农村劳动力急剧外流的阶段；2017年国家乡村振兴战略实施以来，农村面临可持续发展挑战的阶段。

第三章主要澄清四个贯穿本书分析过程的关键概念，包括"再生产""素质""优绩主义""劳动力人口治理"。这四个关键词是理解上海农村就业图景变迁的主要视角，这些概念并非孤立，其内在逻辑相互勾连、相互影响，在不同的章节中，对于分析上海农业农村发展中的基本逻辑、发展理念，以及不同群体的具体就业情况，都具有支撑性作用。

第四章至第十二章将通过具体的案例和就业群体做具体的分析。第四章聚焦上海老年就业群体的就业机制及其困境。与全国许多其他地方相似，上海农村劳动力的主力军事实上也是中老年人，其中，低龄老年人（60—70岁之间）占很大的比例。上海低龄老年农民的再就业具有以下四个特点：一是以兼职为主；二是以"廉价性"为优势（主要基于"不需要雇主承担其社会保险"）；三是以确保自身较强的"自主性"为主要诉求（时间灵活，工作简单易介入）；四是乡村产业激进转型增加了低龄老年人就业的难度。基于这些特点，如何将"就业保障"作为一种积极养老策略，从政策层面予以保护，是上海农村就业政策体系需要完善的重要方面，也是回应农民养老问题的一种思路。

第五章聚焦农村青年干部群体。自实施乡村振兴战略以来，随着各种国家与社会资源注入乡村，大批青年群体也开始走进农村，返回农村，而"村干部"作为一种全职工作，则成为下乡青年的优先职业选择。但从全国情况看，许多研究指出，青年干部参与乡村建设的"可持续性"却并不强，青年干部队伍的流动性大，村庄普遍面临"留不住人"的局面。然而，对上海农村的调研则发现，虽然总体上上海也面临青年干部群体流动性强、村庄"留不住人"的局面，但是许多来自本地（本村或本镇）的村干部，具有较强的稳定性。本章基于2022—2023年在上海九大涉农区对30多名"土生土长""内生型"

青年村干部的深度访谈,探讨这些本地青年村干部群体能较长时间扎根农村的原因及机制。

第六章聚焦乡村创业青年群体。乡村振兴战略声势浩大的宣传与政府各部门对此工作的强力推动,的确吸引了许多回到乡村、走入乡村的群体。这些乡村创业者的创业经历有成有败,他们所面临的发展困难看似原因纷繁,却存在普遍的制度层面限制的原因。本章将通过对一些上海乡村创业者在乡村就业的机制研究,探讨乡村创业的困境及其原因。

第七章从就业角度探讨上海农业适度规模化的限度及其内涵。农业规模化经营会产生诸多影响,对农民就业的影响是其中非常重要的一个,包括对农村劳动力转移的影响、对农民就业意愿与能力的影响等。本章将通过考察上海地方政府对"农业适度规模化"的具体实践,探讨上海农业规模化经营的必要性及其限度,并从就业角度,为"农业适度规模化"概念的丰富提供一个考量维度。

第八章聚焦外来务农人员。2000—2010年,关于上海郊区的"农民农"问题曾经引起很多关注和讨论。然而近十年左右,来上海郊区农村务农的群体不论是在身份层面上,还是在职业或产业层面上,都发生了重要的转型。本章将呈现上海农村外来务农者群体在不同发展阶段生产与生活状态的变迁,并探讨政府治理模式在不同阶段的转变,及其所产生的社会效益的转变。

第九章聚焦村庄产业发展中的"头雁"群体,并进而探讨乡村发展中"带头人"问题。本章通过对自上而下推行的"头雁"项目的开展过程及其实践逻辑的呈现,分析基于优绩主义逻辑"树立典型"的举措,对于乡村产业振兴实际产生的意义与价值。

第十章聚焦上海新型职业农民的培育。培育新型职业农民被认为是实施乡村振兴战略非常重要的一项工作。自古以来,农民在我国不仅是一个"职业"概念,更是一个"身份"概念。随着户口制度的强化,农民与城市居民之间在资源享有上,比如养老、教育、就业、医疗等方面,都存在明显的差别。

而新型职业农民的培育,则标志着农民由"身份型向职业型转变"。[①] 本章聚焦上海如何定义"新型职业农民",在新型职业农民的培训上又如何着力,在此基础上,探讨农民职业化道路所遇到的挑战。

第十一章聚焦农村困难就业群体的就业保障。无论国内国外,困难群体的就业都是就业问题中最脆弱、最棘手的环节。本章主要分析上海农村困难就业群体的构成及其相应的困难,并通过总结一些发达国家和地区对困难就业群体的支持政策,为完善上海农村困难就业群体的就业保障提供一些相应的借鉴与对策。

第十二章聚焦探讨超龄劳动者的社会保障问题。不同于第四章关于低龄老年人就业保障问题的探讨,本章主要从法律层面探讨超龄劳动者的权益问题。无论从农业劳动力保障供给角度,还是从提高超龄劳动者基本社会保障的人道主义角度,提高超龄劳动者的就业保障水平都势在必行。超龄劳动者的就业保障既需要更系统的社会保障政策的支持,也依赖于老年人在产业升级背景下的技能提升,更依赖于乡村产业发展对这类劳动力的吸纳能力。

---

[①] 刘家斌、王娟:《论新型职业农民培育在全面乡村振兴中的关键性作用》,《农业经济》2022年第8期。

# 第二章　改革开放以来上海农村的发展变迁

改革开放以来,上海农村发展经历了三个重要阶段,可以比较粗略地划分为:20世纪70年代末至20世纪90年代的乡镇企业发展阶段;2001年中国加入WTO后,农村劳动力急剧外流的阶段;2017年国家实施乡村振兴战略以来,农村面临可持续发展挑战的阶段。本章将首先对上海农村这三个不同阶段的变迁做简单的背景介绍。

## 第一节　乡镇企业异军突起

所谓的"乡镇企业",其制度基础可追溯至人民公社时期的社队企业[①]。乡镇企业的说法在人民公社时期前叫社办工业,人民公社初期叫公社工业,20世纪60年代到1984年叫社队企业,从1984年3月才开始叫乡镇企业。1983年中央决定取消人民公社,建立乡镇政府,因而适当调整了社队企业的名称,基本界定了社队企业的概念。[②] 改革开放最初的十多年时间里,乡镇企业成为中国经济最具活力的组成部分,其在推动中国农村地区的工业化方面扮演了至关重要的角色,尤其是自1980年财政改革以来。1987年,

---

[①] 虽然很多研究也表明,基于手工业的发展,早在民国时期中国许多农村就已经实现了第一次农村工业化。见于周飞舟:《回归乡土与现实:乡镇企业研究路径的反思》,《社会》2013年第3期。

[②] 渠敬东:《占有、经营与治理:乡镇企业的三重分析概念(上)重返经典社会科学研究的一项尝试》,《社会》2013年第1期。

农村工业超过农业成为农村总收入的主要来源,[1]而从1980年到1987年,乡镇企业的总产出增加了将近9倍,1978年到1990年,乡镇企业产出的年增长率超过了26%,1978年到1986年,乡镇企业新创造的工作岗位多达5700万个。[2]

  作为全国的经济、金融与贸易中心,上海的乡镇企业更是拥有得天独厚的发展条件。自20世纪70年代,上海乡村就出现了一些产权关系模糊不清的小工厂,到了20世纪80年代,乡镇企业就在上海郊区占据了半边天。最初,这些企业主要集中在农机和五金制造等小型产业上,自20世纪80年代中期开始,其业务范围和规模开始逐步扩展。到了20世纪90年代,不仅覆盖了轻工、机械、服装、鞋帽、纺织、化工、塑料、造纸、食品加工以及金属制品等领域,而且规模上也实现了从小型到中大型的跨越发展。从经营体系上看,上海的乡镇企业,从最初的就地取材、就地生产、就地销售的简单运营模式,逐步转型为依托城市和大型城市工业的复杂经营体系,成为上海经济的一个重要组成部分。在20世纪60年代至70年代,城市工业开始以不同形式与乡镇企业结合,双方相互支持,共同发展。例如,"永久"和"凤凰"牌自行车公司为满足市场需求,在郊区设置了59个零部件加工点,使自行车产量从1978年的281万辆激增至1986年的630万辆。进入80年代,随着城市工业发展和城市基础设施建设的需要,上海大力发展联营企业,到1990年底,工农联营企业已增长至2310家,产值高达92.88亿元。自1990年起,随着改革开放政策的深入实施和"城乡一体化"发展方针的贯彻,中心城区采取了"退二进三"的策略,即缩减第二产业,大力发展第三产业和基础设施,因此,大量城市工业开始向郊区转移。郊区为了改善投资环境,积极接纳市区工业的落户,通过统一规划,在各区县逐步建立了工业园区,比如闵行莘庄工业区和闵行经济技术开发区,到2010年已经取得了工业产值

---

[1] 国家统计局编:《中国统计年鉴1988》,中国统计出版社1988年版,第214页。
[2] [美]戴慕珍(Jean C. Oi):《中国乡村起飞:经济改革的制度基础》,李伟东译,中国社会科学出版社2021年版,第1页。

高达1025.4亿元的成绩。①

从规模上看,自1979年上海市郊出现了第一家工农联营企业后,在1979年到1991年期间,上海乡镇企业的数量按照每年30%的平均速度实现了显著增长。更为引人注目的是,到了20世纪90年代初,这一增长率更是提升至50%。截至1990年,上海市郊的乡镇企业数量达到了13 806家,雇佣职工达到143.1万人。这些企业拥有的固定资产原值高达115.89亿元,占地面积达到6 732.6万平方米。而在1990这一年,乡镇企业实现了产值289.75亿元,销售收入268.62亿元,创造利润22.68亿元,全员劳动生产率达到4 844.6元/人,人均创利1 584.6元。② 焦必方的调研成果中记录到,1994年奉贤县下辖21个乡镇300个村民委员会,各乡共有乡办企业555家,村办企业1 067家,还有23家镇办企业。就乡镇一级而言,平均每乡有乡办企业27.5家,大部分乡镇都在22—30家企业之间,其中一些乡镇所办乡镇企业数高达30家以上,按此计算,每村有村办企业3.5家,每乡有50.8家。③ 这一系列数据都明显反映了改革开放的过程中上海乡镇企业的迅速扩张,也说明了乡镇企业在促进上海经济发展和社会变革中起到的重要作用。

随着乡镇企业的兴起和发展,农村地区逐渐形成了第一、第二和第三产业共同发展的新格局。上海市乡镇企业调查协会课题组2013年的报告显示,1986年,上海郊区农村的第一产业总收入比1950年增长了6.4倍,但在三次产业中所占的比重已从原来的100%下降到17.1%,到1990年,尽管第一产业仍在发展,但其比重进一步降至14.9%。④ 与此同时,乡镇企业的发展不仅改变了农村单一的产业结构,还为新农村建设提供了大量资金,加

---

① 陈国权:《规模化经营是上海乡镇企业可持续发展必由之路——上海郊区培育发展乡镇企业集团的思考》,《上海农村经济》1999年第1期。
② 叶晓华:《九十年代上海郊区乡镇企业发展战略探讨》,《上海企业》1992年第7期。
③ 焦必方:《实现乡镇企业环境经济的协调发展:以上海市郊为例的探讨》,《复旦学报(社会科学版)》1998年第3期。
④ 上海市乡镇企业调查协会课题组:《促进上海郊区乡镇企业发展的调研报告》,《上海农村经济》2013年第6期。

速了农村城镇化的步伐。例如,在"六五"计划期间,上海乡镇企业为农村农田基本建设和购买农机的投入达到了 4.19 亿元。在"七五"期间,专项用于"以工补农""以工补副"的资金达到了 14.4 亿元,提取的社会性开支和教育附加费等达到了 5.65 亿元,而用于农村文化、教育、卫生等公共事业建设的费用达到了 8.1 亿元。这些投入不仅改变了历史上农村集镇作为单一商品流通中心的功能,还使之成为当地的政治、经济、文化中心。①

这一时期,上海农村的就业图景无疑与乡镇企业的发展息息相关。上海郊区土地资源有限且人口密度高,随着城市的扩张,人口的急剧增多,农村可用土地逐年减少,出现了大量农村富余劳动力。郊区农村劳动力从 1950 年的 124.6 万人增加到 1986 年的 282 万人,而 1986 年郊区耕地相比 1950 年却减少了 70 万亩,农村人均占有耕地面积从 1950 年的 4.58 亩降至 1986 年的 1.89 亩。基于此,乡镇企业的发展成为解决这一变迁问题的重要手段。上海的乡镇企业不仅为农村非农劳动力提供了大量就业机会,还显著提高了农民的收入水平。1970 年,上海乡镇企业吸纳了 14 万农村劳动力,到 1990 年,这一数字增长到 130.97 万人,占上海农村总劳动力的 52.4%。此外,1990 年上海郊区农民的人均纯收入也从 1985 年的 806 元增长至 1258 元,其中来自乡镇企业的收入比例,则从 1985 年的 26.7%上升至 1990 年的 40%。②

然而到了 20 世纪 90 年代中后期,全国范围内,包括上海郊区,乡镇企业的发展出现了瓶颈,并逐渐退出乡村发展的历史舞台。根据陆钢在 1997 年一篇文章中的总结,上海的乡镇企业在当时面临以下四个重要问题:一是乡镇企业中加工型企业占主导地位,这些加工企业一般属于大城市夕阳工业,投入大,产出少,污染严重,劳动强度高,生产销售环节严格受到国家大工业控制,没有任何自主权。二是上海乡镇企业大部分规模小、布局散、聚集程度低,全市 15 000 个乡镇企业分布在 4 000 多个工业点。三是因受行政

---

① 上海市乡镇企业调查协会课题组:《促进上海郊区乡镇企业发展的调研报告》,《上海农村经济》2013 年第 6 期。
② 同上。

体制干扰,大部分乡镇企业追求的首要目标是产值而非利润。四是私营企业所占比例很小,集体化程度高。① 这四点总结,基本上呈现了上海乡镇企业在20世纪90年代中期面临的基本问题,而这些问题,在随后"分税制改革"政策的出台后被进一步激化。周飞舟认为,分税制改革确立了中央与地方共同分享工业企业增值税的财政制度,加之增值税属流转税类,按企业进项和销项额度征收,因此极大挫伤了地方政府兴办企业的积极性,导致乡镇企业迅速衰落。② 周黎安则进一步发现,1995—2001年期间,随着国有企业的大批下岗职工流入民营企业,民营企业和外商投资企业大量进入中国产业部门,乡镇企业的制度优势(如相对于民营企业的公有制身份和相对于国有企业的灵活经营机制)逐渐褪色,1998年之后,乡镇企业就进入了大规模的改制时期,并逐渐让位于民营企业和外商投资企业,为中国市场化转型奠定了基础。③

## 第二节 劳动力持续外流的二十年

2001年12月,中国正式加入世界贸易组织(WTO),由此推动了中国经济的高速发展,促进了生产要素市场的形成与逐步完善。这一时期,上海的城市化进程迅速推进,农村的劳动力也迅速开始流动。上海农村的劳动力基本结构在这一时期呈现以下几个突出的特点:

首先,劳动力持续外流,农村人口老龄化严重。自20世纪90年代以来,随着乡镇企业的没落,城市工商业的快速强势发展以及农业劳动生产率的提高,我国农村剩余劳动力持续增长并大量向城市输出。上海农村的剩余劳动力也同样大量涌入城市。比如,在我们的调研中发现,大约从20世纪90年代末开始,崇明的农民大量涌入上海市区做出租车司机,青浦通过

---

① 陆钢:《上海农村城市化初探》,《上海师范大学学报(哲学社会科学版)》1996年第2期。
② 周飞舟:《分税制十年:制度及其影响》,《中国社会科学》2006年第6期。
③ 周黎安:《从"双重创造"到"双向塑造"——构建政府与市场关系的中国经验》,《学术月刊》2023年第3期。

工业园区的建设,吸纳了大量的本地农民工。诸如此类的群体性流动一直持续了近二十年,致使如今留在农村的人口主要以中老年群体为主。正如图2-1所示,改革开放以来,上海的城市化率急剧上升,从1982年的58.8%上升至2020年的89.3%。与此同时,上海农村人口一直呈下降趋势,直到2000年又略有回升,而农村劳动力人口也基本呈现同一趋势,在1982年至2000年期间急剧下降,随后又在2000年至2010年期间略有回升,2010年至2020年期间又略微下降。此外,2021年上海统计年鉴显示(见表2-1),近二十年来,农村从业人口急剧减少,从2000年的253.45万人减少至2020年的135.19万人。

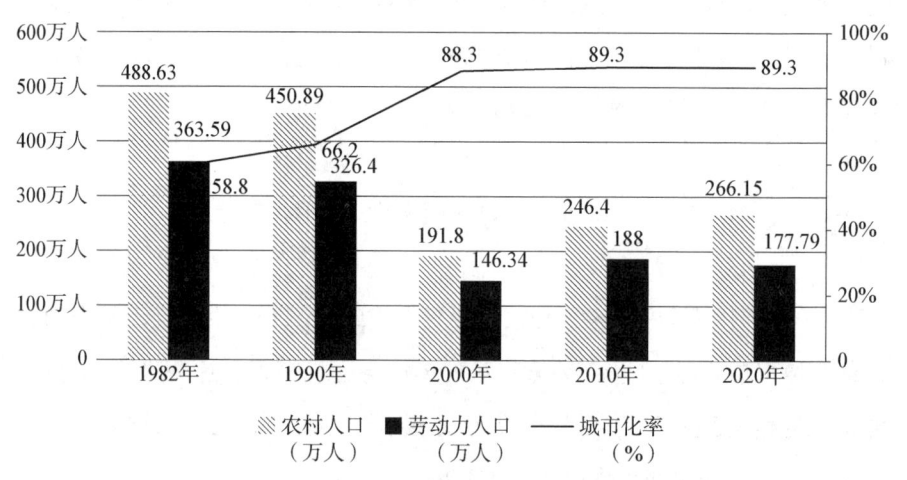

图2-1 上海市历次人口普查乡村人口规模和城市化率

数据来源:上海市历次人口普查

其次,最近二十多年,上海的第一、二、三产业的从业结构发生了显著变化。正如表2-1所示,从事第一、二产业的农村人口在持续下降,而从事第三产业的人口呈上升趋势,2020年,第二、三产业的占比已经远远超过了第一产业的占比。如果根据目前国际基本情况,上海的农业从业人口占农村人口的比例仍然偏高(2020年达到了23.08%)。根据第七次人口普查的数据看,上海农业从业人口占上海劳动人口数量的比例为8.13%。而2020

年,大多数OECD国家的农业从业人口占劳动力人口的比例都低于3%,比如,澳大利亚是2.63%,加拿大是1.75%,欧元区是2.66%,美国是1.46%。[1] 上海作为一个城市化率达到89.3%(2020年)的城市,这一农业从业人员的比率仍然过高。但是由于老龄化严重,事实上,继续转移农业剩余劳动力的空间已经非常小。

表2-1 主要年份上海市农村户数、人口、从业人员[2]及从业人员在一、二、三产业中的分布占比

| 指标 | 2000年 | 2005年 | 2010年 | 2015年 | 2019年 | 2020年 |
| --- | --- | --- | --- | --- | --- | --- |
| 户数/万户 | 115.17 | 111.07 | 114.22 | 99.20 | 94.37 | 90.77 |
| 人口/万人 | 360.71 | 338.18 | 305.68 | 260.09 | 236.04 | 223.38 |
| 农村从业人员/万人 | 253.45 | 243.49 | 188.70 | 160.07 | 143.28 | 135.19 |
| 第一产业从业人数/万人(占比) | 81.45 (32.14%) | 59.05 (24.25%) | 34.06 (18.05%) | 38.61 (24.12%) | 32.20 (22.47%) | 31.21 (23.08%) |
| 第二产业从业人数/万人(占比) | 119.89 (47.30%) | 128.41 (52.74%) | 109.84 (58.21%) | 92.37 (57.71%) | 81.18 (56.66%) | 73.85 (54.63%) |
| 第三产业从业人数/万人(占比) | 52.11 (20.56%) | 56.03 (23.01%) | 44.80 (23.74%) | 29.09 (18.17%) | 29.90 (20.87%) | 30.13 (22.29%) |

最后,值得注意的是,当前上海市农业经营主体在规模与组织方式上,主要划分为,农业企业、农民专业合作社、家庭农场、种植大户等。根据2021年上海市乡村振兴研究中心在52个村的固定观察点收集到的390个样本统计(见表2-2)显示,在不同类型的经营主体中,数量最高的为家庭农场占比33.85%;农民专业合作社紧随其后占比28.97%,而其他新型经营主体和农业企业分别占16.41%和12.56%。但在390家经营主体中有325

---

[1] 数据来源:经济合作与发展组织(OECD)数据库,https://data.oecd.org/emp/employment-by-activity.htm,2023年12月12日。

[2] 数据来源:2006、2016、2021年上海统计年鉴,https://tjj.sh.gov.cn/sjfb/index.html。根据国家统计制度规定,本表中2010—2012年第一产业从业人员中包括农林牧渔服务业从业人员;从2013年起,农林牧渔服务业从业人员从第一产业中划出,归入第三产业。

家(占比84%)经营第一产业。这些数据都证明:目前,上海农村产业仍然主要集中在第一产业,第二、三产业的发展依然非常有限。基于上述基本产业结构,高学历、高技能的优质劳动力往往难以规模性地流入上海农村,同时,优质劳动力即便返乡下乡创业,其选择也十分有限。

表2-2　2021年52个村固定观察点的经营主体类型数量及其占比

| 经营主体类型 | 数量/家 | 占比 |
| --- | --- | --- |
| 农业企业 | 49 | 12.56% |
| 农民专业合作社 | 113 | 28.97% |
| 家庭农场 | 132 | 33.85% |
| 种养大户 | 32 | 8.21% |
| 其他新型经营主体 | 64 | 16.41% |
| 总计 | 390 | |

## 第三节　乡村振兴战略与乡村的可持续发展

进入21世纪,如同全国大多数农村地区,上海乡村产业的发展也逐渐凋敝,对劳动力的吸纳能力非常有限。但是2017年国家乡村振兴战略实施以来,这种情况似乎有所好转。2017年,党的十九大报告指出,农业农村农民问题是关系国计民生的根本性问题,必须始终把解决好"三农"问题作为全党工作的重中之重,实施乡村振兴战略。在中央层面,2018年5月31日,中共中央政治局召开会议,审议《国家乡村振兴战略规划(2018—2022年)》。同年9月,中共中央、国务院印发了《乡村振兴战略规划(2018—2022年)》,要求各地区各部门结合实际认真贯彻落实。2021年4月29日,十三届全国人大常委会第二十八次会议表决通过《中华人民共和国乡村振兴促进法》,并于2021年6月1日起施行。

上海市政府根据中央要求,也在中央出台相关政策文件后,很快陆续出台了一系列的相关政策文件。2018年11月23日,上海市委常委会审议通过了《上海市乡村振兴战略规划（2018—2022年）》《上海市乡村振兴战略实施方案（2018—2022年）》。2021年1月27日，上海市第十五届人民代表大会第五次会议批准《上海市国民经济和社会发展第十四个五年规划和2035年远景目标纲要》，并在其中提出全面推进乡村振兴战略，促进城乡融合发展。2021年6月25日，上海市人民政府为贯彻落实党的十九大提出的乡村振兴战略，推动落实"产业兴旺、生态宜居、乡风文明、治理有效、生活富裕"总要求，根据《上海市乡村振兴战略规划（2018—2022年）》《上海市国民经济和社会发展第十四个五年规划和2035远景目标纲要》制定发布了《上海市乡村振兴"十四五"规划》。2022年上海市第十二次党代会明确提出"乡村振兴是实现现代化的重要标志。要立足超大城市特点，全面实施乡村振兴战略"，推进地方立法，制定《上海市乡村振兴促进条例》，并于2022年8月27日上海市第十五届人大常委会第四十三次会议通过该条例。

在这些政策文件与法规条例的敦促与鼓励下，上海的农村也确实发生了一些显而易见的变化。具体而言，在政府大力推动之下，央企、国企积极参与到乡村振兴战略的实施中，大量社会资本也纷纷进入乡村，出现了许多返乡就业者、下乡创业者，农村的产业和劳动力市场似乎有所回暖。在乡村振兴战略实施的过程中，上海农村不论在村容村貌、产业发展、人才结构上，还是在社会治理、文化氛围或是农民福祉上，都在大量资源的输入下展现出积极的发展态势。但是深入到不同的群体中体察究竟时，却可能更需要担忧这些看上去特别"红火"的景象，是否只是昙花一现，甚至浪费了大量的财政资源，引发了更多"下乡者"的举步维艰。乡村振兴战略在经历了第一个五年周期的实施后，乡村振兴的可持续性与其内生动力问题渐渐浮出水面，成为乡村未来发展的一大困局。而可持续性与内生动力则有赖于一个健全的发展环境，一套健康的发展机制。本书将用九个不同的章节，去呈现不同就业群体在当前的发展导向之下，是如何实践"乡村振兴战略"的。基于对现状及其发生机制的了解，也许在未来的发展中，我们能找到更准确、更恰宜的方式去理解乡村、改变乡村。

# 第三章　本书关键词

如前文所述,本书旨在呈现不同就业群体在当前的发展导向之下是如何实践"乡村振兴战略"的,那么所谓的"发展导向"具体所指为何呢?本书主要通过四个关键词来诠释"发展导向"的内涵,或者说,在撰写本书的过程中,这四个关键词是理解上海农村就业图景变迁的主要视角。这四个关键词包括:"再生产""素质""优绩主义""劳动力人口治理"。一定程度上,这些概念并非孤立,其内在逻辑相互勾连、相互影响,在不同的章节中,这些概念对于分析上海农业农村发展的基本逻辑与发展理念,甚至具体到不同群体的就业情况分析,都具有支撑性作用。为作相对明确的澄清,本章将对这四个关键词形成的基本分析框架做简单的介绍。

## 第一节　再生产

### 一、何为再生产?

本书主要从"再生产"(reproduction)的视角检视农村就业图景的变迁。"再生产"一词的本义是指生物有机体后代的繁殖,马克思在《资本论》中将这一生物学概念带入政治经济学分析范畴,意指持续不断、重复进行的生产过程,并在《德意志意识形态》中指出:现实的人不仅要进行物质生产、人的自身再生产、精神生产、人与自然关系的再生产,而且还要进行社会关系的再生产。① 马克思认为,生产与再生产是相互联系的整体,是一个不断更新的持续过程,每一个生产的社会过程,同时也是再生产的过程。② 马克思提出的再生产概念是理解资本主义社会运行和发展的关键。再生产不仅仅关乎物质生产的持续进行,而且涉及生产方式、生产关系以及与之相对应的社会结构和意识形态的持续再现。同时,马克思在1863年发现了"总体再生产"的概念,他认为,生产关系是生产过程"不断更新的结果",而再生产同样是"关系的再生产"。③ 在马克思看来,社会形态的更迭并非因为生产的中断,而是因为再生产的中断。换句话说,历史的动力在于生产方式的变化以及这种变化如何影响社会的再生产机制。这个视角强调了持续生产的必要性,不仅是为了满足人类的生存需求,也是为了维持特定的社会结构和秩序。

阿尔都塞(Louis Pierre Althusser)在马克思的再生产理论基础上进一步探讨了意识形态的作用,尤其是它如何保证生产条件的再生产。阿尔都塞的理论创新之处在于他将意识形态与劳动力再生产直接联系起来,认为意识形态通过塑造个体认识和行为模式,保证了社会生产关系的持续存在。在阿尔都塞看来,意识形态不仅仅是一套观念或信仰系统,更是一种物质实践,这种实践通过意识形态国家机器(如教育系统、宗教、法律等)来实施。意识形态的主要功能是对资本主义社会所需的劳动力进行再生产。这种再生产不仅包括劳动者的物理再生产,即生物学意义上的繁衍和维持生命,更重要的是劳动力的社会再生产,即劳动者作为资本主义生产关系中的从属一方的身份和角色的再生产。阿尔都塞认为,正是通过意识形态的作用,劳动者接受并内化了资本主义社会的价值观和规范,从而确保了生产关系的

---

① [德]马克思,恩格斯:《马克思恩格斯全集(第3卷)》,中共中央马克思恩格斯列宁斯大林著作编译局编译,人民出版社1960年版,第41—44页。
② Fowkes, B. ed., *Capital: Volume 1*, London: Penguin Books Publishing Company Press, 1992.
③ [法]亨利·列斐伏尔:《资本主义的幸存:生产关系的再生产》,米兰译,上海社会科学院出版社2024年版,第53页,第59页。

稳定和持续,以及资本主义社会结构的再生产①。比如下文将要述及的另外两个关键词,"素质"和"优绩主义",正是在意识形态形塑的意义上,确保了农民作为整个国家的再生产链条中的最底层的劳动力,将自身处境归因于自身责任。同时,也正是在意识形态的意义上,素质话语、优绩主义理念得以贯穿于政府的"三农"工作中,与发展主义并行不悖。

皮埃尔·布迪厄(Pierre Bourdieu)在其著作《再生产》中,从社会学的角度进一步丰富了再生产概念的实践意义。布迪厄的再生产概念主要用于分析社会不平等与社会结构是如何一代又一代进行着"再生产"的。他提出了四种不同资本,包括:社会资本、经济资本、文化资本、象征资本(符号资本)。这些不同的资本之间一方面具有一定的通约性,另一方面具有延续性。比如,所谓的文化资本概念,包括具体的物质形式(如书籍、艺术品),机构化形式(如学术资格)以及身体化形式(如审美偏好、言谈举止),成为个体在社会空间中获得地位和权力的关键资源。凭借文化资本概念,布迪厄分析了教育如何超越单纯的知识和技能传授,成为社会阶层和权力关系再生产的动力。同时,布迪厄还提出了"惯习"(habitus)的概念,指个体在其社会环境中无意识地吸收的思维、感知和行动模式。惯习桥接了结构和实践,解释了个体如何在不自觉中再现社会结构,从而使得教育和文化实践不仅是再生产知识的场所,也是再生产社会结构和不平等的场所。布迪厄的再生产理论突出了教育系统在社会不平等中的作用,他通过分析教育系统如何为不同社会阶层的子女提供不同的文化资本和成功机会,揭示了社会再生产的机制。这种机制不仅保持了社会结构的稳定,也使得社会变革变得更加困难②。在这个意义上,比如,新型职业农民培训(或高素质农民培训)、农业产业带头人的培育,等等,都可以被理解为是政府尝试通过提升劳动者的"教育水平"促进其更充分地发挥再生产能力的一种策略。

---

① [法]路易·阿尔都塞:《论再生产》,吴子枫译,西北大学出版社2019年版。
② [法]皮埃尔·布迪厄、J.-C.帕斯隆:《再生产:一种教育系统理论的要点》,邢克超译,商务印书馆2002年版。

再生产理论为审视现代社会的图景，揭示一个复杂而多维的社会结构，提供了一个非常便利的工具，它已远远超出其最初的生物繁衍或简单的经济活动循环的概念范畴。再生产水平与再生产能力不仅涉及抚养子女、照护老年人在内的基本生活劳动，同时也涉及教育、医疗等公共服务供给，换言之，它包含了社会结构和个体生活的方方面面。以再生产的理论视角分析农村就业图景的变迁，有助于揭示农村社会结构和劳动力动态的深刻变化，其中包括教育、技能传承和文化习得如何在农村地区影响就业模式的演变，特别是如何通过家庭和社区的社会实践影响劳动力的再生产，并如何决定了农村地区的就业机会和经济活动的性质。随着农业向非农业转型、城市化的推进以及教育水平的提高，农村就业图景经历了从传统农业劳动向更多元化的就业模式的转变。"再生产"这一理论视角有助于我们理解这些变化背后的社会和文化机制，如何通过社会系统和家庭价值观的变迁，影响个体的职业选择和就业机会，进而揭示经济发展、社会结构和文化价值观之间的复杂互动。

## 二、农村研究领域关于"再生产"的讨论

在农村研究领域，"再生产"近年来再次成为热门话题。农业生产，作为农村经济的基础活动，其与"再生产"之间的复杂互动，为研究"三农"问题提供了重要的视角。在国际学术圈，这一概念近年来也被广泛应用于农村发展的相关研究中。比如，杰拉德·布查德（Gerard Bouchard）关注人口结构、农业发展及家庭传承过程的平等主义特征，他审视了17至19世纪北美农村家庭再生产的动态，指出面临土地稀缺和需求扩张的挑战，为后代建立农场成为农户的主要生存策略。[①] 辛迪·卡茨（Cindi Katz）深入探讨了苏丹农村地区社会再生产的复杂关系，特别是国家支持的农业发展项目是如何根本改变儿童对环境的知识和实践的。其研究指出，儿童不仅仅是再生产过程中的被动参与者，他们通过参与生产活动，积极学习和传承相关的知识

---

① Bouchard G., "Family reproduction in new rural areas: Outline of a North American model." *Canadian Historical Review*, 1994, 75(4), pp.475–510.

与技能，揭示了知识与实践在社会再生产中的动态互动及其在其中发挥的关键作用。[1] 拉赫尔·昆茨(Rahel Kunz)探索了全球政治经济结构调整对社会再生产活动的影响，通过墨西哥农村危机案例，分析了社会再生产条件、性别制度和儿童角色的变化，对"社会再生产(再)私有化"理论的适用性提出疑问，并指出，应该更加关注国家参与的变化及其影响。[2] 伊丽莎白·克罗尔(Elisabeth Croll)研究了社会主义生产关系变化对妇女参与社会生产的影响，评估了社会主义政策如何重塑妇女在农业和家庭中的角色，探讨了社会主义国家经济发展与社会再生产间的相互作用。诸如此类的研究展示了农村研究中再生产议题的多维性，不仅涉及经济生产，还包括性别、家庭、文化等领域，为理解和应对全球范围内农村社会面临的挑战提供了重要的理论和实践基础。[3]

将焦点转向对中国农村的研究，近年来，也出现了许多再生产视角下的分析。这些研究大多数的批判都指向农民在中国社会的再生产链条中所处的不平等的、被剥夺的弱势状态。比如，卡拉·沃利斯(Cara Wallis)的研究探讨了微型创业、新媒体技术与中国农村性别动态之间的交互作用，分析了经济生产中的技术应用如何成为性别等级再现和重构的平台。通过对中国农村地区的实地考察，其研究揭示了新媒体技术的性别化使用，展示了性别权力差异如何导致资本和社会网络获取途径的不平等。尽管技术有助于经济发展，也拥有改变传统性别规范的潜力，但该研究显示，技术接触往往强化现有的性别权力关系，对中国农村的社会再生产产生深远影响。[4] 刘新宇

---

[1] Katz C., "Sow what you know: the struggle for social reproduction in rural Sudan." *Annals of the Association of American Geographers*, 1991, 81(3), pp. 488 - 514.

[2] Kunz R., "The crisis of social reproduction in rural Mexico: Challenging the 're-privatization of social reproduction' thesis." *Review of International Political Economy*, 2010, 17(5), pp. 913 - 945.

[3] Croll E., "Women in rural production and reproduction in the Soviet Union, China, Cuba and Tanzania: Socialist development experiences." *Signs: journal of women in culture and society*, 1981, 7(2), pp. 361 - 374.

[4] Wallis C., "Micro-entrepreneurship, new media technologies, and the reproduction and reconfiguration of gender in rural China." *Chinese Journal of Communication*, 2015, 8(1), pp. 42 - 58.

的研究则深入探讨了受人口迁移影响的中国农村家庭在照料和支持方面的复杂性,着重分析了年轻劳动力大规模向城市迁移下的代际动态和性别角色,强调了农村家庭在维持相互依存的支持网络方面的韧性和适应性。[1] 安·安娜格斯(Ann Anagnos)研究了20世纪90年代中国农村的血液商品化及其影响,包括艾滋病毒的传播,探讨了在经济改革和市场经济的大背景下,农村血液经济如何反映出社会再生产、不平等和农村生活转型的更广泛问题。该研究将这些发展与全球生物技术利益链条联系起来,强调了这些新经济前沿对农村人口的剥夺状态,并揭示了其对农村社会再生产的影响。[2] 陈宁宁则在物质文化层面呈现了农村社会的再生产过程,深入探讨了那些传统上用于家庭和宗教活动的空间如何转变为经济生产场所,以及当地社区如何协商和合理化这一转变,展示了中国农村社会再生产过程中的适应性和文化、精神意义的保持。[3] 综上,需要指出的是,本书主要在以下两个意义上运用"再生产"概念:社会再生产;城乡间的再生产。

## 三、社会再生产

在上述这些研究的启示下,本书的许多章节也尝试从"社会再生产"的视角分析就业与家庭发展之间的关系。所谓的"社会再生产"理论(social reproduction theory),从某种程度上说,就是考察国家、劳动力市场、社区和家庭在儿童抚养、老年照料、家务劳动、社会维系等不同类型的再生产劳动过程中的权力互动和平衡,从而为理解统治精英、中产阶层、工人、农民等不同群体的日常生活及其结构性关系奠定重要基础(Bezanson & Luxton, 2006)。[4] 正如南茜·弗雷泽(Nancy Fraser)提出的"再生产危机"(crisis of

---

[1] Liu J., "Ageing, migration and familial support in rural China." *Geoforum*, 2014, 51, pp.305-312.

[2] Anagnost A., "Strange circulations: the blood economy in rural China." *Economy and Society*, 2006, 35(4), pp.509-529.

[3] Chen N., "Secularization, sacralization and the reproduction of sacred space: Exploring the industrial use of ancestral temples in rural Wenzhou, China." *Social & Cultural Geography*, 2017, 18(4), pp.530-552.

[4] 李洁:《重新发现"再生产":从劳动到社会理论》,《社会学研究》2021年第1期。

reproduction)概念所指出的,"物质资料的极大增长和发展并未解决人类社会赖以存在的食物供应、人口生育、抚育照料、社会共同体维系和情感价值观等难题,反而造成了新的紧张、矛盾和不平等,甚至可能在经济发展的全球化背景下危及人类社会存在的根基。"[1]中国在经历了改革开放四十多年的高速经济发展,社会、家庭、个体层面出现的许多问题已经远远超越物质与经济层面。也正因此,中国社会发展的主要议题正逐渐从"经济生产"向"社会再生产"转变,尽管现有的大多数社会学研究仍围绕着阶层、劳动、经济、组织等制度性议题展开,还缺少对"社会再生产"理论的系统梳理和介绍。[2] 在理解农村"就业"这样一个议题时,如果仅仅从劳动资源开发这样的视角去理解,显然已经不足以把握其内在运行机制。以本书后文将要聚焦的比如青年干部、外来务农人员等群体为例,事实上,他们在选择去农村就业而非城市时,家庭生活的可操作性或者家庭生活的优化,都是非常重要的因素,甚至是决定性因素。同样,那些不愿意留在农村工作或者无法留在农村生活的群体,许多也都是因为比如孩子上学困难这样的原因。因此,在理解乡村产业发展、人才引育、就业结构的整体变迁时,"社会再生产"无疑是非常重要的理论视角。

### 四、城乡间的再生产机制

从城乡二元关系的角度来看,要理解上海的"三农"问题,还必须将农业生产、农村发展置于整个城市其他部门的发展共同形成的生产与再生产链条中进行理解。在经济学意义上,上海农业农村发展的再生产链条在以下几个方面呈现出重要特征:首先,农业作为第一产业,民生之根本,其政治性、社会性意义优先于经济意义。对于上海这样一个金融城市而言,其土地用于耕作水稻、蔬果,在经济学意义上无疑是不合理的,但是发展农业的政

---

[1] Fraser, N., "Crisis of Care? On the Social-Reproductive Contradictions of Contemporary Capitalism", *Social Reproduction Theory*, London: Plute Press, 2017. 见于李洁:《重新发现"再生产":从劳动到社会理论》,《社会学研究》2021年第1期。

[2] 李洁:《重新发现"再生产":从劳动到社会理论》,《社会学研究》2021年第1期。

治性定位是不容忽视的,即"粮食安全、稳产保供"。同时农村也可在空间上为中心城区提供扩张的余地,在生态意义上为城市提供更多自然生态资源。换言之,如果将上海的发展作为一个整体,农业农村在其整体发展格局和再生产链条中,处于一种"保障性"的、"服务性"的位置,而从农民的立场上来说,甚至也可以说是"牺牲性"的。

其次,具体到农业生产,上海农业的兼业性仍然非常普遍。我国普遍存在的兼业形态在上海郊区农村依然持续存在,虽然兼业的具体方式也许有所差异。黄宗智用"半工半耕"概念分析了工业化对农村社会结构的影响,后来基于农业经济学的视角,他提出"制度化了的半工半耕"概念,概括中国农业经营体制的特征。[1] 贺雪峰、夏柱智[2]则认为农民作为"能动的主体"嵌入中国式城乡二元结构,形成"以代际分工为基础的半工半耕"生计模式。[3] 无论是半工半耕还是代际分工的半工半耕,在上海也都普遍存在。本书第四章和第十一章所聚焦的低龄老年再就业群体(或超龄劳动者),作为上海农业劳动力的主要构成,主要就是以"兼业性"与"廉价性"为优势在长期维持着上海农业的生产。同时,一直以来被边缘化的"农民农",很长一段时间也都以压缩生活成本、增加劳动时间为主要手段来谋得一份生计,他们在这个农业的再生产链条中既是有价值的廉价劳动力,也是在治理层面被排挤的外来者。但是近些年这种曾经在北上广常见的农业再生产链条正在发生一些显而易见的变化,正如第八章中所讨论的,外来务农者中那些更有"企业家精神"的,已经不仅仅是体力劳动者,更是资本持有者,他们往往将农业作为人生事业在经营,不断接触新的理念和信息,更知道如何与地方政府合作,获取更多政府资源,或者说,更多政策扶持。

最后,中华人民共和国成立以来的"以农辅工"发展模式似乎在"乡村振兴时代"(2017年后)得到了一定程度的纠正与调整。换句话说,自乡村振

---

[1] 黄宗智:《制度化了的"半工半耕"过密型农业(上)》,《读书》2006年第2期。
[2] 夏柱智:《半工半耕:一个农村社会学的中层概念——与兼业概念相比较》,《南京农业大学学报(社会科学版)》2016年第6期。
[3] 夏柱智、贺雪峰:《半工半耕与中国渐进城镇化模式》,《中国社会科学》2006年第2期。

兴战略实施以来,乡村的发展的确得到了全社会的关注,政府也实实在在调动了不计其数的资源建设乡村,反哺乡村。不论是央企、国企接受政治任务要对农村进行"援助性"建设,或期待回报的合理投资,还是政府各部门对农村工作的高度重视,都不得不说,乡村振兴战略是一股推动乡村发展的强力(也许我们说强制性力量也不为过)。在这样的情况下,城乡之间的再生产关系似乎打破了原来的"以农辅工",相反,农业、农村、农民,成为了被"辅助",而不是被"牺牲"的对象。然而,这种强力介入,是否真正能达到"乡村振兴"的目的,短期之内可能难下定论。可见的是,一些"示范村"改头换面,成为了理想的栖居之所,而另一些则依然颓败不堪。在资源有限的情况下,各地政府都选择以建设示范村为实施乡村振兴战略的主要抓手,却又使得资源过度集中于少数村庄,引起了村庄之间越来越大的差距。无论如何,最值得讨论的议题,依然是乡村发展的"自主性"问题。这个议题可以从两个方面谈,一方面是自主权问题,行政村作为一个基本自治单位,在多大限度上拥有自主权?另一方面是自主能力问题,在如今"空心化""老龄化"成为极其普遍现象的中国农村,即便拥有了更大的自主权,又有多大自主发展的能力?本书在各个章节都或多或少谈及上海乡村发展过程中的一个主要困境,即,缺少建设用地指标。事实上,如同大多数相对发达城市的郊区乡村,在"增减挂钩"政策的引导或限制下,近年来,上海农村也一直在为城市输送"建设用地指标"。正如许多新型经营主体所反映的,如果没有建设用地,除了"种地",谈何发展第二、三产业,谈何第一、二、三产融合发展?简言之,在城乡之间形成的再生产链条,乡村似乎仍未摆脱"被剥夺"的境遇。

## 第二节 素质话语

### 一、何为"高素质"?

在"再生产"的相关研究中,教育与劳动力资源一直是重要的因素。同样,在理解农村发展问题上,人口的发展与劳动力资源供给也是非常重要的一个方面(在乡村振兴语境下,通常称之为"人才振兴")。关于农村人口在整个中国现代化发展中的治理,也许没有什么词比"素质"更能全面而准确地呈现这其中复杂的交错关系。在治理语境中,"素质"的概念具有强烈的中国特色,在英文中找不到语义精准的翻译,因此一般以 suzhi 拼音直接指代,其所指涉的内涵多重而不固定,随语境而变。① 比如,国家对"高素质"的定义是伴随着不同时期的政治社会情势而改变的。在毛泽东时代,集体化的经济环境和极端的政治环境导致"高素质"等同于能够提供高度生产力的优秀的身体素质以及先进的革命思想。② 在市场化改革的初期,给农民贴上"低素质"标签的直接原因是农村地区的普遍贫困,"低素质"意味着,贫困并不是因为政府治理不善或农村反哺城市,而是因为农民"素养低下"。"低素质"意味着由于工作道德低下、缺乏能力或其他性格缺陷所导致的贫困。③ 在这个阶段,政府强调农民需要提高"素质"等同于强调农民需要摆脱贫困。④ 也就是说,素质的评判标准与经济社会地位直接挂钩,较低地位的农村户籍身份意味着"低素质"。⑤ 随着经济的持续发展,"素质"被赋予了更深层次的话语含义,即培养符合国家现代化建设的"高素质"人才,这就主要与素质教育挂钩。⑥ 城市里的人比农村里的人,经济发达地区的人比"落后"地区的人,有更多接受教育的机会,所以拥有更高水平的"素质"。⑦ 换句话

---

① Huang, H., "Personal Character or Social Expectation: A formal analysis of 'suzhi' in China." *Journal of Contemporary China*, 2016, pp.908-922.
② Perry, E. J., "Studying Chinese politics: farewell to revolution?" *The China Journal*, 2007, pp.1-22.
③ Hunt, M. O., "The individual, society or both? A comparison of Black, Latino and White beliefs about the causes of poverty." *Social forces*, 1996, pp.293-322.
④ Yang, L. & Walker, R., "Poverty, Shame and Ethics in Contemporary China." *Journal of Social Policy*, 2020, pp.564-581.
⑤ Li, M. & Zhang, Q., "Meritocracy, Suzhi Education and the Use of Live-Streaming Technology in Rural Schools in Western China." *The China Quarterly*, 2023, pp.1-16.
⑥ Woronov, Teny E., "Governing China's Children: Governmentality and 'Education for Quality'." *Positions: East Asia Cultures Critique*, 2009, pp.567-589.
⑦ Hairong, Yan, "Neoliberal Governmentality and Neohumanism: Organizing Suzhi/Value Flow through Labor Recruitment Networks." *Cultural Anthropology*, 2010, pp.493-523.

说,"素质"符合改革开放时期宣传海报中所颂扬的那种人——城市人、受过良好教育的人、国际化的人和富有的人。① 相对应的,"高素质"被定义为较高的自我修养,适当的公共和私人行为,得体的服饰和装扮,高水平的专业技能以及致力于维护社会稳定和集体和谐。② 以舒耕德和安娜·艾勒斯(Gunter Schubert and Anna Ahlers)的研究为例,他们指出,在社会主义新农村建设过程中,村长和村民的"素质"以及他们开展项目的意愿是该村是否能够获得社会主义新农村建设经费的重要考核标准。③ 然而,他们的研究却发现,难以将被定义的"素质"的内容作为政策考核的一项指标。④ 但无论如何,"素质"话语具有至关重要的政策意义,因为它既能表达党的领导人的关切,也能表达整个社会的关切,这一术语在当代中国普遍存在,⑤因此,有必要对"高素质"的实质内容做一个考察。

## 二、素质作为一种治理话语

在西方社会,"素质"一词,往往被简单地视为关于人力资源能力水平的一个概念。比如,德国西门子公司提出了自己的人才素质模型,认为人才素质包括知识、经验、能力三大部分内容:知识层面主要包括技术知识、业务流程知识、商务知识、市场知识四个方面的内容;经验层面主要包括专业经验、项目管理经验、领导经验、跨文化经验四个方面的内容;能力层面主要包括推动事情的能力、专注于事情的能力、制造影响的能力、领导下属或团队协作的能力四个方面的内容。⑥ 然而,中文的"素质"概念不能等同于西方的

---

① Hsu, C. L., "The city in the school and the school in the city: Ideology imagery and institutions in Maoist and market socialist China." *Visual Studies*, 2008, pp. 20 – 33.
② Moramarco, K. M., Seeking suzhi through Modernization and Development, Doctoral dissertation, University of Kansas, 2017.
③ Schubert, G. & Ahlers, A. L., "County and Township Cadres as a Strategic Group: 'Building a New Socialist Countryside' in Three Provinces." *The China Journal*, 2012, pp. 67 – 86.
④ Zhan, J. V. & Qin, S., "The art of political ambiguity: Top-down intergovernmental information asymmetry in China." *Journal of Chinese Governance*, 2017, pp. 149 – 168.
⑤ Kipnis. A., "Suzhi: A Keyword Approach", *The China Quarterly*, 2006, pp. 295 – 313.
⑥ 郭庆松:《金融寒冬下大学生就业路在何方》,《社会科学报》2009 年 1 月 8 日。见于何庆兰:《农村劳动力就业问题研究:以沪郊为例》,上海人民出版社 2010 年版,第 10 页。

human quality 这样的概念。比如,人类学家任柯安(Andrew Kipnis)认为,在中国社会,素质包含了道德品质、社会责任感、人际关系、礼仪规范等方面的内涵,而不仅仅是指个人的能力、技能或知识水平。在中国,素质观念是一种广义的、综合性的评价标准,同时,也被视为一种重要的社会资本,可以影响个人的社会地位和人际关系。[1]

自20世纪90年代,学术界已经广泛关注到中央推行提升公民素质政策背后的治理逻辑,有研究指出,素质已成为国家意识形态的一部分并且已经融入中国发展话语的相关评价体系(如城乡、发达与落后、富裕与贫穷、文明与野蛮、有文化与无文化等)并使之强化。然而,尽管提升"素质"作为一个国家发展方针涉及全体人民,但处于较低价值处境的群体被认为需要特别的补救性关注。[2] 这一部分群体实际上就是指农民,欧博文和李连江在研究上世纪90年代中国人大代表遴选标准的过程中发现,农民群体由于"低素质"而遭到政治冷落,他们对人大代表的访谈显示,许多知识分子代表始终对农民代表心存疑虑,认为农民代表需要进一步"提高素质",农民代表似乎也承认了这一点,他们认为,中国人口的"素质"仍然较低。但欧博文和李连江明确指出,受教育程度较低的人也应享有代表权。[3] 如果我们认为每个群体的人都了解自己所关切的,也有能力表达自己的关切,那么依据所谓的教育程度来决定代表权显然违背社会正义。

因此,从国家层面理解,国家现代化有赖于加快农村人口素质的转变,有学者指出,大量低质量的农村人口阻碍了从传统、贫困和农业主义向现代、繁荣和工业主义的迈进。[4] 雷切尔·墨菲(Rachel Murphy)认为,这实际上是国家在推卸政府提供公共服务职能的一种说辞,素质话语通过将个人的福祉与素质联系起来,将提升素质的责任转移到个人身上,与此同时,

---

[1] Kipnis, A., "Suzhi: A Keyword Approach", *The China Quarterly*, 2006, pp.295-313.
[2] Wang X.Q. and Bai N.F., *The Poverty of Plenty*. translated by Angela Knox. Basingstoke & London: Macmillan, 1991.
[3] O'Brien, K.J. and Li, L., "Chinese Political Reform and the Question of 'Deputy Quality'", *China Information*, 1993, pp.20-31.
[4] 高长江:《乡村现代化与乡村文化建设》,《中国农村观察》1995年第4期。

国家的角色变成了支持个人努力提高其"素质"。[1]"素质"话语被微妙地嵌入新自由主义意识形态中,促使人力资本发挥其内在能动性,并将自己的低收入生存状态归结为自身的"素质"太低(或文化素质太低),自愿承担自己的糟糕境遇。提高素质成为国家推行各类相关公共政策的托辞,并为社会存在的不平等现象进行辩护。[2] 与农民直接相关的问题是,首先,在农村地区,政府用少生优生的口号推进计划生育政策,背后的逻辑即大量的低素质农村人口会阻碍国家的现代化建设。[3] 这也导致了农村家庭对子女的就业前景表现出更大的焦虑。[4] 其次,素质话语也成为户口制度存在的合法性解释,[5]这直接造成了"城里人"和"农民"的社会隔离。城市教育工作者和市民将"素质"作为区分农民工子女的一种手段。[6] 城市居民被视为高素质而农村居民被视为低素质时,农村人口的改善或现代化之路或在于教育,或在于流动,按照中国农业社会的传统,留在农村则意味着将失去提高社会地位和个人地位的机会。[7] 由此观之,从政策制定及其造成的影响来看,已有研究可以总结为,素质话语为针对农村的政策提供了合法性的支持,且体现在政策和素质的双向互动上。一方面,政府将一系列政治社会问题归因于农民的"低素质",并以此为其推进农村政策(例如计划生育、素质教育)提供话语支持。另一方面,以农民"低素质"作为预设的农村政策,不仅没有填平农村与城市的鸿沟,反而在很大程度上强化了制度中的不平等。比如,熊易寒在

---

[1] Murphy, R., "Turning Peasants into Modern Chinese Citizens: 'Population Quality' Discourse, Demographic Transition and Primary Education", *The China Quarterly*, 2004, pp.1-20.

[2] Kipnis, A., "Suzhi: A Keyword Approach", *The China Quarterly*, 2006, pp.295-313.

[3] Zhang Hong, "From Resisting to 'Embracing?' the One-Child Rule: Understanding New Fertility Trends in a Central China Village", *The China Quarterly*, 2007, pp.855-875.

[4] Kipnis, A., "Suzhi: A Keyword Approach", *The China Quarterly*, 2006, pp.295-313.

[5] Kaland, O. J., "The cultural production of the 'quality citizen': internalisation, appropriation and re-configuration of suzhi discourse among migrant youths in Shanghai, China", *Globalisation, Societies and Education*, 2019, pp.303-316.

[6] Lan, P., "Segmented Incorporation: The Second Generation of Rural Migrants in Shanghai", *The China Quarterly*, 2014, pp.243-265.

[7] Lin, Y., "Turning rurality into modernity: Suzhi education in a suburban public school of migrant children in Xiamen", *The China Quarterly*, 2011, pp.313-330.

研究中国双轨制教育的过程中就发现,虽然开设农民工子弟学校表面上是为了给农民工子女在城市提供素质教育的机会,但实际上是一种对农民工制度性的歧视,造成了城市子女和农民工子女更大的不平等,其实证研究表明了这一双向理论链条。[①]

## 三、农民素质提升作为一项国家战略

如上文所述,在许多语境之下,农民因被视为"低素质"群体,其素质提升长期被作为一项国家战略目标推进。其中,"职业技能提升"就是一项重要的具体工作,包括提高农村居民的就业机会,提供职业培训,等等。我们在近二十年的中央一号文件中可以反复看到与提升农民素质相关的政策(见表3-1),它既与职业技能、科技文化水平、经营能力等相关,也与精神文明建设、价值观、文明建设、思想道德建设等相关,尤其在2013年至2017年间,素质的内涵已经不局限于技术性能力,而更多强调道德文明层面上的内涵。但是到了2020年,中央一号文件提出要"加快构建高素质农民教育培训体系",这里的"高素质",主要指"有文化、懂技术、会经营的高素质农民",此后的2021年至2023年,提高"素质"也同样主要指教育、技能等发展能力层面的提升。

表3-1　　　　2005—2023年期间中央一号文件中的"素质"

| 年份 | 与提升农民"素质"相关的政策(关键词) |
| --- | --- |
| 2005年 | 职业技能培训<br>财政:补助、培训券、报账制等方式 |
| 2006年 | 提高农民整体素质 |
| 2007年 | 培养新型农民 |
| 2008年 | 加快提高农民素质和创业能力 |
| 2010年 | 提高村党组织带头人队伍素质 |
| 2012年 | 农村实用人才培训——科技素质、职业技能、经营能力 |

---

[①] Woronov, Terry E, "Governing China's Children: Governmentality and 'Education for Quality'", *Positions: East Asia Cultures Critique*, 2009, pp.567-589.

续表

| 年份 | 与提升农民"素质"相关的政策(关键词) |
|---|---|
| 2013 年 | 新型农民合作组织:农民思想道德素质和科学文化素质 |
| 2014 年 | 提高农民综合素质(精神文明建设) |
| 2015 年 | 提高农民综合素质(价值观和文明建设) |
| 2016 年 | 提高农民文明素质(思想道德建设) |
| 2017 年 | 提高农民思想道德和科学文化素质 |
| 2020 年 | 加快构建高素质农民教育培训体系 |
| 2021 年 | 培养高素质农民;组织参加技能评价、学历教育;设立专门面向农民的技能大赛。 |
| 2022 年 | 实施高素质农民培育计划;乡村产业振兴带头人培育"头雁"项目 |
| 2023 年 | 实施农村妇女素质提升计划 |

本书不同章节都涉及农民素质与能力相关的议题。前文提及,根据布迪厄的资本分类(经济资本、文化资本、社会资本和符号资本)[1],提升农民素质的教育与培训,无疑是增加其文化资本并提升其在生产过程中剩余价值能力的方式,而国家则充当了"提升国民素质"的推动者,通过各种培训项目介入人力资源素质能力提升的过程。针对新型职业农民(或高素质农民)的培训(第十章)、对乡村产业振兴"头雁"的培育(第九章)、对困难就业群体的支持(第十一章)、对低龄老年群体的再就业保障(第四章)、对外来务农人员的区隔(第八章)等等,"素质"的内涵都有其特定的指向,是理解这些群体的一把钥匙,也是理解作为个体的劳动者,在生产力与生产关系的再生产过程中非常具有成效的一个概念。

## 第三节 优绩主义

### 一、何为优绩主义?

自工业资本主义和启蒙运动以来,基于对"平等"这个价值观的强调,

---

[1] Bourdieu, P., "Reproduction in Education", *Society and Culture Sage*, 1990.

第三章 本书关键词 / 31

"社会流动性"的基本规则也越来越成为议题。20世纪初,英国民主选举权和受教育权利的逐渐扩大也慢慢被保守派和资本家所接受,因为这将促进一部分人才进入资产阶级的体系内。[1] 正是在这样的历史背景下,优绩主义(meritocracy)逐渐成为一种社会准则,在这种社会准则下,社会的进步是基于个人的能力和优点的发挥,而非家庭、财富或社会背景,[2][3][4][5]社会流动得以在一种相对更加开放、平等的准则下进行。1958年,英国社会学家迈克尔·杨(Michael Young)首次提出"优绩主义",这个概念因而也受到了广泛关注。特别是,强调精英的政治在西方社会越来越被认为是一种积极的制度,这种意识形态与资本主义和平等主义价值观紧密结合,成为"美国梦"的基石。[6] 然而,在优绩主义的概念起源上,一些学者[7][8]有相反的意见,他们认为优绩主义的最初理念首先出现在亚洲,而西方社会的精英管理实践则先于亚洲。约翰·霍布森(John Hobson)认为,功德概念起源于中国,并通过儒家文本传入西方。[9] 但无论如何,当代社会中,美国往往被认为是优绩主义的引领者,对优绩主义的信仰似乎已经被描述为美国主流意识形态的一部分,与其他国家的人相比,美国人更有可能认为流动性与努力和技能有关,而不太可能认为它与家庭财富和背景有关。正如托马斯·杰斐逊

---

[1] Todd, S., *The People: The Rise and Fall of the Working Class, 1910-2010*. Hachette UK, 2014.

[2] Bellows, T. J., "Meritocracy and the Singapore political system", *Asian Journal of Political Science*, 17.1, 2009, pp.24-44.

[3] Castilla, E. J. and Stephen Benard, "The paradox of meritocracy in organizations", *Administrative science quarterly*, 55.4, 2010, pp.543-676.

[4] Poocharoen, Ora-orn and Alex Brillantes, "Meritocracy in Asia Pacific: Status, issues, and challenges", *Review of Public Personnel Administration*, 33.2, 2013, pp.140-163.

[5] Imbroscio, David, "Urban policy as meritocracy: A critique", *Journal of Urban Affairs*, 38.1, 2016, pp.79-104.

[6] Sealy, R., "Changing perceptions of meritocracy in senior women's careers", *Gender in Management: An International Journal*, 25.3, 2010, pp.184-197.

[7] Bell, D. A., "Meritocracy is a good thing." *New Perspectives Quarterly*, 29.4, 2012, pp.9-18.

[8] Zhang, Z. B., "Crowding out meritocracy?-Cultural constraints in Chinese public human resource management", *Australian Journal of Public Administration*, 74.3, 2015, pp.270-282.

[9] Hobson, J. M., *The Eastern origins of Western civilisation*. Cambridge university press, 2004.

(Thomas Jefferson)所言,美国梦的基础是"天赋和美德的贵族"取代了以出身贵族为特征的堕落的欧洲社会秩序。正如托克维尔在《论美国的民主》一书中写道:"正是这种欧洲社会秩序的动荡和与封建主义的决裂,使我深受震撼"。然而,实际的社会流动模式表明,非精英因素在美国实际上可能比在其他国家更重要。例如,一个人的教育和经济成果,在美国比在许多其他工业化国家更紧密地与一个人的原生家庭联系在一起。[1] 但是在过去的几十年里,美国人目睹了非标准雇佣合同的泛滥、收入不平等的加剧、一连串的公司丑闻、严重的经济衰退以及用纳税人钱救助华尔街的行为,一些学者总结说,美国梦已经被"缩小了"。[2] 这些事件一定程度促使人们开始质疑努力工作和提升能力是否仍然是成功的关键。在现代社会,优绩主义成为了一种意识形态灌输给所有人,让出身阶层相对更低的人得以通过提升自己的能力来实现阶层晋升。[3] 在这种情况下,优绩主义已经成为精英阶层向上流动的引擎,以维持社会秩序和平息社会动荡。作为一种统治原则,优绩主义也渗透到一些深受儒家思想影响的亚洲国家,如新加坡、韩国和中国。

自从迈克尔·杨于1958年创造了"优绩主义"(meritocracy)一词以来,世界各地的人们都经历了意识形态对抗、全球化、金融危机以及随之而来的不平等问题等,人们对优绩主义的信念和看法近年来也发生了许多变化。[4][5][6] 因此,目前许多关于优绩主义的文献都更倾向于重新审视或重新

---

[1] Ermisch, J., Markus J. and Timothy M. S., eds., *From parents to children: The intergenerational transmission of advantage*, Russell Sage Foundation, 2012.

[2] McNamee, Stephen J. and Robert K. Miller, *The meritocracy myth*, Rowman & Littlefield, 2009, pp.11-16.

[3] Wiederkehr, V., et al. "Belief in school meritocracy as a system-justifying tool for low status students", *Frontiers in Psychology*, 6, 2015, p.1053.

[4] Corbett, Ross J., "The fading promise of a more meritocratic society", *The Future of Liberal Education*. Routledge, 2016, pp.39-44.

[5] Reynolds, J. and He, X., "Perceptions of meritocracy in the land of opportunity", *Research in Social Stratification and Mobility*, 36, 2014, pp, 121-137.

[6] Newman, Benjamin J., Johnston, Christopher D. and Lown, Patrick L. "False Consciousness or Class Awareness? Local Income Inequality, Personal Economic Position, and Belief in American Meritocracy", *American Journal of Political Science*, 59.2, 2015, pp.121-137.

定义这个概念。①② 迈克尔·杨 1958 年在《优绩主义的兴起》(The Rise of the Meritocracy)一书中将"优点"描述为一个人的智商加上努力,将"优绩主义"社会描述为一个只与来自相似社会背景和经济阶层的人交往的新的精英阶层社会。他批评社会是一个只由智商加努力来决定成绩的反乌托邦社会,并主张由于一个人的可衡量的成绩,社会不平等可能加剧,并认为优绩主义的尝试可能会导致不良的后果。实质上,迈克尔·杨在使用"优绩主义"一词时,主要是讽刺当时的统治方式,因此这个词隐含着一些负面的含义。然而,当今的"优绩主义"一词以一种更可取和更具可操作性的方式被用来表示一个平等的社会。③ 具有讽刺意味的是,成功往往被认为是个人努力和表现的有效指标。从这个角度来看,优绩主义作为一种意识形态和一种根据个人才能公平分配奖励的制度,在特定社会中得到了社会底层人们的支持。④ 在这个意义上,许多研究者认为,一个良善的社会应该为社会的每一个成员提供"机会平等",而不论社会地位、经济阶层、性别和种族。⑤⑥ 随着优绩主义理念在西方社会转型过程中的积极实践,许多研究开始将其与政治意识形态、资本主义和"美国梦"的概念联系起来,以回应彼时的社会氛围。⑦⑧⑨

---

① Young, M., "Meritocracy revisited", *Society*, 31.6,1994, pp.87 – 89.
② Pappas, G. and Christopher W. T., "Meritocracy the great American myth? A look at gatekeeping in higher education", *College and University*, 86.1,2010, p.28.
③ Lipsey, D., "The meretriciousness of meritocracy." *The Political Quarterly*, 85.1, 2014, pp.37 – 42.
④ Chong, T., "Vocational education in Singapore: meritocracy and hidden narratives." *Discourse: Studies in the Cultural Politics of Education*, 35.5,2014, pp.637 – 648.
⑤ Martin, G. et al., "In the name of meritocracy: managers' perceptions of policies and practices for training older workers", *Ageing & Society*, 34.6,2014, pp.992 – 1018.
⑥ Au, W., "Meritocracy 2.0: High-stakes, standardized testing as a racial project of neoliberal multiculturalism", *Educational Policy*, 30.1,2016, pp.39 – 62.
⑦ Panayotakis, C., "Capitalism, Meritocracy and Social Stratification: A Radical Reformulation of the Davis-Moore Thesis", *American Journal of Economics and Sociology*, 73.1,2014, pp.126 – 150.
⑧ Sliwa, M. and Marjana, J., "The discourse of meritocracy contested/reproduced: Foreign women academics in UK business schools", *Organization*, 21.6,2014, pp.821 – 843.
⑨ So, Bennis Wai Yip. "Exam-centred meritocracy in Taiwan: Hiring by merit or examination?", *Australian Journal of Public Administration*, 74.3,2015, pp.312 – 323.

## 二、关于优绩主义的争议

根据迈克尔·杨对优绩主义的介绍,其两个基本特征是"公平竞争"和"机会平等"(Talib & Fitzgerald 2015)。[1] 生活在优绩主义社会的人们也许会强烈同意这句话,"我的努力永远不会背叛我",因为人们都享受努力工作的成果。[2] 如果是这样,优绩主义的制度应该是适当利用人们的才能来实现自己和组织的目标的必要处方。[3] 有学者就指出,优绩主义通过促进员工之间的建设性竞争来提高组织的生产能力。[4] 一些研究认为优绩主义社会中的精英隐含了两种类别的属性:精英因素(例如努力工作、雄心勃勃、接受良好的教育)和非精英因素(例如家庭财富、家庭背景、认识有帮助的人)。[5] 换句话说,人们看待隐藏的非精英因素的方式,可能对维持"机会平等"所强烈需求的透明的优绩主义很重要。虽然优绩主义的基础逻辑反对裙带关系、任人唯亲和腐败,但大多数研究的结果还是发现,这恐怕仍是当今社会的现实情况——非精英因素显然被认为在获得机会方面发挥着重要作用。迈克尔·杨对优绩主义的介绍与公平竞争的原则紧密结合在一起,与之相反,当代精英政治在很大程度上却忽视了非精英因素,如家庭背景和社会网络,但这些因素显然会导致社会内部严重的不平等,例如对社会资本和资源的获取方面,这很大程度上与优绩主义的基础背道而驰。

总之,关于优绩主义对社会的积极作用的研究证据非常丰富。优绩主

---

[1] Talib, N. and Richard F., "Inequality as meritocracy: the use of the metaphor of diversity and the value of inequality within Singapore's meritocratic education system", *Critical Discourse Studies*, 12.4, 2015, pp.445-462.

[2] Sliwa, M. and Marjana J., "The discourse of meritocracy contested/reproduced: Foreign women academics in UK business schools", *Organization*, 21.6, 2014, pp.821-843.

[3] Panayotakis, C., "Capitalism, Meritocracy and Social Stratification: A Radical Reformulation of the Davis-Moore Thesis", *American Journal of Economics and Sociology*, 73.1, 2014, pp.126-150.

[4] Barbosa, L., "Meritocracy and Brazilian society", *RAE-Revista de Administração de Empresas*, 54.1, 2014, pp.80-85.

[5] Reynolds, J. and He X., "Perceptions of meritocracy in the land of opportunity", *Research in Social Stratification and Mobility*, 36, 2014, pp.121-137.

义的实践可以是社会流动的工具,它鼓励人们尽最大努力实现个人和社会的最终目标。此外,它还通过透明的管理与竞争减少了组织中的腐败与寻租,人们可以根据自己的优点和才能客观地取得收获。然而,一些研究数据仍然表明,优绩主义社会中的精英与一个人的家庭、教育、社会背景以及特定的社会文化背景密切相关。换言之,优绩主义逻辑本身并没有打破那些优绩主义理念试图打破的"陈规陋习"或门第差距。所谓的"机会平等"依然是难以真正实现的价值理念,虽然大量的研究强调了机会平等是在优绩主义社会中创造和谐的主要价值。[1][2][3][4] 事实上,优绩主义往往忽视了一个事实,即对某些人来说,变得优秀要比其他人困难得多,例如你是否能精通一种乐器往往取决于是否有机会和物质资源接触它,是否有时间练习它或其他的客观因素。优绩主义还不加批判地对特定形式的社会地位进行了估值,对职业和地位进行了等级排序,比如某些职业位于高层,但它们为什么在那里——以及它们是否应该在那里——往往很少被讨论。因此,当今流行的优绩主义往往是将"人才"的本质化和排他性概念、竞争性个人主义和对社会流动性的需求结合在一起,可以被理解为一种意识形态话语,构成了一种普遍的世界观,并维护了特定的权力动态。

## 三、优绩主义与树立典范

自20世纪70年代末以来,我国在公共人力资源管理中推行优绩主义,取得了重大进展。正如有学者指出,我国是首个将优绩主义引入公共部门

---

[1] Panayotakis, C., "Capitalism, Meritocracy and Social Stratification: A Radical Reformulation of the Davis-Moore Thesis", *American Journal of Economics and Sociology*, 73.1, 2014, pp.126-150.
[2] Lipsey, D., "The meretriciousness of meritocracy", *The Political Quarterly*, 85.1, 2014, pp.37-42.
[3] Martin, G. et al., "In the name of meritocracy: managers' perceptions of policies and practices for training older workers", *Ageing & Society*, 34.6, 2014, pp.992-1018.
[4] Talib, N. and Richard F., "Inequality as meritocracy: the use of the metaphor of diversity and the value of inequality within Singapore's meritocratic education system", *Critical Discourse Studies*, 12.4, 2015, pp.445-462.

的国家。① 同时,优绩主义思想也被应用于私营部门,它通常与基于个人对组织贡献的绩效管理和晋升机制联系在一起。事实上,优绩主义的理念或管理风格长期以来一直在欧美国家的私营部门人力资源政策中存在,用以解决符合优绩前提的公正招聘、选择和晋升问题,而不是随意任命和晋升个人。② 而在我国的许多政府项目中,也同样在优绩主义逻辑下,结合"树立典范"的方式来推行一些政策的实施。或者说,通过优先选择那些所谓已经有积累、有基础的对象,制造具有示范引领作用的典型,来推动具体的政策实施。无论是乡村振兴示范村的选择③、乡村产业带头人"头雁"的选择,还是返乡创业者中的支持对象的选择,等等,"择优录取制造典型"都是普遍策略。

刘志鹏等人的研究发现,示范的重要效果是促进政策执行。一方面,中央政府通过开展专项运动不断向地方政府贯彻高层的精神和重要指示,表明政策意图;另一方面,对于地方政府而言,通过参与"示范创建"等专项活动积极回应中央指示和号召,既能够以体现"上级精神"的话语陈述政绩,表现政治忠诚,又能建立上下级政府之间的纽带,还能够借助这种"仪式化"的运动,改善本地区治理绩效。因此,两者共同促使"常规运动"成为政策执行的重要载体。④ 而安娜·艾勒斯和舒耕德的另一项研究则发现,建试点和示

---

① Zhang, Z. B. , "Crowding out meritocracy?-Cultural constraints in Chinese public human resource management", *Australian Journal of Public Administration*, 74.3,2015, pp.270 – 282.
② Sliwa, M. and Marjana, J. , "The discourse of meritocracy contested/reproduced: Foreign women academics in UK business schools", *Organization*, 21.6,2014, pp.821 – 843.
③ 改革开放后,中国农村的发展经历了从"新农村建设"到"乡村振兴"的话语和实践变迁。在这一过程中,不同时期的样板村和典型村庄在一定程度上反映了不同阶段国家对"农村"的建构和实践策略。例如,20世纪50年代初期农业合作化运动中的河北遵化"穷棒子社"西铺村,被毛泽东誉为"整个国家的形象";河南新乡的七里营成为了人民公社运动的起点。60年代,山西昔阳大寨大队的出现,引领了全国范围内的"农业学大寨"运动。80年代,安徽凤阳小岗村的"包干到户"改革,标志着农村改革的新起点。此外,天津的大邱庄、河南的南街村和江苏的华西村等,均被视为改革开放以来农村经济与社会发展的新典型。尽管这些典型曾一度成为全国关注的焦点,并作为政府动员民众学习的对象,但随着国家政策的变动,它们很快在宣传话语中"销声匿迹",近年来有的甚至引发了公众的质疑和争议(Ahlers and Schubert, 2013)。
④ 刘志鹏、高周易、马亮:《示范:政策高位推动的工具——基于国务院各部门的实证研究(2008—2019)》,《政治学研究》,2022年第4期,第66页。

范是地方发展战略的一部分,是必须回应上级部门的一项要求。同时,建试点和示范也是地方干部在所处的行政层级中维护自身自主性的重要工具,是获取上级的积极评价的重要手段,如果达到一定程度的执行效果,地方政府还能免受基层的批评和指责。建试点和示范并不一定意味着是具有融合性的、自下而上的系统反馈的最佳实践方案,但它首先是由上级政府强力有效执行地方政策的一种策略,更是在财政短缺的条件下进行资源配置的实用策略。[1]

然而,这种"择优录取"逻辑作为一个公平、有效率的标准,可能导致的结果是强者愈强,弱者愈弱的马太效应,尤其是当它被体现在公共政策的供给层面上时。同时,这些优秀的"典范"能多大程度对政策的推行做出积极的影响,真正起到示范引领的作用呢?针对典范的示范性作用的评估实际上是非常不到位的,也是很难操纵的(见第九章)。在这个意义上,对于目前实施乡村振兴战略的具体做法,也许其内在逻辑的价值取向以及基于这种价值取向而选择的策略的有效性,既是需要被审视的,也是需要被反思的。

## 第四节 劳动力人口治理

### 一、人口流动

自改革开放以来,我国的人口便逐渐进入高速流动的时代,各地区间人口结构发生了重要转变,上海作为一个超大城市,更是成为了流动人口的聚集地。本书在讨论上海农村就业图景变迁的过程中,农村人口结构的变化以及劳动力资源的结构性变迁,无疑是非常重要的一部分内容。

很大程度上,对人口结构形成过程的理解,是基于对人口迁移特性的把握。因此,人口迁移理论是理解人口结构形成的重要理论资源。学界比较

---

[1] Ahlers, Anna L. & Schubert, Gunter, "Strategic modeling: 'building a new socialist countryside' in three Chinese counties", *The China Quarterly*, 2013, 216, pp. 831-849.

重要有影响力的人口迁移理论包括:(1)新古典经济学迁移理论:该理论主要从纯经济学角度看人口迁移问题。新古典经济学脉络下发展出的迁移理论中,最广为应用的理论模型包括:"推拉理论"(push-pull theory),该理论认为,农村劳动力在迁出的推力(如农业劳动力过剩)与迁入的拉力(如城市更多的就业机会等)下形成迁移决策。[1] "二元劳动力市场分割理论",该理论以刘易斯为代表,将人口以城乡二元结构划分,强调人口从农业部门流入城市非农业部门所产生的效益。[2] (2)新迁移经济学理论:该理论兴起于20世纪80年代,强调以家庭为迁移决策单位,强调家庭作为收益最大化的主体。[3] 该理论认为,人们的迁移决策通常由三种家庭效应决定,即,风险转移、经济约束、相对贫困。[4] (3)劳动力市场分割理论(labour market segmentation theory):该理论将迁移情况视为发达工业社会经济结构中的需求拉动。该理论认为,现代资本主义的内在发展趋势构造了一个双重部门的劳动力市场,即具有稳定雇佣年限、高工资、高福利和良好工作环境的劳动力市场第一部门,以及不稳定、低工资、有限福利和恶劣工作环境的劳动力市场第二部门。[5] 移民产生的动力,正是基于这样两种不同层次的劳动力市场。但劳动力市场的分割不论在国际间还是在一国之内,都是普遍存在的。(4)世界体系理论:该理论所提供的视角,主要是从"中心—边缘"国家概念出发,探讨经济全球化所伴生的国际移民问题,认为资本主义生产方式由核心国家向周边外围地区扩展,周边外围地区融入日益统

---

[1] Herberle R., "The causes of rural-urban migration: a survey of German theories", *American journal of sociology*, 43.6,1938, pp.932–950.

[2] Lewis, A., "Economic Development with Unlimited Supplies of Labour", *The Manchester school of economic and social studies*, 1954, pp.139–191.

[3] Stark, O., "Research in Rural to Urban Migration in Less Developed Countries: the confusion frontier and why we should pause to rethink afresh", *World Development*, 1982, pp.63–70.

[4] Stark, O. and Bloom, D. E., "The New Economics of Labor Migration", *American Economic Review*, 1985, pp.173–178.

[5] Doeringer, P. B. and Piore, M. J., *Internal Labor Markets and Manpower Analysis*. Lexington, MA: Heath, 1971. 见于赵敏:《国际人口迁移理论评述》,《上海社会科学院学术季刊》1997年第4期。

一的全球经济。① 虽然世界体系理论主要被应用于分析国际移民,但在我国国内移民分析中同样有一定的适用性。②（5）移民网络理论:该理论指的是,移民同亲朋同胞间的社会关系为移民们提供各种各样的支持,从而降低了迁移的成本与风险。③ 该理论尤其注重对社会资本的研究。

上述理论更多的是从宏观层面分析人口的变动规律,或者说人口结构的形成规律。而近年来,越来越多针对流动人口的实证调查为人口研究提供了更丰富的经验结论,学界针对流动人口的意愿、社会融合、家庭福利、社会政策、公共服务等各种不同的要素,都进行了深入的调查研究。

## 二、农村人口新格局

人口红利被认为是中国经济快速发展的最重要因素之一。所谓人口红利是指一个国家的劳动年龄人口占总人口比重较大,抚养率比较低,为经济发展创造了有利的人口条件,整个国家的经济呈高储蓄、高投资和高增长的局面。然而,人口红利并不具有可持续性。王丰和安德鲁·梅森等人的研究显示,1982—2000年期间,中国享有的"人口红利"对这一期间人均产出增长的贡献约为15%,而在2000—2013年期间,这一贡献率仅为4%。此后,由于人口红利的消失,人均产出的增长率在2014—2050年期间将每年下降0.45%。④ 汪小勤等人认为,经济转型发展伴随着人口结构的转变,因此,人口红利不具有可持续性,需要通过提高劳动力素质和消除劳动力区域流动障碍才能维持经济的快速发展。⑤ 蔡昉早在2004年便指出,中国经济发展将面临人口老龄化与城市化两大难题,人口红利必然消失。⑥

在人口意义上,农村产业发展近年来普遍面临两个问题,一个是农村的

---

① 华金·阿朗戈、黄为葳:《移民研究的评析》,《国际社会科学杂志》2001年第3期。
② [美]沃勒斯坦:《现代世界体系》,郭方等译,社会科学文献出版社2013年版。
③ 华金·阿朗戈、黄为葳:《移民研究的评析》,《国际社会科学杂志》2001年第3期。
④ 王丰、安德鲁·梅森、沈可:《中国经济转型过程中的人口因素》,《中国人口科学》2006年第3期。
⑤ 汪小勤、汪红梅:《"人口红利"效应与中国经济增长》,《经济学家》2007年第1期。
⑥ 蔡昉:《人口转变、人口红利与经济增长可持续性——兼论充分就业如何促进经济增长》,《人口研究》2004年第2期。

"空心化"问题(也可理解为"城市化"),另一个是农村人口的老龄化问题。而在劳动力资源愈发稀缺的情况下,人力资本则愈发成为经济增长转型的积极因素。从劳动参与率向劳动生产率转型,被视为继续收获人口红利和新时代现代化建设的客观需求。[1] 上海九大涉农区2010年与2020年接受高等教育者的比较显示,2010年为17.76%,2020年为31.07%,十年内增幅几乎翻倍,劳动力的整体受教育水平得到了大幅度提高。然而,一些研究发现,中国家庭的人力资本投资方向随着老龄化加剧而发生转变,即,教育投资水平极大降低,从儿童教育投资转型为老年健康投资,而这一趋势则迅速降低了未来经济的增长率。[2] 面对中国社会急剧的老龄化趋势,如何充分发挥老年群体的优势,规避老龄化社会的劳动力不足问题,真正践行生产性老龄化,实现积极养老(见第四章、第十二章),将是对政府治理能力的极大考验。在全球范围内,一些研究发现,老龄化并不必然阻碍一个社会的发展。比如罗纳德·李和安德鲁·梅森(Ronald Lee, Andrew Mason)的研究就发现,在一些国家,老龄化与其宏观经济增长之间还呈现一定正相关。[3] 胡湛和彭希哲的研究则指出,老龄化之所以成为问题,更多是因为变化了的人口年龄结构与现行社会经济架构之间的不匹配产生了矛盾,因而需要治理模式和公共政策的调整乃至重构。而现有治理模式及制度安排仍缺乏对老龄社会结构化和系统性的反应与适应,相应治理研究亦遭遇困境。中国老龄社会的治理选择应基于"中国特征"并将其转化为"中国优势",实现从碎片化管理向整体性治理,从聚焦于老年人口向强调全人口全生命周期的转变。[4] 本书在第四章、第十二章中,将针对上海农村的老龄化情况以及老年人再就业的法制保障问题进行分析,探讨如何将人口结构、人口的就业特征及其不同方面的需求(不仅仅是经济意义上的)做综合性的考量,并

---

[1] 李竞博:《中国人口老龄化与劳动生产率:影响机制及其政策应对》,社会科学文献出版社2021年版。
[2] 汪丁丁:《中国人口与人力资本问题》,《IT经理世界》2010年第7期。
[3] Lee, R. & A. Mason, "Is low fertility really a problem?" *Science*, 2008, pp.229–234.
[4] 胡湛、彭希哲:《应对中国人口老龄化的治理选择》,《Social Sciences in China》2020年第4期。

在公共政策层面做出回应。

## 第五节　小结

　　正如马克思所言,通过人的劳动,人对他人的态度和人处理自己与他人的关系的方式发生了革命性的变革。这种劳动使我从狭隘的利己主义的束缚中摆脱出来,使我和他人之间形成一种新的社会交往方式。"劳动"绝不仅仅是经济学意义上的,更是自我创造意义上的。"事业"(career)一词源自拉丁语,意思是参加赛跑,和"战车"(chariot)、"马车"(carriage)来自相同的词根。事业是人生的一个"过程"或称"进程",必须持续一段时间。"事业"一词不仅表示被雇用,还包括进步与坚持,涉及学习与成长、投资和获得回报等含义。然而,"工作"(job)一词的含义,则通常不构成个人身份或人生目标的一部分,它常常仅用于创造收入,一般没有明确的里程碑。[①] 当然,这三个概念对于当代社会的每个个体而言,都不是一成不变的概念。一份仅仅为了生计而从事的工作,也许有一天会变为人生事业。一份预想作为人生事业的工作,也许因为某些原因沦为一份不再具有感召性的、简单的谋生之计。在乡村振兴搞得轰轰烈烈的今天,在国家和社会都在大力向乡村输送资源(包括人力资源)的情况下,农村到底拥有什么样的就业图景? 党的十九大报告中指出"乡村人才振兴是实施乡村振兴战略的必备要素和重要资源",《中共中央 国务院关于实施乡村振兴战略的意见》强调"汇聚全社会力量,强化乡村振兴人才支撑",《乡村振兴战略规划(2018—2022 年)》明确提出了要"强化乡村振兴人才支撑"。但是,乡村到底可以为年轻人提供什么样的就业平台? 在什么意义上能够促成年轻人实现劳动价值与人生意义?

　　在今天这样一个多元时代,无论是在时间维度上还是空间维度上,就业都呈现出非常丰富的形态。然而,农村的就业机会却依然是匮乏的。即便

---

① Goldin, C., "Career and Family: College Women Look to the Past", Working Paper, 1995.

像上海这样的超大城市郊区的农村，绝大多数村庄依然缺乏丰富的产业，除了中老年人外，年轻人并不能够找到许多适合的就业机会。在我采访的大多数对象里，无论是试图在农村找到商机还是在乡村找到情怀的"返乡创业者"，都不免抱怨备受挫折的创业道路，以及在此过程中得不到合理资源的困境。在乡村发展仍然处处受掣肘的情况下，一味推着年轻人返乡下乡也许仍然是值得商榷的问题。本章提及的四个关键词，在分析上海农村就业图景变迁时始终出现，并贯穿本书。在接下来的九个章节中，笔者将对不同的就业主题与就业人群进行具体的分析。

# 第四章 积极养老视角下上海低龄老年人的就业机制

## 第一节 老龄化与积极养老

很长一段时间里,基于所谓的"缺陷模型"(deficit-model),欧美国家在社会老年学的研究中,非常强调老年人的局限性。也正是基于这个模型,欧美国家在第二次世界大战后很长一段时间内,中老年人提早退出劳动力市场都被认为是合理的并且是常见的现象。[1][2] 20 世纪 70 年代到 80 年代期间,许多欧洲国家都鼓励老年人提早退休,为年轻人就业让位。[3] 然而到了 80 年代,特别是 90 年代,对老年群体的理解整体上就开始转向一个更为积极的视角。[4][5][6] 近年来,随着我国老龄化水平的不断提高,"积极养老"

---

[1] Verté, D. and De Witte, N., "Ouderen en hun participatie aan het maatschappelijke leven [Older Adults and Their Participation in Societal Life]", *UVV-info*, 2006(3-4), pp.28-31.

[2] Alan Walker, "Active ageing in employment: its meaning and potential", *Asia Pacific Review*, Vol.13, No.1, 2006, pp.78-93.

[3] van den Heuvel, N., Herremans, W., van der Hallen, P., Erhel, C. and Courtioux, P., *De arbeidsmarkt in Vlaanderen [The Labour Market in Flanders]*, Special Issue: Active Ageing, Early Retirement and Employability. Garant, Antwerp, Belgium, 2006.

[4] Ann Bowling, *Ageing Well: Quality of Life in Old Age*, UK: Open University Press, 2005.

[5] Jacobs T., Slotbeschouwingen. "'Actief ouder worden' en 'autonomie': twee kernbegrippen voor het ouderenbeleid? [Concluding remarks. 'Active ageing' and 'autonomy': two key concepts for policy on older adults?]", In Jacobs, T., Vanderleyden, L. and Vanden Boer, L. (eds) *Op latere leeftijd: de leefsituatie van 55-plussers in Vlaanderen*, Garant, Antwerp, Belgium, 2004, pp.329-42.

[6] Alan Walker, "Active ageing in employment: its meaning and potential", *Asia Pacific Review*, Vol.13, No.1, May 2006, pp.78-93.

(active ageing)作为回应老龄化社会相关问题的一种策略也被不断提出,然而,这一策略在实践层面则指向各种不同的内容。比如,世界卫生组织(WHO)就将积极养老定义为:在人们步入老年时,一个让健康、社会参与和保障都能得到最优机会的状态,并从而提高老年人的生活质量。[1] 经济合作与发展组织(OECD)将积极养老定义为:当人们步入老年时仍有能力在社会和经济领域度过一种建设性的生活,这也意味着他们能够灵活选择如何度日,如何学习、工作、休闲或照料。[2] 欧盟委员会(European Commission)将积极养老定义为:在老龄化社会中使老年生活尽量好过的一种连贯的战略,即,实践中可以"终身学习,工作时间更长、更晚,并逐步地退休,退休后仍然活跃并参加增强能力和维持健康的活动。"[3]

这些国际上的权威定义或许也可以概括为,在社会价值创造的层面上,积极养老往往被阐释为积极就业,积极参与家庭与公共生活;在个人生命意义的层面上,它所指的主要是保持生命力,保持健康良好的心理状态,过有质量的生活。其中,"继续工作"或"继续就业"无疑都是积极养老的重要内容。目前我国学界对积极养老的研究虽然已经不计其数,但聚焦"农村低龄老年人就业促进与保障"的实践机制与困境的研究还比较有限。根据现代人生理、心理结构上的变化,世界卫生组织将人的年龄界限又作了更为精细的划分:44岁以下为青年人;45—59岁为中年人;60—74岁为低龄老人(the young old);75—89岁为高龄老年人(the old old);90岁以上为超高龄老年人(the very old)或长寿老年人(the longevous)。根据这个标准,我国现阶段实行的退休年龄无疑处于低龄老年的最初期,女性甚至还不到老年阶段。本章基于对上海农村低龄老年群体的就业情况的深度调研,尝试呈现上海农村低龄老年群体的就业机制及困境,并深入探讨促进低龄老年人继续就

---

[1] WHO, *Active ageing: a policy framework*, Madrid: 2nd UN Assembly on Ageing, 2002, p.12.
[2] OECD, *Maintaining prospertiy in an aging society*, Paris: OECD, 1998, p.84.
[3] European Commission, *Delivering Lisbon · Reforms for the enlarged Union*, Brussels: Commission to the Spring European Council, 2002, p.6.

业的现实可行性及其保障条件。在开始分析上海的情况之前,我们首先简单介绍一下生产性老龄化的概念,这一概念与积极养老有所差别,但是对于理解老年人就业而言,是一个更为确切的视角。

## 第二节 生产性老龄化

### 一、何为生产性老龄化?

生产性老龄化这一概念是 20 世纪 80 年代在老龄化背景下,为应对经济社会因人口老龄化产生的压力而提出的。该理论旨在重新审视老年群体的生产性参与和生产性价值。1982 年,巴特勒(Butler)正式提出"生产性老龄化"的概念,[1]是指"老年群体生产商品和提供服务的活动,并减少商品和服务需求"。[2] 后来,学者凯洛(Caro)等将生产性老龄化的内涵不断拓展,并强调老年群体具备或发展了参与任何生产及服务的能力。只要能够为家庭、社区和社会做出贡献,任何老年群体都可以成为生产性老龄化的主体。[3] 凯洛的理论从根本上反驳了年龄歧视与年龄定义上的规定,从老年群体的"优势视角"肯定其生产性能力,以及在生产领域的贡献,进而提倡老年群体参与乃至从事生产性活动。[4] 生产性老龄化这一理论概念在不断发展的过程中逐步完善其实践框架,就业、志愿服务、医疗照护、终身学习等都逐渐成为老年群体生产性参与的主要途径。然而,一些研究也批判到,生产性老龄化在其应用和实践过程中也存在过度强调老年群体的生产性,具有工

---

[1] Butler R. N. & Gleason, H. P., *Productive Aging: Enhancing Vitality in Later Life*. New York: Springer Publishing Company, 1985, p.148.
[2] Herzog A. R. & House J. S., "Productive Activities and Aging Well", *Generations*, 1991, 15(1), pp.49-54.
[3] Caro F. G., "Productive Aging: An Overview of the Literature", *Journal of Aging Society Policy*, 1994, 6(3), pp.39-71.
[4] Gonzales E., Matz-Costa C, Morrow-Howell N., "Increasing Opportunities for the Productive Engagement of Older Adults: a Response to Population Aging", *Gerontologist*, 2015, 55(2), pp.252-261.

具色彩的缺陷,①这种产生偏差的生产性老龄化观念是剥削性的、不友好的老龄观。②

20世纪90年代,世界卫生组织提出积极养老的概念,积极养老被定义为达成老年群体的健康长寿以及身体、心理和社会功能的完美状态的目标。生产性老龄化与积极老龄化的区别主要存在于三个方面:一是对老年群体社会角色的认识差异,生产性老龄化更加强调老年群体的生产性功能与价值,积极老龄化更加赞同老年群体的参与性功能与价值;③二是对老年群体社会保障的认识差异,生产性老龄化更加强调充分利用老年群体作为社会资源参与到社会服务当中,积极老龄化更加强调对老年群体需要、能力和愿望的充分权利保障;④三是对老龄化相关社会议题的认识差异,生产性老龄化更倾向于将老龄化的相关问题和人口、经济、生产等议题联系起来,积极老龄化则更倾向于将老龄化问题与其他可持续发展议题如贫困、暴力等社会问题联系起来。

## 二、生产性老龄化的实现方式

生产性老龄化的内涵涉及多种形式的生产性活动,例如前文提到的就业、志愿服务、医疗照护,等等,而生产性老龄化的实现方式主要有两个途径:社会参与和教育培训。

### (一)老年群体的社会参与

社会参与是指参与者在社会互动过程中,通过社会劳动或者社会活动的形式,实现自身价值的一种行为模式。⑤ 老年人的社会参与涵盖了他们积

---

① Walker A., "Active Aging: Realising its Potential", *Australasian Journal on Aging*, 2015, 34 (1), pp.2-8.
② 南希·莫罗-豪厄尔:《生产性老龄化:理论与应用视角》,《人口与发展》2011年第6期。
③ 林卡、吕浩然:《四种老龄化理念及其政策蕴意》,《浙江大学学报(人文社会科学版)》2016年第4期。
④ 顾耀华、谭晓东:《健康老龄化对中国启示》,《中国公共卫生》2019年第8期。
⑤ 张恺悌主编:《中国城乡老年人社会活动和精神心理状况研究》,中国社会出版社2008年版。

极参与各类社会活动,涉及社会、经济、文化、精神和志愿服务等多个领域。他们充分发挥自身积累的经验和技能,参与劳动、人际交往以及社会互动,不仅丰富个人生活,也为他人和社会作出贡献。老年群体的社会参与对于个人的发展以及社会的进步都具有重要的意义。比如,老年人通过参与社会活动缩小了自身与社会的距离,有助于保持活力,确保他们在社会中的角色不会丧失。再比如,老年群体积极地参与社会有助于解决他们因原有角色和参与中断而引发的情绪低落和各种心理问题,在新的参与中和新的角色中重新认识自我,更好地适应社会生活。[①]

然而,老年群体社会参与面临的障碍也非常多。我国的老年人在主观层面普遍存在文化水平不高、健康状况不佳以及社会参与意识薄弱等问题。此外,长期以来,政府、社会和家庭通常将老年人视为需要照顾和关怀的对象,主要关注老年人的经济保障和健康医疗,却忽视了老年人的主观积极性。而在法制环境、产业结构等社会发展领域,也存在许多不完善之处,包括劳动市场对老年劳动力的排斥和歧视,对老年人社会参与权利的忽视。[②] 以上种种,都构成了老年群体社会参与的障碍。

无论如何,促进老年人积极参与社会活动是实现积极老龄化的关键支持。因此,我们需要拟定和改进各种政策和措施,以鼓励老年人更多地参与社会生活。政府必须充分认识到老年人参与社会的重要性,为老年人提供各种支持条件,并制定相关政策以保障他们的参与权利。其中,非常重要的是,消除社会和市场对老年人的歧视和排斥,完善与老年人社会参与相关的法律法规,保护他们的权益。

### (二) 老年群体的再教育

老年群体学习新技能和获取新知识,是保持目前和潜在生产力的必要途径。老年教育通常涵盖两个主要方面。首先,它提供了老年人自我发展

---

[①] 杨风雷、陈甸:《社会参与、老年健康与老年人力资源开发》,《劳动保障世界》2011年第12期。
[②] 王莉莉:《中国老年人社会参与的理论、实证与政策研究综述》,《人口与发展》2011年第3期。

的机会,包括老年之家、退休中心、老年中心的教育计划,"第三年龄大学"以及成人教育课程。其次,它还包括具有实用性的教育,如提供执照和毕业证书的正式教育(通常在职业培训中心进行)。尽管有些教育对参与者非常有益,但由于其价值在于促进个人成长,无法直接衡量为商品和服务,且不直接有助于提高有薪和志愿工作技能,因此往往不被视为生产性老龄化的一部分。[1]

尽管继续教育对老年人至关重要,但在其参与教育的过程中依然存在着多方面挑战。首先,从老年个体的角度来看,许多老年人会低估自身能力,或由于各种个人原因不愿意参与教育。其次,政府相关政策不够完备,未能制定老年人发展战略,从而未能满足老年人对终身教育的需求。再次,社会结构中存在制度性障碍,如年龄歧视,高校机构未能提供老年学生的灵活安排。此外,整个社会对老年教育的价值缺乏足够认知,缺乏对老年人就业再培训的关注。基于这些原因,许多老年人可能具备时间、能力和需求,但却没有机会选择继续老年教育。

本章接下来将从生产性老龄化的视角,具体分析上海农村低龄老年群体参与生产性活动积极养老的基本情况,并在分析基础上给出相应的对策建议。

## 第三节　上海农村低龄老年群体就业情况分析

### 一、上海农村老龄化程度严重

2020年第七次全国人口普查的数据显示,上海市常住人口中,60岁以上的人口占23.4%,而65岁以上的人口则占16.3%。[2] 2020年上海纯农

---

[1] Harry R. Moody, "A Strategy for Productive Aging: Education in Later Life", in Scott A. Bass, Francis G. Caro, Yung-Ping Chen, *Achieving a Productive Aging Society*, United States of America: Auburn House, 1993, pp.221-232.
[2] 根据国家统计局第六、第七次全国人口普查数据统计。

地区60岁以上人口占57.5%。根据上海市乡村振兴研究中心固定观察点的数据显示,2022年80个村庄固定观察点60岁以上人口占比高达35.53%,老龄化现象十分突出。60岁以上人口占比最多的十个村全都有超过一半的村民在60岁以上。而根据2021—2022年连续观测两年的52个村的情况,60岁以上人口的平均占比由30.28%上升至35.72%,老龄化程度正在进一步加深。

表4-1　　2022年上海60岁以上人口占比最高的10个村

| 序号 | 区 | 镇 | 村 | 2022年60岁以上人口占比 |
| --- | --- | --- | --- | --- |
| 1 | 崇明区 | 港沿镇 | 港沿村 | 74.11% |
| 2 | 青浦区 | 金泽镇 | 南新村 | 68.39% |
| 3 | 崇明区 | 新河镇 | 永丰村 | 68.34% |
| 4 | 松江区 | 新浜镇 | 南杨村 | 64.24% |
| 5 | 金山区 | 吕巷镇 | 夹漏村 | 59.17% |
| 6 | 崇明区 | 港西镇 | 北双村 | 56.25% |
| 7 | 松江区 | 泖港镇 | 黄桥村 | 53.19% |
| 8 | 崇明区 | 港沿镇 | 合兴村 | 52.16% |
| 9 | 松江区 | 叶榭镇 | 井凌桥村 | 51.76% |
| 10 | 奉贤区 | 庄行镇 | 渔沥村 | 51.05% |

2022年8月,笔者在上海九大涉农区各区选择了一个镇内的25个村庄进行了老年群体就业情况的调研。同年11月,笔者与调研团队在浦东新区6个镇的6个村分别进行了同一议题的调研。我们主要通过半结构式访谈与实地走访的方式开展调研,其间一共采访了25名村书记,约40个新型经营主体,将近60名60—70岁的低龄老年村民。以下是我们的主要发现。

## 二、农村低龄老年劳动力以"兼职劳动"为主的内在机制

不同于费孝通、黄宗智等人所指的"农副业结合""农工混合""半工半耕""半工半农"等概念,[①]本文将开始领取养老金的老年人继续从事有偿劳

---

① 见费孝通:《江村经济:中国农民的生活》,商务印书馆2001年版;黄宗智:《制度化了的"半工半耕"过密型农业(上)》,《读书》2006年第2期。

动称作"兼职"(或打零工)(上海养老金的覆盖率几乎接近100%)。我们的调研发现,上海农村许多中老年人(尤其是女性)往往在50—60岁这一阶段为子女提供照顾孙辈的帮助,但是这个阶段往往并不会延长至60岁之后,尤其是65岁之后就更少见。这种情况下,60—70岁的低龄老年人普遍并不需要为子女提供太多的帮助,或者即便提供帮助,也是间歇性为主。因此,进入劳动力市场就业是这个年龄段的老年人更为常见的选择。他们主要通过从事一些较为简易的农业劳动增加收入,比如为新型经营主体除草、拔草、包装蔬果、喷洒农药,等等。上海农村低龄老年人的"兼职劳动"作为一个普遍现象,无疑存在着一些内在的结构性动因,我将从三个方面解释这一内在机制。

## (一) 上海农村整体产业发展依然存在对廉价低技能劳动力的较大需求

除了在农业上,在农村建设上,村庄的基础建设与维护往往也非常依赖这一60—70岁老年群体。自乡村振兴以来,上海农村在人居环境维护方面投入了较高的成本,绝大多数村庄在人居环境维护上,每年的花费在50万—100万元之间,而许多村庄都将这项工作外包给第三方。一般来说,村庄会要求第三方必须雇佣村内老年人进行基本的人居环境维护,比如清扫和分类垃圾、修剪绿化带等。简言之,无论是在农业上,还是在村庄建设上,60—70岁的低龄老年群体都扮演了非常重要的角色。

## (二) 农民视角:自主性与社会性是理想老年生活的必要条件

从农民角度,兼职劳动最大的特点之一是,能很大程度上确保老年人的自主性和社会性。而这种"自主性"和"社会性"主要在以下三个方面得到巩固:

首先,兼职劳动在时间和空间上的灵活性、便利性为低龄老年人的自主性提供了保障。在空间上非常便利,通常是就近原则,本村的工作最为理想。同时,时间上的灵活性也是确保其自主性的重要原因。在对老年就业者的采访中,我们最经常听到他们形容自己对"工作"的描述便是:"想干就干,不想干就不干了。"比如,我们在一家农业公司包装流水线上采访了多位在此工作的中老年农民(以50—70岁的群体为主),他们大多数都是通过劳务公司被隔三岔五派遣到这家农业公司上班,工作内容非常简单,只需要把农产品装进包装盒里封装即可(类似于一些电子工厂的流水线生产),所以基本无需接受任何培训。农业公司通过劳务公司可以迅速地获得劳动力,一般提早一天,甚至可以当天早上安排需要的人手。当被问及为何不选择更为稳定的工作,比如保安、家政工人等,这些低龄老年人纷纷表示,这份工作最大的好处便是"自在""想做就做,不想做就休息""比较灵活"。再比如,在一些以农业为主的地区,如上海松江,许多农民以承包家庭农场为主要收入来源,家庭农场主要以水稻生产为主,目前,水稻生产已经高度机械化,需要的劳动力投入非常有限,一年甚至只有播种与收割时间需要投入较密集的劳动。因此,家庭农场主往往一年中有大量的时间(大约8—10个月)可以从事另外的工作,承包家庭农场也因此成为村民们争相夺取的"肥差"。

其次,上海农村的低龄老年人依然有较高的增收需求。虽然上海农村老年人的养老金水平相比全国处于领先地位,"农保"大约在1 300元/月以上,根据年龄略有上升;"镇保"[1](即小城镇社会保险)在2 000元/月以上,同样,根据年龄略有上浮;"城保"[2](即大城镇社会保险)比例虽然较少,但也有部分村民享有。但是,财产性收入却相对较低,2013年至2020年期间,上海农村居民的财产性收入占人均可支配收入的比例基本在3%出头,[3]尤其是在一些以农业为主的远郊,老年人资产性收入更是微乎其微。总体上来说,一对老年夫妇基本收入大约在一年3万—5万元之间,然而,其开支

---

[1] 镇保的缴费比例是25%,其中养老保险17%,医疗保险5%,失业保险2%,工伤和生育保险各为0.5%,实行单一基数,即:上一年全市职工月平均工资的60%。单位缴纳,个人不缴纳。
[2] 城保的缴费比例是:养老保险30%(单位22%,个人8%),医疗保险14%(单位12%,个人2%),失业保险3%(单位2%,个人1%),工伤和生育保险各为0.5%(单位缴纳,个人不缴纳)。
[3] 国家统计局:《中国统计年鉴》之"分地区农民居民人均可支配收入来源"。

水平一般也在3万元以上。我们采访的一些老年村民都表示,仅仅礼金这一项,一年的开支就在5000元以上。若有身体不适,需长期用药,则需子女更多支持才能维持。因此,如果他们想要有所结余,为后面完全失去劳动能力的阶段做一些必要储蓄的话,就必须通过兼职劳动。值得一提的是,兼职劳动的收入水平具有明显的性别差异,男性一般在120—150元/天,而女性则在80—100元/天。虽然很多农业劳动已经不再是重体力活,甚至女性在越来越多的精细活上显得更有优势,但事实上,男性仍然可以获得比女性更高的报酬。

最后,兼职劳动不仅为老年人带来经济上的回报,也为老年人带来自我成就感与价值感。低龄老年人所从事的往往是一些技能要求低的群体性劳动,在劳动过程中,他们无须完全专注,可以有很多时间谈天说地。因此,这类劳动大大增加了他们的社交频率,无疑也为他们创造了一种健康的生活状态。健康的生活状态包含了一定程度的社会融入和社会参与,比如,当他们和街坊邻居们一起在田埂上拔草,一起清扫大街或是一起包装蔬菜时,无疑都为他们创造了社会参与、群体融入的机会,对于老年人保持良好健康的心理状态,的确带来了一定益处。

**(三)雇主视角:廉价性与风险性孰轻孰重待权衡**

老年人无疑是上海农村产业发展客观需要的廉价劳动力,但雇佣过程中是否拥有"社会保障"已经成为一种议价机制。60—70岁的老年群体整体薪酬廉价,月工资往往仅达到最低工资标准,所谓的"临时工"日薪则仅在每日100元左右。对于大多数上海农村的老年人来说,养老金一般情况下可以确保其基本生活,而一些领取"社保"的农民则相对更宽裕。但是即便如此,60—70岁之间的低龄老年人仍然普遍以全职或兼职方式活跃在农村的劳动力市场中,为上海农业与农村建设提供着"廉价劳动力",而之所以能"廉价",主要归功于这一群体的雇主无须为其缴纳"五险一金"。如上文所述,上海农民的养老金基本已经达到全覆盖,而60岁以上农民也无须雇主缴纳失业保险、生育保险及住房公积金,甚至工伤保险大多数农民也不会有要求。

然而,由于缺乏法律保护,老年人在就业中面临的纠纷也不少。这也阻碍了许多经营主体雇佣老年人,尤其是出于对老年人身体状况的担忧,许多企业(包括新型经营主体)都拒绝雇佣60岁以上的老年人。鲁晓明通过对1033份与60岁以上老人劳动纠纷相关的判决书的文本分析,发现在约86%的样本中,就业老年人与用人单位之间的关系都被认定为劳务关系,只有约11%的样本中双方关系被认定为对劳动者保护力度较高的劳动关系,除此以外,还有约0.38%的案例中双方关系被认定为短期的雇佣关系。换言之,就业老年人虽然和中青年人一样工作,但他们普遍被认为不能与用人单位构成劳动关系,不能获得属于劳动者的法律地位。在绝大多数情况下,他们与用人单位之间形成的都只是基于合同产生的劳务关系,因此不能享受劳动法赋予劳动者的种种权益。[1] 在我们调研的村庄中,许多老年村民都反映自己因为年老被企业"嫌弃"。比如,上海浦东新区东风村的村民们就反映:"60岁以上他们(指一个农业公司)都不要了,因为年纪大的出门路上骑电瓶车、自行车什么的,也都很危险,所以年纪大的他们不要。"

**(四) 影响低龄老年人"兼职劳动"机制的外部因素:农村产业转型升级**

乡村振兴战略实施以来,上海农村的产业结构发生了重要的转变。农业产业结构一般来说,是指农业各产业的构成及各产业之间的联系和比例关系,即农、林、牧、渔、农林牧渔服务业之间的构成及比例关系。[2] 产业升级,简单来说,则意味着一个更高效率和效益的产业结构。就上海农村而言,乡村的产业升级一直是乡村振兴着力的方向,其第一、二、三产业的结构事实上近几十年来也基本呈一产不断下降,二产、三产持续上升的趋势。但产业转型升级对劳动力就业的影响是多维度、多层次的,其总体影响既可能是"抑制",也可能是"促进",还可能是"极化"。一方面,产业结构升级过程

---

[1] 鲁晓明:《积极老龄化视角下之就业老年人权益保障》,《法学论坛》2021年第4期。
[2] 马玉婷、高强、杨旭丹:《农村劳动力老龄化与农业产业结构升级:理论机制与实证检验》,《华中农业大学学报(社会科学版)》2023年第2期,第71页。

中的技术进步会提高劳动生产率,生产由劳动密集型向资本密集型演进,就会导致失业率上升,大规模的低技能劳动力和知识水平较低的纯体力劳动者,技术进步过程中很难掌握新技术,从而产生结构性失业现象;另一方面,产业结构升级对资本品的需求增加,需要更多的劳动力进入生产中,而且产业结构升级导致社会分工更加细致,社会生产更加多样化,这都会创造更多的工作岗位。①

就上海农村而言,针对产业结构升级转型的各类措施中,恐怕最行之有效的就是"环境规制"手段,而这个"产业转型升级"的过程,也对农村低龄老年群体的就业产生了重要影响。在我们调研的村庄中,绝大多数村民都面临"工作机会越来越少"的困境。具体来说,近几年来,随着"五违四必""大棚房整治"等一系列环境综合整治行动,②上海农村陆陆续续拆除了大量违法、违规的工厂、小型作坊。2018—2020 年实施的两轮"减量化三年行动",全市共减量 68280 亩(1 亩约合 667 $m^2$),而乡村地区建设用地共减量 53744 亩,占比 78.71%。③ 换言之,绝大多数的建设用地指标都是通过"减量农村的中小型企业"得到。许多村庄表示,这些工厂也并非所谓的"污染环境型"企业,但这一行动却无疑大大挫伤了村庄内部解决就业的能力。比如,上海青浦区 L 村在"五违四必"环境综合整治行动中共拆除了大约 9 家小型企业,在此之前,许多村民都在这些小型企业工作;再比如,从事加工衣服、涂料、塑料瓶的盖子等生产内容的企业,也因之被整治。村干部说,如果一个

---

① 周学良:《产业结构升级的就业效应分析》,《金融发展研究》2015 年第 2 期。
② "五违四必"是指对违法用地、违法建筑、违法经营、违法排污、违法居住等"五违"现象,按照安全隐患必须消除、违法无证建筑必须拆除、脏乱差现象必须整治、违法经营必须取缔的"四必"要求,强力推进区域生态环境综合治理。(唐亚林、钱坤:《城市精细化治理的经验及其优化对策——以上海"五违四必"生态环境综合治理为例》,《上海行政学院学报》2019 年第 2 期,第 43—52 页)。为解决环境污染问题、改变粗放的城市治理方式,2015 年 6 月 23 日,上海市人民政府通过《关于进一步加强本市部分区域生态环境综合治理工作的实施意见》。连续三轮工作后,50 个市级地块共整治违法用地 21045 亩,拆除违法建筑 2225 万平方米,整治污染源 3395 处,淘汰企业 9922 家,带动 666 个区级地块和一大批街镇级地块加快整治,累计拆除违法建筑 1.5 亿米²(关于本市贯彻实施《上海市环境保护条例》情况的报告,上海人大,2018 年 3 月 1 日,http://www.spcsc.sh.cn/n8347/n8407/n4562/u1ai165868.html)。
③ 上海市人大农业与农村委:《关于本市乡村振兴立法相关重点问题研究报告》,内部资料,2022 年。

企业可以解决20—30个村民的就业,这一整治行动则一下子就减少了几百个就业机会,这对村民的收益来说无疑影响巨大。许多研究发现,第三产业比重和工业利润率超过一定水平时,环境规制对就业率有显著促进作用;[1]环境规制对就业的影响在第三产业没有超过阈限值时是负的,当第三产业占GDP的比值超过阈限值时,环境规制对就业的影响变为正向。[2] 这些被拆除的工厂或小型作坊,往往属于劳动生产率较低的小型企业,对劳动力的技能要求比较低,但正是由于其偏低的劳动技能要求,与上海农村目前真实的劳动人口结构(以中老年低技能劳动力为主)反而有较高的匹配度。换言之,将追求"劳动生产率"作为乡村产业升级的核心指标,并不真正符合乡村振兴、共同富裕的目标。此外,虽然在取缔了所谓的"低产能"中小型企业后上海乡村尚未大规模出现新兴的"高产能"企业,但值得考虑的问题是,目前农村人口的主要群体——中老年群体,势必会在掌握较为精细的技术上表现出力不从心。可以说农村的主要人口群体在农业技术水平的更新能力方面比较有限,而政府对于这些技能的更新也缺乏制度性的支持,不可否认,当前基本上所有的就业培训项目、技能培训项目都很少将老年人群体考虑在内。

## 三、低龄老年人就业的条件与可能性分析

首先,延迟退休是否会降低年轻劳动力的就业率?关于延缓老年人退休最具争议的原因之一,即"老人挤占新人就业岗位"的说法,事实上已经被许多研究反驳。比如,贺彬可(Hebbink G. E.)的研究指出,老年人就业和年轻人就业不存在替代关系,相反,可能存在一定程度上的互补。[3] 格鲁伯(Gruber)等使用经济合作与发展组织(OECD)12个国家的数据估计了高年

---

[1] 张娟、惠宁:《资源型城市环境规制的就业效应及其门限特征分析》,《人文杂志》2016年第11期。
[2] 闫文娟、郭树龙、史亚东:《环境规制、产业结构升级与就业效应:线性还是非线性?》,《经济科学》2012年第6期。
[3] Hebbink, G. E., "Production factor substitution and employment by age group", Economic modeling, Vol.10,1993, pp.217-234.

龄段人口就业对青壮年人就业的影响，结果发现高年龄段人口就业的增加不但不会抑制青壮年人就业，反而会起到促进作用。[1] 张川川和赵耀辉的研究也认为，我国高年龄段人口就业的增加不但不会对青壮年人就业产生负向影响，反而会有显著的正向影响。[2]

其次，促进老年人就业或延迟退休年龄是否对整个社会的经济发展具有积极意义？2020年我国开展的第七次人口普查数据显示，我国60岁及以上人口由2010年第六次人口普查的13.26%增至18.7%，其中65岁及以上人口由8.87%增长至13.5%。而农村人口中，60岁及以上占比高达23.81%，高出城镇7.99个百分点。由此产生的另一个问题是，抚养比不断增高，从2000年的9.92%上升至2020年的21.31%，增幅极其显著（见图4-1）。同时，我国老年人的健康水平也总体上处于较低水平。比如，2010年人口普查数据显示，我国农村老年人自报不健康或生活不能自理的达到

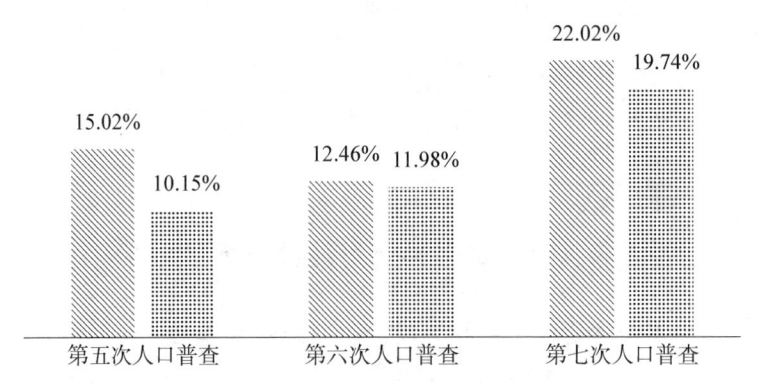

图4-1 上海和全国老年抚养比

▨ 老年抚养比 上海 ⋮⋮ 老年抚养比 全国

数据来源：第五次、第六次、第七次全国人口普查

---

[1] Jonathan Gruber, David A. Wise, *Social Security Programs and Retirement Around the World: The Relationship to Youth Employment*, Chicago: University of Chicago Press, 2010，见于张川川、赵耀辉：《老年人就业和年轻人就业的关系：来自中国的经验证据》，《世界经济》2014年第5期。

[2] 张川川、赵耀辉：《老年人就业和年轻人就业的关系：来自中国的经验证据》，《世界经济》2014年第5期。

2 005万人,占农村老人的20.5%,即五分之一。另外,我国农村失能老人数量约为1240万人,其中有215万老人重度失能,需要长期照料护理。[1] 针对农村人口,在人均寿命延长的背景下,同一个家庭中产生两代老人,以至四代人家庭增多,对农民家庭生活构成了新的挑战。一些研究发现,农村高龄老人无法融入新的家庭结构,这个群体变成了新的家庭再生产模式下的"结构性剩余"。[2]

此外,中国在2008—2017年期间已经出现20世纪80年代欧美国家已经出现的就业极化现象,即,中等技能劳动就业比重不断下降、高技能劳动和低技能劳动就业比重不断上升。随着技术的应用和生产率的提升,中国企业对中等技能劳动的需求也不断下降,而技能偏向型技术进步使得高技能劳动与中低技能劳动的生产率差距扩大,技能溢价不断上升。[3] 老年群体往往教育水平、劳动技能偏低,[4]劳动生产率也相对偏低,然而,这些低技能的劳动在上海的农业与农村建设中仍然有大量需求,从这个意义上来说,低龄老年群体参与这些劳动,对于经济发展仍然发挥着重要的作用。

第三,从人道主义角度,让老年人就业是否具有合法性?除了基于经济理性讨论老年人再就业的可行性和必要性,老年人作为弱势群体,其进行再就业的社会道义也无疑可以成为讨论的核心内容。这一层面的讨论,首先需要充分考虑老年人就业的自我意愿及其背后的原因。根据2006年OECD的报告,

> "退出就业通常意味着跟以劳动为基础的社会中心领域一刀两断,而这种参与不仅提供(更高的)收入,还提供地位、自尊以及消磨岁月的方式。强迫人过早退出有益的工作,在退休的时间与程度(全退或渐

---

[1] 孙鹃娟:《农村留守老年人养老问题:状况、需求与建议》,《中国民政》2016年第12期。
[2] 何倩倩:《老龄化背景下农村家庭养老困境与应对——基于两代老人共存现象分析》,《贵州社会科学》2021年第8期。
[3] 赵渊博:《中国就业极化问题研究》,中国社会科学出版社2002年版。
[4] 根据2010年和2020年《上海统计年鉴》的数据显示:九大涉农区高中及以下学历人口分别占到74.19%和62.08%。

退)上不给人选择的余地,都妨碍积极养老的成功,都不利于经济和心理上的安康。强制性过早退休使人单纯消费,被动生活,虚掷了剩余生产力,也让人逐渐冷淡萧索。随着一拨拨的劳动者健康状况更佳,教育水平更高,如若放任现有趋势继续下去,个人的如此境地将成为问题。"①

同样,我国关于老年人就业意愿的许多调研显示,老年人就业不仅非常常见,而且在许多情况下对他们自身也有积极的影响。比如,根据CHARLS②研究团队撰写的《中国人口老龄化的挑战:中国健康与养老追踪调查全国基线报告(2013)》,在城镇户籍人口中,就业率在60—64岁的人群中为20%;③农村户籍人口中,大部分人在65—69岁时依旧工作,到80岁时就业率仍在20%以上。④ 宋宝安、于天琪通过吉林省老年人口数据来分析老年人再就业对幸福感的影响,发现退休后再就业老年人幸福度的得分是高于退休后居家老人的幸福度得分的,因此他们得出结论,认为退休后老年人再就业和幸福感有着较为明显的正相关关系。⑤ 钱鑫、姜向群通过对我国城市老年人就业意愿的分析,发现大约有1/3的城市老年人有就业意愿。⑥ 但是,值得注意的是,退休后的收入水平仍然是老年人选择是否再就业的重要影响因素。比如,万芊基于对上海市老年人再就业的调查数据发现,增加收入、发挥余热是老年人再就业的主要动因,比例分别占回应次数的61.1%和53.2%,在增加收入的比例中,补充退休金不足、赡养老人负担

---

① OECD, *Ageing and employment policies: live longer, work longer*, Paris: OECD, 2006, p.467.
② China Health and Retirement Longitudinal Study, 简称 CHARLS。
③ CHARLS研究团体:《中国人口老龄化的挑战:中国健康与养老追踪调查全国基线报告》,https://www.bimba.pku.edu.cn/wm/xwzx/htly/rk/409507.htm,引用日期:2020年1月18日。
④ CHARLS研究团队:《中国人口老龄化的挑战:中国健康与养老追踪调查全国基线报告》,http://www.doc88.com/p-9751909576210.html,引用日期:2020年1月18日。
⑤ 宋宝安、于天琪:《城镇老年人再就业对幸福感的影响——基于吉林省老年人口的调查研究》,《人口学刊》2011年第1期。
⑥ 钱鑫、姜向群:《中国城市老年人就业意愿影响因素分析》,《人口学刊》2006年第5期。

较重、没有其他收入的比例分别为28.6%、3.9%和5.2%。[1]换言之，由于现有的养老金不能充分发挥保障老年人生活的作用，迫使老年人为维持生活而选择再就业。

目前，针对农村老年人就业意愿的研究仍然非常有限，因为我国农村人口一直以来不存在严格的失业与就业统计，老年人尤其不被划入"就业"的统计范畴，而更多是作为拥有土地使用权、经营权的农业生产者，默认其不存在失业问题。但近年来，关于农村老年人生存处境的调研则显示，无论是全职工作还是兼职工作，对于农村老年人的生存状态都会有益。比如彭佳（Peng Jia）等人的研究就发现，参与非农工作对当地农村老年人群体的精神健康有非常积极的影响。[2]

实际上，在世界范围内，低龄老年人处于就业状态是常见现象。比如根据欧盟统计局数据库的数据，2009—2022年间，55—64岁老年人的就业率普遍持续提高（见图4-2），并且，其增长率也基本每年都在提高，除了个别年份（见图4-3）。

此外，德国联邦统计局数据显示，2017年德国65岁以上老年人占总人口数量的21.45%，已经超过总人口的1/5，65岁以上老年人的就业率则达到15%以上。英国目前65岁以上老年人口已经超过900万，约占全国总人口的18.52%，同时，英国65岁以上人口的就业率近5年逐年稳步上升。英国两所大学公布的一项调查结果显示，2017年英国大约有1/4的养老金领取者重返工作岗位。日本总务省统计局给出的信息显示，2017年，日本65岁以上老年人口占总人口的比例为28.1%，达到了历史最高，其老年就业人口也已达807万人，占就业人口总数的百分比高达12.4%。2017年，

---

[1] 万芊：《城市低龄老年人再就业促进研究——基于上海市的调查》，《社会科学研究》2013年第6期。
[2] Peng Jia, Jincai Zhuang, Andrea Maria Vaca Lucero, Charles Dwumfour Osei and Juan Li, "Does Participation in LocalNon-agricultural Employment Improve the Mental Health of Elderly Adults in Rural Areas? Evidence From China", *Frontiers in Public Health*, Vol. 9, 2021, pp.1-13.

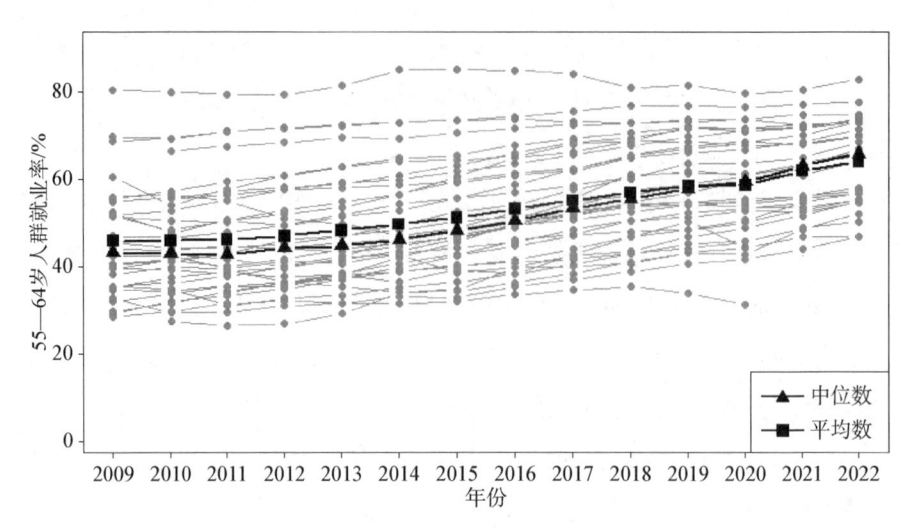

60 / 超大城市乡村就业图景的变迁及动力机制转型:以上海为例

图 4-2 34 个欧盟国家 55—64 岁人群的整体就业率(2009—2022 年)

数据来源:欧盟统计局数据库

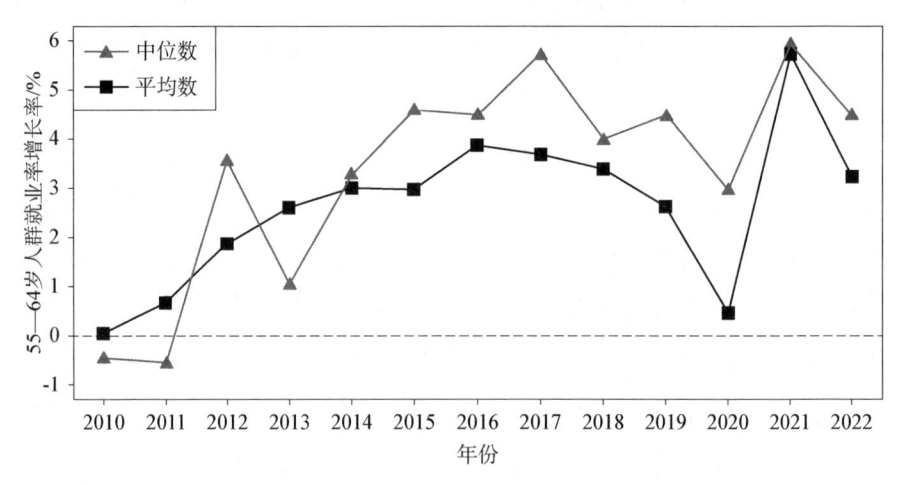

图 4-3 34 个欧盟国家 55—64 岁人群的整体就业增长率(2009—2022 年)

数据来源:欧盟统计局数据库

美国 65 岁以上老年人占总人口比重 15.41%,在发达国家中老龄化程度相对较低,但 20 世纪 80 年代后期起,美国 65 岁及以上人口中的就业人数迅速增加,据美国劳工部公布的数据显示,2017 年美国 65 岁及以上的老年人就业率为 18.6%,其中 75 岁以上老年人就业人数占人口的百分比为 8.1%。韩国统计局的数据则显示,2017 年韩国老年人口数量为 717 万,65

岁以上老年人比例为 13.94%,65 岁以上老年人的就业率为 12.74%。[1] 根据新加坡人力部发布的《新加坡劳动力报告》显示,2020 年,新加坡 65 岁及以上居民就业率达 28.5%,比 2019 年同期的 27.6% 高出 0.9 个百分点。[2] 这些数据无疑都说明,老年人(至少是低龄老年人)在全世界范围内都有正在重返劳动市场的趋势。

基于以上分析,结合我国老年人口结构现状、老年人就业情况、退休年龄、老年人的就业意愿等方面的综合考量,至少我们可以得出结论:一方面,低龄老年人加入劳动力市场,无论是中国或是世界其他发达国家,都已经成为了社会事实;另一方面,根据现有的许多研究,低龄老年人重返劳动力市场符合许多老年人的意愿与诉求。当然,我们必须强调,老年人本身应被视为弱势群体,应被给予"不工作、领养老金"的基本权利,尤其许多身体条件不允许的老年人,应该被给予更多的社会保障。从这个意义上来说,为老年人提供弹性的就业保障无疑是一种更符合社会道义的、积极的养老选择。下文将聚焦于上海农村人口老龄化情况与低龄老年农民就业情况进行案例分析。

## 四、生产性老龄化视角下农村低龄老年人的积极养老机制优化

(一)当前农村低龄老年人就业机制。上海农村地区人口结构的老龄化事实上已经持续多年,很大可能还将持续多年。如上文所述,低龄老年人继续从事劳动生产是普遍现象,并且,这一群体参与劳动市场活动具备较为突出的特殊性。具体地说,虽然根据目前的养老保障体系,农村人口也同样获得了一定的养老金,能保障最基本的生活。然而,受"农保"的养老金支持的老年人群体与受"镇保""社保"养老金支持的老年人群体,养老金金额差别悬殊,前者仅能得到最基本的保障,大约每个月 1 500 元左右,与上海市最

---

[1] 安华、赵云月:《国际比较视域下的老年人就业:社会认同、政府支持、企业配合》,《经济体制改革》2020 年第 4 期。
[2] 新加坡人力部(MOM):《新加坡劳动力报告》,https://baijiahao.baidu.com/s? id=1685139599640793834&wfr=spider&for=pc,引用日期:2020 年 1 月 18 日。

低生活标准1420元/月相差无几。这种安排是在考虑到农民有土地收益的基础上制定的,但事实上,大多数农民一年的土地收益(主要是土地流转费)都仅在5000元上下,并不足以弥补其养老金与城市居民或"社保"居民的差距。同时,低龄老年人往往还有较高的消费需求,比如人情往来的开销。一些研究表明,退休金金额是退休老年人是否再就业的重要影响因素,退休金越低,老年人再就业的可能性越高。①② 因此,领取"农保"的低龄老年人往往需要通过劳动力市场,提升自己的经济能力。

但是,这一低龄老年群体由于持有的劳动技能水平较低,对自主时间与空间的诉求较高,作为人力资源,其最核心的竞争力仍然是"廉价"。而这种"廉价"很大程度上得益于其所拥有的"社会保障"(或养老金),雇佣单位往往只需为他们提供最低工资,无须缴纳社保。虽然根据《中华人民共和国劳动法》《中华人民共和国劳动合同法》《中华人民共和国社会保险法》等相关法律,用人单位不缴纳或者不足额缴纳社会保险费的行为均为法律所禁止的违法行为,但是雇佣低龄老年人则不存在违反法律的风险。因此,老年人往往以"兼职"的方式进入劳动力市场,劳动者和雇佣者在目前的上海农村劳动力市场中形成了互惠互利的默契。

(二)生产性老龄化视角下低龄老年人就业机制的优化。人口老龄化已成为中国社会的常态,但我国现有治理模式及制度安排仍然缺乏结构化和系统性的反应与调适。③ 正如本章开篇所述,积极养老概念可被解读的内容是多维度的,而本章从低龄老年人的就业出发,表明在实践层面,积极养老的落实一方面需要更充分的社会保障政策的支持,一方面则依赖于乡村产业发展对这类劳动力的吸纳能力。

首先,在社会保障方面,调整退休年龄是老年劳动力得到法律保护的前提条件。退休是指国家为丧失劳动能力或将要丧失劳动能力的老年职工离

---

① 张翼:《受教育水平对退休老年人再就业的影响》,《中国人口科学》1999年第4期。
② 冉东凡、吕学静:《退休人口再就业决策的影响因素研究——基于中国健康与养老追踪调查数据》,《社会保障研究》2020年第2期。
③ 胡湛、彭希哲、吴玉韶:《积极应对人口老龄化的"中国方案"》,《中国社会科学》2022年第9期。

开工作岗位、安度晚年而提供的一种社会保障政策。[1] 然而，如前文所述，随着人均寿命的提高，"老年"的标准并非固定不变。当前，OECD 国家的退休年龄普遍都在上升，均在 60 岁以上，比如，韩国 63 岁、法国 63.5 岁、加拿大和日本 65 岁、德国 65.7 岁、美国、英国和澳大利亚 66 岁。[2] 中国台湾地区普通职工的退休年龄为 65 岁，而军队和公务员为 85 制（工龄＋年龄），教师则为 75 制。[3] 中国香港地区则无法定退休年龄（仅对于特区政府职员限定退休年龄为 65 岁）。[4] 如前文所述，我国延迟退休的讨论已持续多年，至今未能真正推行的原因很多，但无论如何，从老年人的利益出发，以农村老年人为例，实际上退休后参加生产劳动的低龄老年群体依然是常见的，甚至是主流的。之所以如此，是因为农村低龄老年人的养老金并不足以承担一份高于最基本"生存"的"生活"，继续参加生产性劳动争取一定的收入，从某种程度上讲，对大多数普通农民家庭而言，都是非常必要的。在这个意义上，维持较长一段时间的"兼职"状态符合他们这一年龄阶段、符合上海农村内生业态的理性安排。因此，在法律上应该给予这一再就业低龄老年农民群体一定的保护，既要提高他们获取劳动机会的保障，也要充分考虑老年人参加生产性劳动可能面临的风险。比如，最近几年，全国各地纷纷出台政策，禁止中老年人从事建筑施工作业，引起了许多的讨论。[5] 政府当然主要是出于人道主义的考虑出台这样的政策，但也的确造成许多中老年农民工面临经济上的窘境，甚至在有些情况下，反而迫使他们处于"非法工作"的无保障

---

[1] 夏正林：《论退休权的宪法保障》，《法学》2006 年第 12 期。

[2] OECD, *Pensions at a Glance 2021: OECD and G20 Indicators*, Paris: OECD Publishing, 2021, https://doi.org/10.1787/ca401ebd-en.

[3] 华夏经纬网：《台湾退休制度：百姓喊"爽"财政"吃不消"》，http://last.huaxia.com/tslj/lasq/2015/10/4594629.html，引用日期：2022 年 1 月 18 日。

[4] 香港政府一站通：《退休计划及贴士》，https://www.gov.hk/sc/residents/employment/mpf/employees/planandtips.htm，引用日期：2022 年 1 月 18 日。

[5] 如，上海市住建委、市人社局和市总工会共同发文，明确规定禁止 18 周岁以下、60 周岁以上男性及 50 周岁以上女性三类人员进入施工现场从事建筑施工作业，同时进一步规定，禁止 55 周岁以上男性、45 周岁以上女性工人进入施工现场从事井下、高空、高温、特别繁重体力劳动或其他影响身体健康以及危险性、风险性高的特殊工作。天津市住建委发文，施工单位对男性超过 60 周岁、女性超过 50 周岁的不得签订劳动合同。未签订劳动合同的不得进场施工。

境地。从这个意义上来说,考虑到我国幅员辽阔,各地区在社会、经济、文化方面都差异显著,不同行业之间的劳动力供给水平差异也非常明显,为退休年龄保留一定的"弹性"是非常必要的;同时,在政策设计上,也应充分考虑雇主在雇佣低龄老年劳动力时面临的"风险",降低雇主对雇佣老年人的顾虑。此外,有关单位反映,目前在高技能人才培养基地接受培训的从事农业生产经营活动的人群中,相当比例的超龄学员无法享受职业培训补贴。按照现行高技能人才培养基地培训项目要求,超过60周岁的人因为不符合在职参保条件而丧失享受培训补贴的资格。因此我们呼吁,低龄老年人作为实实在在的农业就业群体,其职业培训过程理应享受一定的培训补贴。

其次,因产业结构升级造成的就业机会减少,是目前上海农村面临的普遍困境。上海农村的中老年人口占比几乎过半,平均年龄非常高,考虑到这一现实情况政府在进行产业结构的调整中,必须考虑实际的劳动力供给情况,兼顾中老年农民的就业机会与生活福祉,而不是在发展主义的价值驱动下一味追求劳动生产率的提高和迅速的产业升级,致使中老年群体失去进入快速转变的劳动力市场的能力。在这点上,许多发达国家都采取了行动对老年人参与就业提供政策性的支持。比如,美国采取了 SCSEP 计划,政府选择实际收入未达到最低生活保障线75%,有强烈就业意愿的55岁以上老年人口作为重点就业扶持对象,向其提供免费的立体化就业培训与服务,提供15 000美元以下的低息或无息创业启动资金,通过就业中心免费提供就业信息等。[①] 英国绩效和创新中心(PIU, Performance and Innovation Unit)在2000年的一份报告(《打赢代际之战:提高50—65岁人员参与工作和社区活动的机会》)中建议引入"国家志愿计划",为老年人发挥余热提供更多的有利机会。[②] 20世纪90年代中后期以来,德国和法国两国政府分别

---

[①] 胡世前、姜倩雯、黄玮凡:《OECD国家老年人口就业政策》,《中国劳动》2015年第16期。
[②] Performance And Innovation Unit, *Winning the generation game: Improving opportunities for people aged 50-65 in work and community activity*, London: Cabinet Office, 2000, p.7,见于鲁恩·艾尔维克、秦喜清:《挪威和英国的积极养老观念与政策》,《国际社会科学杂志(中文版)》2007年第4期。

在公共部门和私有经济领域制定并实施了差别化的老年人口就业政策,重点在公共部门和公共产品民营化领域挖掘和创造大量适合老年人口就业的临时性岗位。为了挖掘老年人口的人力资本潜能,两国政府通过采取向用人单位提供就业补贴和降低社会保险费用缴纳比例等措施,积极地引导和鼓励私有经济领域部门向老年人口提供就业机会。[①] 韩国则完全依靠国家财政为老年人口提供就业机会和就业补贴,基层公共部门接受实际收入低于平均水平70%且身体健康、具有就业意愿的65岁以上老年人的就业申请,政府技能培训中心根据工作岗位需求和求职老年人口的人力资本情况,提供时限最长6个月的必要性就业培训,期间当事人可以获得政府提供的就业教育津贴,政府则按照就业就近原则向接受过就业教育并考核合格的老年人口提供8—36个月的临时就业机会。此外,韩国政府非常重视区域发展不平衡带来的老年人口贫困问题,对于特殊岗位或者部分农村地区满60岁以上的老年人口,在就业资格审查环节给予适度照顾的基础上,将最长工作时限延长至48个月。[②] 日本在20世纪60年代进入老龄化社会之初,便通过厚生劳动省成立"老年人才服务中心",优先向具有就业意愿且处于贫困状态的老年人口提供就业帮助,向收入水平较高的老年人口提供多样化的社会志愿服务与社会参与信息。"老年人才服务中心"的运营资金由中央和地方财政各负担50%,该中心主要通过直接和间接的方式向具有就业意向的老年人口提供6—48个月的短期就业机会。[③] 参考这些OECD国家的经验,加强对老年人就业的公共支持,提高老年人的就业技能等,都是可以被考虑的具体做法。对于上海来说,避免激进的产业升级运动,在产业发展过程中充分考虑大量的中老年闲置劳动力,不仅有益于乡村产业发展的人力资源供给,也有益于提升"老龄化乡村"的实际民生福祉。

最后,低龄老年人的就业问题不应完全从经济功能的角度去考虑。正如胡湛等人指出,个体的成长过程是连续的,其能力在生命周期不同阶段的

---

① 胡世前、姜倩雯、黄玮凡:《OECD国家老年人口就业政策》,《中国劳动》2015年第16期。
② 同上。
③ 同上。

发展并不平衡且相互关联,把"老"与"衰弱"划上等号对老年人而言并非积极的看法,更会滋生"讳老"和"忌死"的悲观主义倾向。① 近年来,我国农村老年人自杀率持续上升,其中,精神健康恶化是一个重要的原因。而精神健康恶化主要的一种表现就是对人生失去信心,认为人生是无意义的。② "就业"作为积极养老的一种方式,更是为激发老年人积极乐观的生活态度创造了一种可能。正如大卫·格雷伯所言,"人类之所以觉得自己是自主存在,是与世界和他人分离的独立体,很大程度上是因为人们觉得自己可以按照可预测的方式对世界和他人产生影响。一旦被剥夺这种拥有力量的感觉,人类就什么也不是了。"③虽然他所指的"被剥夺"是由于那些毫无意义的工作,但放在一些失去工作或无法工作的老年人身上(此处并不指向那些选择不工作的老年人),人生意义感、价值感的缺失亦很可能导致存在感的缺失。在这个意义上,为老年人创造他们所期待的就业机会,即,一种"自由自在"的就业状态,让他们觉得自己仍然独立而"有用",无疑是一种非常积极的养老保障方式。用安娜·茹姿科的话说,"积极养老"既是作为一种生活方式,一个具有自由主义内涵的个人责任问题;也是作为一种社会包容,保持对家庭、社区和社会生活的参与;更是作为保证物质富足的方式,使老年人退休时有足够的养老金。④

---

① 胡湛、彭希哲、吴玉韶:《积极应对人口老龄化的"中国方案"》,《中国社会科学》2022年第9期。
② Liu, Bao-Peng, Qin, Ping, Jia and Cun-Xian, "Behavior characteristics and risk factors for suicide among the elderly in rural China", *The Journal of Nervous and Mental Disease*, Vol. 203, No. 3, 2018, pp. 195–201.
③ [美]大卫·格雷伯:《毫无意义的工作》,吕宇珺译,中信出版集团2022年版。
④ 安娜·茹姿科、李存娜:《捷克和波兰的积极养老政策》,《国际社会科学杂志(中文版)》,2007年第24期。

# 第五章 "内生型"青年村干部扎根上海乡村的机制与实践

　　根据《中华人民共和国村民委员会组织法》(1998年11月4日通过)和《中国共产党农村基层组织工作条例》,村干部是指经由一定的程序选举、推选产生,在村级党组织和村民委员会(简称"村两委")任职的成员总称。在人员构成方面,村级党组织主要由党支部(党委、总支)书记、副书记、支委委员组成,村委会主要由村委会主任、副主任、村委委员等组成。但在实际操作中,村干部指代更为宽泛,除"两委班子"成员外,参与村内公共事务管理的相关工作人员也属于村干部范畴,主要包括村级人才储备人员、社工、大学生村官等通过镇或村招考、推荐、选派的后备干部等。[①] 自中华人民共和国成立以来,农村基层政权建设经历了几个不同时期的重要转变。中华人民共和国成立后到人民公社制度广泛推行之前的一段时间里,农村基层政权是国家政权的基层组织,其主要作为中央与上级政府的"代理人"而存在,而非作为自治机构而存在,农村基层干部全部属于国家行政编制内部人员。[②] 自1958年人民公社制度开始普及,人民公社成为了农村的基层政权机构,直到1987年《中华人民共和国村民委员会组织法(试行)》出台,村民委员会才真正成为一个自治组织。不同的时期,根据不同的农村社会的性质以及国家对于农村的定位,农村后备干部培养体系可以说形成了节点明

---

[①] 范春梅:《跨越乡村治理性别鸿沟:女性村干部职业选择的动力机制研究——以上海市奉贤区J镇为例》,硕士学位论文,华东理工大学,2022年,第10页。

[②] 胡文原:《上海村干部绩效管理的困境和对策分析——基于宝山区L镇的调查》,硕士学位论文,上海交通大学,2009年,第14页。

晰、模式差异明显的三个阶段：集体主义时期(1949—1987年)，干部培养体系镶嵌于生产体系；农业税费时期(1987—2006年)，党组织培养体系与自治选举体系竞合；后税费时期(2006年至今)，农村后备干部"培养—选拔"机制的二元分离。在后税费时期，农村后备干部的选拔机制从"后备—选拔"逐渐向"涌现—吸纳"转变。①

近年来，村干部队伍最明显的一个变化，就是越来越多呈现出全职化、工资化的趋势。贺雪峰指出，党的十八大以后，中西部农村村干部报酬的工资化开始出现，而沿海发达地区，尤其是苏南、珠三角等集体经济发达的村庄，由于第二、三产业发展和村集体经济的发展，村干部事务繁多，很难不脱产，职业化和报酬的工资化早在上世纪就已经开始。②熊万胜、郑楷认为，这一趋势与中国乡村治理体系从"双轨政治"（费孝通先生提出的：传统乡村治理体系是自上而下与自下而上各有一轨，两者相互支撑③）向"并轨政治"转型的趋势相关，④也与基层工作量的不断增加，对专业化治理水平要求的不断提高相关。他们还进一步指出，如果乡村治理精英们必须自谋生计，他们的人际关系就必定会深度地嵌入当地社会，通过自己的社会资本来谋取收入，会倾向于照顾当地的实际和人们的利益，以自下而上的逻辑做事情，这就容易维持双轨政治。反之，如果实现了村干部的全面职业化，从一些发达地区的情况来看，村民自治的色彩就出现严重淡化，村干部在考核体系的控制下唯上是从，出现了高度行政化的"单轨政治"。⑤

村干部职业化包含三个主要方面，即，村干部工资的来源及发放主体、村干部工作的流动性、村干部的职业生涯设计。⑥从这三个方面看，村干部

---

① 梁永成、陈柏峰：《农村后备干部培养体系的转型与重塑》，《思想战线》2020年第5期，第127—137页。
② 贺雪峰：《村干部实行职业化管理的成效及思考》，《人民论坛》2021年第31期，第52—54页。
③ 费孝通：《乡土中国·乡土重建》，北京联合出版公司2018年版，第164—165页。
④ 熊万胜、郑楷：《并轨政治视角下的村干部半职业化现象》，《浙江社会科学》2022年第8期。
⑤ 熊万胜、郑楷：《并轨政治视角下的村干部半职业化现象》，《浙江社会科学》2022年，第8期，第89页。
⑥ 宁泽逵、柳海亮等：《村干部向何处去——关于村干部"公职化"的可行性分析》，《中国农村观察》2005年第1期。

职业化可以说是目前上海基层村干部队伍建设的基本情况。上海的村干部报酬一般是全额财政拨款,享有基本的社会保障,包括五险一金,同时,一般也要求村干部工作日全职工作。虽然上海村干部的薪酬谈不上高,但是鉴于其相对稳定,算得上是一个"半体制内"的工作,因此,往往被视为村庄内较为优质的就业资源。尤其是实施乡村振兴战略(2017年)以来,随着各种国家与社会资源注入乡村,吸引了许多青年群体走进农村,返回农村,而村干部作为一种全职工作,则成为下乡青年的优先职业选择之一。然而,虽然许多青年都积极参与到乡村建设的行列中,其"可持续性"却并不乐观,青年干部队伍的流动性大,村庄普遍面临"留不住人"的局面。然而,我们在上海农村的调研则发现,由于大多数青年村干部来自本地(本村或本镇),在收入与社会保障相对稳定且存在晋升通道的情况下,相对来说,青年干部队伍还具有较强的稳定性。

本章通过对这一"土生土长""内生型"青年村干部群体[1]的调研,探讨这些本地青年村干部能较长时间扎根农村的原因及其机制,当然,也探讨影响其持续扎根农村的一些负面原因。2022年至2023年期间,笔者陆续在上海九大涉农区对近30名青年村干部进行了访谈,采用的研究方法主要是半结构访谈,访谈内容涉及农村青年干部的人生历程、工作经历、生活安排、对公共事务的想法、个人价值观等。本章将基于对上海回村青年干部的动机或"初心"、其扎根乡村的优势、做干部过程中遇到的问题与"不满"的分析,呈现上海本地青年干部扎根农村做村干部的内在机制,并进而探讨如何完善其内在机制,为青年村干部对乡村建设做出更多贡献构建一个更有利的外部条件。

## 第一节 关于村干部的"全职化"问题

上海的村干部很早就已经是全职工作,因此在分析上海青年干部队伍

---

[1] 农村青年干部的主要来源有两类,第一类是指通过国家、省、市统一招考进来的在乡镇和村两委工作的公务员、选调生和大学生村官;第二类是指从农村本土经过后备干部培养所选拔的青年。见于王俊、吴理财:《农村青年干部为何留不住——基于社会认同视角下的实证分析》,《中国青年研究》2020年第6期。

在农村的工作状况之前,我们首先要简单介绍一下村干部全职化。从国家政权建设角度看,村干部公职化管理是现代国家"基础性权力"在基层扩展的重要一环。① 所谓的"基础性权力",是指国家对社会的直接控制和渗透的能力,不仅包括国家组织体系和管理人员的下沉,也包括国家以其制定的规则体系取代社会自发形成的行为规则并有效实现资源再分配的能力。② 近年来,随着农村薪酬财政化(实现村干部工资保障财政化,改变以往依赖从村提留和乡统筹中提成的支付模式)、管理公职化(即在管理主体、选拔任用、岗位职责、考核监督等方面将过去村干部兼业化的管理方式纳入正式的公职化管理)、发展持续化(即解决村干部职业发展空间、知识更新、能力提升以及廉洁自律等问题)等治理路径的改变,许多地方都建立了一整套村干部公职化的管理机制。③ 这套公职化的村干部队伍管理机制,对农村的发展与治理产生了非常重要的影响。"村干部"则成为了一个具有"稳定收入"的类似于"体制内"的高稳定性职业,供养村干部队伍的财政支出则明显上升。熊万胜和郑楷指出,财政成本包括两个层面,一个是支付给现有村干部作为职务报酬的直接财政成本,另一个是在实现完全职业化之后的间接财政成本。他们的研究还指出,由于完全职业化的村干部的工作方式需要消耗更多财力,在完全职业化之后,村干部的来源会更加彻底地城镇化,"走读"的情况更加普遍,干群之间的空间距离会拉大。与此同时,村干部和普通农民的收入差距进一步拉大,双方的心理距离会增加。为了保持和群众的联系,必须聘请更多在村的非正式干部乃至第三方社会组织,且要开展更多正式的社区活动,使村委会的运作方式向居委会看齐,这就导致完全职业化带来的间接财政成本增加。④

一方面,通过正式而稳定的基层干部队伍建设(或者说,基层干部队伍的官僚化),村庄治理也逐渐摆脱传统的熟人社会网络的"特殊化"治理。所

---

① 梁永成、陈柏峰:《农村后备干部培养体系的转型与重塑》,《思想战线》2020年第5期。
② [英]迈克尔·曼:《社会权力的来源》,刘北成等译,上海人民出版社2015年版,第322页。
③ 陶振:《村干部公职化管理的多重维度》,《重庆社会科学》2016年第7期。
④ 熊万胜、郑楷:《并轨政治视角下的村干部半职业化现象》,《浙江社会科学》2022年第8期。

谓的农村党员干部"家族化"问题,一般是指部分农村地区一个或几个家族的党员干部掌握农村公共权力,并利用掌握的公共权力为个人或家族谋取私利的现象。农村基层党组织和党员干部"家族化"问题经常表现为:换届选举中拉帮结派;发展党员时近亲繁殖;村务管理中圈子掌控;集体经济为家族谋利;组织生活严重虚化;村官监督软弱乏力等。① 然而,随着官僚系统在基层的逐渐渗透,以家族主义发展出来的特殊主义裙带关系逐渐式微了。正如一位上海的村书记所言:"现在农村体制和以前又有翻天覆地的变化,以前人的观念当中,农村干部都是凭关系进来的,都离不开三代近亲,我(村书记)退休了,进这个位置的就是跟我'有关系'的人,它有一个家族式的感觉。但是随着形势变化,包括区镇组织科对农村的规定,进两委班子的没有三代近亲。"

另一方面,完全的职业化会助长基层组织运行的行政化,在最基层出现严重的官僚主义和形式主义,②导致村庄治理变得尤为繁琐而机械化。因此,一些研究对于村干部队伍的公职化抱有批评。比如,高怀飚认为,对村干部不宜实行"公职化"管理。首先,村干部"公职化"不符合农村的实际情况和传统。村干部"公职化"从某种意义上讲,意味着基层政权的下移,而我国乡村仍是一个"熟人社会"。其次,村干部"公职化"不利于降低行政成本、提高工作效率。当前,干部队伍庞大,人浮于事已经成为制约我国经济发展的重要因素。据统计,我国官民之比已达到了28∶1,即每28个人中就有1个是吃财政饭的,这一比例超出了历史上任何一个时代,在世界上也是屈指可数的。③ 再次,村干部"公职化"不利于加强基层民主政治建设。村干部"公职化"体现的是对村民管理力度的加大,是对村民、对农村党员选举自己当家人权利的侵犯。最后,村干部"公职化"并不是解决当前农村工作存在

---

① 马俊军:《农村党员干部思想行为"家族化"问题对策研究》,《青海社会科学》2016年第4期。
② 熊万胜、郑楷:《并轨政治视角下的村干部半职业化现象》,《浙江社会科学》2022年第8期。
③ 村干部的全职化会增加干部编制、加重财政负担(见于徐勇《中国农村村民自治》华中师范大学出版社1997年版,第253页)。

问题的根本途径。① 李永萍针对上海农村干部职业化的研究发现,"依托厚重的治理资源,村干部的职业化和基层治理的过密化形成一体两面的关系。若缺少过密治理的资源条件和组织条件,则村干部的职业化不仅不能建立规范、有效和稳定的可控性治理格局,反而可能加重治理负担和治理风险。因此,村干部的职业化存在区域推广的限度。"②

## 第二节 回村做干部的"初心"

许多研究表明,青年村干部下乡、回乡的动力,主要包含以下三种:一是家庭发展需求的满足,比如子代抚育,赡养老人,实现更顺利的家庭再生产;③二是以"村干部"作为"基层历练的机会"或是职业"跳板";④三是"文化乡愁",理想主义情结。⑤ 这些"动机"各异的返乡青年干部,在具体的乡村工作中也面临不同的挑战。事实上,目前农村青年干部的整体流动性非常强,而农村青年干部流动,一些是基于业务需要和人才选拔,比如通过借调和选拔考试进行流动;另一些则主要由于青年干部个人的认同需求、入职动机与实际情况之间的落差感等原因引起。⑥

当前,上海村委工作人员逐步年轻化,村书记以"70后"居多。在我们

---

① 高怀飚:《村干部不宜"公职化"》,《领导科学》2003年第9期。
② 李永萍:《村干部的职业化:原因、效果与限度——基于上海市远郊农村的调研》,《中共宁波市委党校学报》,2017年第1期。
③ 石建:《村庄场域青年干部的回流机制及其实践困境——基于家计模式的分析视角》,《中国青年研究》2022年第5期;黄思:《乡村振兴背景下县域青年参与乡村治理研究——以后备干部制度为例》,《中国青年研究》2021年第5期;徐宏宇:《城乡一体化地区新生代村干部的择业逻辑及其影响——基于家计模式视角的分析》,《中国青年研究》2021年第8期。
④ 李文波、韩新宝:《大学生村官流失的原因及对策分析》,《广东青年干部学院学报》2010年第3期。
⑤ 胡小武:《市场理性与文化乡愁:乡村振兴战略中的青年镜像与群体心态》,《中国青年研究》2019年第9期。
⑥ 王俊、吴理财:《农村青年干部为何留不住——基于社会认同视角下的实证分析》,《中国青年研究》2020年第6期;李文波、韩新宝:《大学生村官流失的原因及对策分析》,《广东青年干部学院学报》2010年第3期;郭秀兰:《大学生村官与农村经济发展的正相关分析——以山西省为例》,《经济问题》2013年第4期;刘发安:《基层年轻公务员非正常流失现象探讨》,《领导科学》,2016年第6期。

调研的村庄中,"80后"的村书记也并非罕见,许多"80后"的村书记都是后起之秀,而两委班子及其他村委工作人员中,"80后"、"90后"的成员比例就更高了。在这些青年干部中,学历以大专以上居多,村委工作人员大多是本村、本镇年轻人,也有部分外地学历较高的选调生。在调研中,我们发现,这些青年回村做干部的"初心",很大程度上是一个"机缘巧合"式的人生决定,即,刚巧村里出现了招"后备干部"的机会,或是村干部换届时需要有本村新人的加入,或是家里亲戚朋友在村干部队伍中,推荐其进入等。这类决定颇有些"命运安排"的色彩,具有偶然性,而非个人长期规划后的选择。换言之,所谓"参与乡村建设的理想主义初心",对于上海的青年村干部而言,并非核心推动力,相对而言,村干部工作本身被视为一个好的工作机会,倒是较为重要的推动力。

**案例一:家人建议,命运安排。**

S区黄村村书记沈铭是来自本村的村干部,出生于1981年,自进入村庄后备干部队伍以来,在村里已经干了15年。15年来其工作岗位多次调动,从团支部书记、民兵连长、村委会委员,到2015年借调镇政府工作,2018年回到村里做村主任,2019年开始担任村书记一职。回忆当初回村里做村干部的决定,他说:

> 我是高中毕业的,我那时候考试没考好,成绩也不太好,2000年高中毕业以后我就到S区的工业区打工了,干了好几个公司,那时候工资都很低的,也就1000多一点。那时候我们S区城区的房子也没有,我们也就是在S区城里打工,感觉不是自己理想的生活。正好我老爸是我们村里生产队队长,他跟我说村里面招聘后备干部,我说我去报名一下,然后就考上了。面试的时候让我们写一篇文章,……我感觉这个文章我写得还是可以的,后来我就进村里面了。刚刚进来的话就是做一些条线的工作,后来就是班子换届,就把我推到班子成员里了……

**案例二：照顾家庭便利是最重要的考虑。**

S 区杨村副主任李红 1987 年出生,本村干部,2009 年大学毕业后在外面工作了一年,2010 年作为后备干部回到杨村,至今已经在村里工作了 12 年。李红在提到自己回村工作的原因时,是这样说的：

> 以前对村委会这个概念不是很熟,当时还小,都是在外面读书,就小学和初中是在本镇上的,后来就去外面读书了,接触不多。毕业后在外面上班,因为当时党组织关系要临时性落在本村的,于是接触了我们村以前的一个党务干部,很负责的,有什么培训、学习、开会,他都会亲自打电话给我,我没想到村里的干部这么负责任。我本来觉得可能会比较淡漠一点,所以就印象比较好,感觉跟我原来认识的好像有点不一样。所以 2010 年的时候,我就作为后备干部回到了村里。……村干部整体流失是比较严重的,转去做社会事业、公务员的都有,考警察的比较多,我是属于后来就一直留在村里的。有各种原因,自己也有原因,结婚生孩子等,也参加过事业单位和公务员考试的面试,但是机缘不到,就也都没有能够出去,那么就一直留在村里了。

李红显然对自己"留在村里"感到有些失意。同时,对于自己事业上的"不得志",她认为主要是作为"女性",家庭责任是一个影响事业发展的重要原因：

> 女性工作之余还要顾及家庭,顾及小孩教育,这样你在工作上可能没有男性那么有时间和精力。男性可能家里面有老人、有老婆在操持,他们能更放得开一点,可能工作时间之外,对自己的时间也更加有支配的力度。

或许也正因此,村干部队伍中女性是主力军,因为对于兼顾家庭而言,在村委会工作的确被视为一个既稳定又舒服的工作。2006—2021 年,上海郊区农村村两委成员中,女性比例从27%增加到47%,高居全国前列,[1]或许也从数据方面印证了这一点。

**案例三:家人支持,赶上机会。**

Q区壶村村书记张萍同样也是出生于1987年,来自本村的干部,在村里工作将近13年。大学毕业后,张萍便直接回到了村里,之后做了两届委员,第三届当上了村书记,今年已经是她做村干部的第四届。回忆自己回村的原因,她说:

> 其实不是我想的。我大学最后一年在一家德企实习,本来要去德国学习的。但是因为我妈妈原来是在村里做会计的,然后又正好赶上换届。那个时候其实没有什么年轻人的,我是大学入党的,那个时候书记就问我妈我要不要试着看看。那时就我个人的想法,有可能还不是回村,但是后来选上了,我妈妈觉得女孩子不要跑那么远,于是毕业之后我就直接到这边来了。

**案例四:退伍军人,机缘巧合。**

F区张村村书记萧峰出生于1985年,本村人,在村里做干部已经将近17年。萧峰中学毕业后便去当了两年兵,退伍后于2006年回村做干部。萧峰回村做干部的原因也很"机缘巧合",只是因为退伍回家休整时,村里正好招聘后备干部,他便报名了。一开始也是做条线工作,直到2015年成为村主任,2017年借调到附近一个街道工作一年,2018年回到本村成为村书记。值得一提的是,退伍军人回村做干部在上海的村干部队伍中占比很高。

在上述这些案例中,返乡的青年村干部本身都是本村村民,他们基本都在村庄干部队伍中有超过十年的工作经历,也都成为村庄干部队伍的核心人物(作为村书记或村主任)。他们基本都并未将回村做干部作为一个原本

---

[1] 国家统计局:《农业普查公报》,http://www.stats.gov.cn/tjsj/tjgb/nypcgb/。见于:范春梅:《跨越乡村治理性别鸿沟:女性村干部职业选择的动力机制研究——以上海市奉贤区J镇为例》,硕士学位论文,华东理工大学,2022年,第1页。

规划的工作选择，而是在人生十字路口刚好遇上了这样一份工作。但是，这一"机缘巧合"本身并非完全偶然，并且，这一选择的可持续性更是由各种有利因素促成。下文笔者将针对本地村干部扎根乡村的优势做进一步的分析。

## 第三节  本地村干部扎根乡村的内在动力

"土生土长"的村干部，无疑是乡村干部队伍建设的重要人才资源。与外来的"选调生"或"大学生村官"不同，虽然在教育背景上，这些当地的青年干部没有优势，但是他们原来在村庄中的社会网络、亲属关系网络，却为其在当地的工作带来了很大的便利。许多当地村干部在公开场合会对外来的"选调生"或"驻村干部"表示感谢，对他们为村庄做出的贡献表示肯定，但是一些村干部在私下聊天中，却不难让人感到他们对外来的"选调生"或"驻村干部"的一丝轻视，认为他们"不接地气"，不了解当地的生活和公共事务。许多关于"选调生"的研究显示：异地就职的选调生因相对缺乏地方社会经验，地方社会资本积累不足，提拔、升迁往往困难，成长速度也往往比较缓慢。[1] 还有研究甚至指出，选调生们普遍遭遇工作适应性困难，其中，"天之骄子"的自我定位往往阻碍了他们扎根基层踏实工作。[2] 最近的许多研究则从自我认同的角度对这些"外来"的村干部们进行剖析。比如，王俊和吴理财的研究指出，绝大多数的青年干部感受到了心理的落差，绝大多数的青年干部想过换工作，超过一半的青年干部尝试过换工作。在入职前，青年对岗位所带来的地理位置、事业发展和职业地位等的期待和认同逐渐减弱，青年的认同在工作中被重塑，导致了农村青年干部选择的变化和行动的转向，并最终从队伍中流出。[3] 相较于"外来"的青年干部，土生土长的本地村干部们

---

[1] 雷浩巍：《地方选调生培养问题研究》，硕士学位论文，西南财经大学，2010年。
[2] 黄军昌、朱光燾：《莫负大任即降身——寄语选调生》，《党员干部之友》2002年第1期。
[3] 王俊、吴理财：《农村青年干部为何留不住——基于社会认同视角下的实证分析》，《中国青年研究》2020年第6期。

则在诸多方面表现出优越性,也呈现出扎根乡村所具备的更多条件。其中,主要的决定性条件大致包含以下两点:

其一,村庄熟人或半熟人社会对村干部"个人化"的治理能力有特殊要求,本地青年干部们拥有更多的"人脉"资源支持工作。外来青年干部在乡村工作中无法找到认同与满足感,一定程度上可能归因于无法真正掌握村庄治理的复杂性。村庄作为一个自治主体,其所面临的治理处境仍然是非常复杂的,比如传统的人情观念,一些模棱两可的政策规定。而对上海而言,许多郊区农村的外来人口日益增多,村庄人员构成日益多元复杂,这些情况毫无疑问都对村干部"个人化"的治理能力有一定的要求,绝非仅仅作为一个官僚机构的小螺丝钉去完成单一事务。正如一些研究指出,转型期间的乡村内部,正式与非正式的治理网络是相互"啮合"的,家族纽带等既有社会网络,作为一种"本土性资源",有助于弥补正式制度缺失所带来的透明度和问责不足问题,并在一定程度上起到对村民的基本经济和政治权利(如产权、问责权)的保护与改善。[1] 我们在调研中发现,那些出类拔萃的村干部们,很多原本父母或亲戚便是村里具有一定威信的干部,可以说对他们"仕途"的发展具有明显的积极作用。

其二,"乡村"作为一种生活方式,已经受到越来越多年轻人的喜爱,尤其对于"本地"青年干部,他们具备更多的资源让这种"准田园生活"方式嵌入城市化的生活安排中。比如,我们在浦东新区外灶村采访了一位20岁出头的青年后备干部,她之所以会回到村里工作,主要还是喜欢农村的生活方式。虽然她从小是在镇里上学,后来去了市区读大学,村庄里并没有太多的朋友,但是,她对城市生活却总觉得不喜欢,在农村工作、生活,让她感到非常舒服。但是提到未来结婚生子等问题,她却毫不犹豫地说,肯定还是要住到城里,但是工作可以一直在农村。另一位出生于1985年的青年干部则表

---

[1] 郑一平:《影响村级治理的主要因素分析——江西省桥下村调查》,《中国农村经济》1997年第9期; Y. Peng, "Kinship Networks and Entrepreneures in China's Transitional Economy", *American Journal of Sociology*, 2004, 109(5), pp. 1045–1074. 见于徐林、宋程成、王诗宗:《农村基层治理中的多重社会网络》,《中国社会科学》2017年第1期。

示,他如今就是住在附近城区,每天开车约 20 分钟来上班,这样的安排他并未感到任何不适。

## 第四节　青年村干部的个体利益诉求与公共利益考量

### 一、个体利益视角下的"不满"

许多研究表明,目前农村青年干部流动性强的问题,主要源于农村工作岗位的压力过大,[①]工作环境和福利待遇的落差,以及事业发展前景的不清晰。[②③] 这些情况在上海也同样突出。村委会为部分青年村民返乡提供了较稳定的工作机会,是村域范围内较为优质的就业选择,但许多青年村干部仍将村委会的工作视为短期的过渡性工作,而不视其为"长久之计"。青年干部对自己的"工作生态"仍有强烈的不满,最突出的"不满"主要针对以下两个方面:

其一,年轻干部的上升渠道较窄,晋升概率过低。以浦东新区为例,浦东新区 2022 年共有 154 个村委会,按此计算,共有 154 个村书记。但是,2022 年,升职至镇级政府工作的村干部仅有 5 名。可以说,向上流动的概率是极低的。这在一定程度上,对青年干部的激励不足。在我们的调研中,有关上升渠道狭窄这一情况,在村委会普通条线干部和两委成员中均有所反映。对于年轻人来说,能否得到晋升的机会是能否长期在村里持续工作的主要原因之一。一般而言,在村中要做到副书记,需要 5—10 年的村委员工作经验,村委干部每 5 年一届,在同一个岗位上要干 10 年甚至 15—20 年

---

[①] 李坤轩:《当前基层公务员队伍建设存在的问题及对策分析——基于 S 省 4 市基层公务员队伍建设状况的调研》,《领导科学》2019 年第 2 期。
[②] 陈俊:《对大学生村官流失问题的调研——以陕西省周至县为例》,《中国人力资源开发》2012 年第 9 期。
[③] 王志刚、于永梅:《大学生村官的择业动机、满意度评价及长效发展机制研究》,《中国软科学》2010 年第 6 期。

的时间,继续再上升的渠道就变得更加狭窄了。虽然村书记可以考公务员编制,但年龄、工作经验各方面具有较严格的限制,能考上公务员编制的书记可以说凤毛麟角。此外,调研中两位考上公务员的村书记反应,即便通过了公务员考试,也可能有非常漫长的入职等待期,甚至长达两年都有可能,更遗憾的是,过去十多年在村委会的工作经历都不能算作工龄,要从零开始计算。

其二,村委会工作人员的工资收入偏低。熊万胜和郑楷的研究发现,如果以省级区域为统计单位来计算,纳入统计口径的村干部年平均工资能勉强达到或高于当地社会平均工资水平的只有上海和江苏两地,其中上海村干部的年平均工资在20万元左右,江苏10万元左右,北京以及其他东部省份的村干部年平均工资不超过5万元,中西部地区更低,一般情况下不会超过3万元。纳入村级支出统计口径的村干部收入可能不是村干部从岗位上得到的全部合法收入,尤其没有包含政府给予的奖金,但应已包含合法收入的主要部分。[①] 我们在调研中发现,村干部的财政收入整体在10—20万元区间内,能达到20万元收入水平的一般只有村书记,村委会工作人员普遍抱怨工资较低,尤其是村委会中许多条线干部(大多是"80后"和"90后"),税后工资在5 000元左右,他们对自己的薪资水平并不满足。村委会基层工作较复杂,每个工作人员身兼数职,对于目前的工资水平,他们感到非常无奈。比如上海金山区一位村书记就颇有怨气地说道:"每家单位都一样,希望既能招一个人才,工资又能少花,都是这样的。政府也一样,希望你能够一个人干三个人的活,工资嘛只发一份。"而之所以这些年轻人能忍受目前的低工资,主要是因为离家近,开销小,外面的就业形势比较差。一旦他们能在就业市场找到更高报酬的工作,或是成立了新家庭,目前的薪资水平就十分缺乏吸引力了。

值得一提的是,村干部的工资水平较低,也与集体经济的收入有限相关,全职化村干部工资由财政支出等因素相关。一些经济较好的村庄有一

---

① 熊万胜、郑楷:《并轨政治视角下的村干部半职业化现象》,《浙江社会科学》2022年第8期。

定的集体资产收益(多为近郊的一些村庄),一定程度上有能力为村委人员提供一定的经济奖励,而远郊的一些村委会主要从事农业生产经营,集体资产也难以促成客观收入,因而增加村干部的收入就显得更加捉襟见肘了。

## 二、公共利益视角下的"不满"

上海自20世纪80年代便开始了干部公职化的道路。李永萍基于对上海郊区农村的调研指出,职业化村干部的行为逻辑具有鲜明的任务导向性,其行为逻辑不是机会主义的,而是对未来具有明确预期,完成上级交予的任务,并做好分内工作,某种程度上他们是就事论事、不偏不倚的办事员。职业化改变了传统的村治动力,村干部既不是当家人,也不是纯粹意义上的代理人,也少有成为谋利者的动机。[①] 但是,我们在调查中也发现,许多"内生型"的青年村干部,尤其是做到村书记、村主任级别的青年干部,并不仅仅是一个"就事论事、不偏不倚的办事员"。一方面,处理"人情关系",通过分辨"情理"进行治理,仍然是他们在村庄工作中重要的工作内容;另一方面,他们对于自己承接的许多工作任务都具有很强的反思性。

许多青年干部们都对"一刀切""形式主义"等制度弊病有自己独立的见解。比如,Q区壶村村书记张萍对于政府对基层的"过度管理",对基层工作造成的"过度压力"发表见解说:

> 我就觉得政府想的很多事情是好的,但是我觉得政府做的有点太多了,管的太多了,不仅给村干部造成了很大的工作压力,有时也常常达不到预期的目的。比如宅前屋后扫干净应该做,但是做过了头。老人们把砍下来的树枝拿回去烧火其实很环保,要求他们堆放整齐就行了,为什么严格禁止堆放?还有,家里养几个鸡鸭也很正常,尤其我现在觉得鸭子真的要养,因为我们每个村里现在都出现了福寿螺、绿屏、

---

[①] 李永萍:《村干部的职业化:原因、效果与限度——基于上海市远郊农村的调研》,《中共宁波市委党校学报》2017年第39卷,第1期。

蓝藻。

诸如此类对"一刀切"政策的不满和批评，是上海基层治理中最常听见的声音。上海市的村级治理被牢牢地控制在地方政府手中，乡村治理缺乏弹性，职业村干部群体的治理逻辑不断科层化。可以说，职业村干部群体的组织方式和公共治理方式还具有很强的官僚制特征，比如：权责明晰的行政责任制度，逐级晋升的官僚成长机制，常态化的办公会议制度。[①] 但是，在具体的村庄事务处理中，科层化、官僚化虽然一定程度避免了村庄错综复杂的社会关系网络带来的治理困难，但同时也制造了许多繁冗低效的工作。比如，一些村书记反映，他们几乎每天都接待上级的参观和调研工作，一些村主任表示，仅仅党建宣传的工作，就占据了工作的大半时间，许多条线干部更是对没完没了的"填写表格"工作感到郁闷不已。

## 第五节　结　语

作为一种职业，上海的"村干部"职位对于本地青年而言，其优势体现在，工作稳定性高，离家近，便于安排家庭日常生活；其劣势体现在，晋升通道窄，收入相对较低，工作较为繁琐等。本地村干部之所以能扎根乡村，切实推进乡村建设工作，并扮演更符合期待的角色，一方面是因为他们在具体的村庄服务与治理中拥有熟人社会的关系网络，对村庄发展的熟悉程度较高，具有更强的判断能力和辨识能力；另一方面是因为他们本身期待的生活方式与村干部工作所能提供的生活方式之间，不存在太明显的差距。换言之，他们能依赖自己所拥有的资源，更高效地安排生活、家庭与工作，使之整体平衡。同时，这些本地村干部往往对所在村庄有更强的情感，这也无疑加强了他们扎根农村的动力。

---

① 印子：《职业村干部群体与基层治理程式化——来自上海远郊农村的田野经验》，《南京农业大学学报（社会科学版）》2017年第17卷，第2期。

值得注意的是，以上海的青年干部为例，他们已经表现出对村庄自主权有较高诉求的愿望，许多村干部都对行政效率与策略中暴露的问题直言不讳。随着分工越来越明确，村干部全职化、工资化趋势日益明显，其自主空间事实上变得越来越小，他们更像是整个官僚体系中不需要有个人意志与个人观点的执行者，而村庄作为一个熟人社会的复杂性与丰富性却常常与相对僵化的治理体系产生冲突。这些特质，无疑也对自上而下的基层治理工作提出了新的要求，换言之，这些青年村干部很有可能对村庄治理的模式产生影响，形塑新的基层行政模式。这种"潜质"则有待进一步的研究。

"村干部"作为一种职业，对于一些青年干部而言，只是一种实现稳定而惬意的生活方式的生计手段，但对于另一些有为青年干部而言，村庄作为一个"政治舞台"，无疑是"狭小而逼仄"的，他们渴望能有更大的舞台实现自己的个人价值。比如，Q区壶村村书记张萍对十多年的"村干部"生涯似乎已经有了遇到"瓶颈"的感受，言谈中不乏对另一种生活的憧憬：

> 我跟领导说，我希望以后有机会的话可以换一个工作岗位，可以去接触一些不同的东西。在体制里，发朋友圈的也都很少的，你不能分享，因为有可能有点不一样的想法，造成的影响不好。基本上领导都不发朋友圈，最多只是转发。所以我觉得这种生活挺没劲的，个人生活都没有了，我的朋友圈一点都不精彩。

村干部作为一种半体制内的工作，对于青年干部来说，其所带来的对个人自由的限制，或许会有更明确的感知，而这种对"村庄外部世界"或是对"个人自由空间"的诉求，或许也会推动他们往更高的行政层级流动，或者开拓更广阔的职业空间。

# 第六章　上海乡村创业者的发展困境及其能动性

2016年国务院办公厅印发《关于支持返乡下乡人员创业创新促进农村一二三产业融合发展的意见》(国办发〔2016〕84号)指出,近年来,随着大众创业、万众创新的深入推进,越来越多的农民工、中高等院校毕业生、退役士兵和科技人员等返乡下乡人员到农村创业创新,为推进农业供给侧结构性改革、活跃农村经济发挥了重要作用。返乡下乡人员创业创新,有利于将现代科技、生产方式和经营理念引入农业,提高农业质量效益和竞争力;有利于发展新产业、新业态、新模式,推动农村一、二、三产业融合发展;有利于激活各类城乡生产资源要素,促进农民就业增收。乡村振兴战略实施以来,返乡创业一度成为热词。农业农村部数据显示,截至2021年4月,全国各类返乡入乡创业人员已超过1100万。《"十四五"农业农村人才队伍建设发展规划》(农人发〔2021〕9号)明确提出,到2025年,培育100万名农村创业带头人,返乡入乡创业人员1500万人。可以说乡村振兴战略声势浩大的宣传与政府各部门对这项工作的强力推动,的确吸引了许多返乡、入乡的群体。返乡创业者一般指的是原来离开了乡村工作但是户口仍然属于农业户口的人,而入乡创业者主要指户口本身就不属于农业人口,但选择在农村工作的人。比如中央一号文件中,一般也将二者有所区分但统称为"返乡回乡入乡人员"。本章所指的"乡村创业者"则包含了上述两种不同的创业者。

自乡村振兴以来,乡村创业作为政府鼓励、引导、推动的工作,的确吸引了许多投身于乡村产业的创业者。2022—2023年期间,我们既调研过一些以"回归自然"为理想去农村开咖啡馆、做农家乐的年轻人,也调研过以"乡村生活"为主要寄托去农村开民宿、做农场的中产阶级,还有那些带着"大资本"去乡村发展农业科技的"大老板",或是"子承父业"的"农二代"。但是,总体而言,似乎真正的成功者寥寥,"悔不当初"的人不计其数。因此,本章将主要聚焦探讨上海郊区农村的乡村创业者普遍存在的创业困境。在分析这个问题时,我们首先会简单分析返乡创业的政策环境以及上海乡村创业者的基本现状,包括创业者的个体基本情况与乡村创业的各类模式,进而通过案例进一步分析上海乡村创业者面临的主要困境,并提出相应对策建议。

## 第一节 返乡创业的政策环境:中央一号文件中关于返乡下乡创业的内容

近十年来,除了2014年,中央一号文件几乎每年都有关于鼓励返乡入乡创业的内容。具体我们可以发现,2013年是在中央一号文件第三条"创新农业生产经营体制,稳步提高农民组织化程度"中提及,要"制定专门计划,对符合条件的中高等学校毕业生、退役军人、返乡农民工务农创业给予补助和贷款支持"。此时乡村创业人员还主要是"高等学校毕业生、退役军人、返乡农民工",而方式则主要是"给予补助和贷款支持"。2015年仍然提及的是"引导有技能、资金和管理经验的农民工",方式方法也主要是"落实定向减税和普遍性降费政策,降低创业成本和企业负担"。2016年社会主义新农村建设启动,中央一号文件中提到返乡创业时还是指"支持农民工返乡创业"。

2017年,开始实施乡村振兴战略,此时,中央一号文件中关于返乡创业就有了更丰富的内容。比如,在第一条"优化产品产业结构,着力推进农业提质增效"中就指明,要"鼓励农户和返乡下乡人员通过订单农业、股份合作、入园创业就业等多种方式,参与建设,分享收益。"同时,在第六条"加大农村改革力度,激活农业农村内生发展动力"的第32款"健全农业劳动力转移就业和农村创业创新体制"中,有大段的内容关于创业,即"完善城乡劳动者平等就业制度,健全农业劳动力转移就业服务体系,鼓励多渠道就业,切实保障农民工合法权益,着力解决新生代、身患职业病等农民工群体面临的突出问题。支持进城农民工返乡创业,带动现代农业和农村新产业新业态发展。鼓励高校毕业生、企业主、农业科技人员、留学归国人员等各类人才回乡下乡创业创新,将现代科技、生产方式和经营模式引入农村。整合落实支持农村创业创新的市场准入、财政税收、金融服务、用地用电、创业培训、社会保障等方面优惠政策。鼓励各地建立返乡创业园、创业孵化基地、创客服务平台,开设开放式服务窗口,提供一站式服务。"其中,鼓励乡村创业的主体也发生了明显的变化,包括"鼓励高校毕业生、企业主、农业科技人员、留学归国人员等各类人才回乡下乡创业创新"。同时,在方式方法上,"返乡创业园、创业孵化基地、创客服务平台"等从2017年开始被提出,并成为重要的方式方法,而后2019、2021、2022、2023年都提到鼓励建设这类创业平台。值得一提的是,2023年中央一号文件的第九条"强化政策保障和体制机制创新"第32款"加强乡村人才队伍建设"中指出,"引导城市专业技术人员入乡兼职兼薪和离岗创业。允许符合一定条件的返乡回乡下乡就业创业人员在原籍地或就业创业地落户。"总体上看,近十多年来,返乡下乡创业都是"三农"工作中的一项重要内容,虽然不同年份有略微的调整,但是从整体趋势来看,方式方法上越来越趋向于"创建平台",主体上则越来越趋于多元化、专业化,不再仅仅局限于农民工返乡创业,而是尝试鼓励全社会各种群体的共同参与。

上海关于返乡下乡人员创业创新的工作也一直紧跟中央政策的安排,每年都有一些相应的工作回应,但出台比较齐全的配套政策主要是在2017年实施乡村振兴战略之后。其中,2023年出台的一系列政策可能是最具代表性的。2023年,上海为贯彻《关于支持返乡下乡人员创业创新促进农村一二三产业融合发展的意见》(国办发〔2016〕84号)、《农业农村部、国家发展和改革委员会、教育部、科技部、财政部、人力资源和社会保障部、自然资源部、退役军人事务部、银保监会关于深入实施农村创新创业带头人培育行动的意见》(农产发〔2020〕3号)、《农业农村部、科技部、财政部、人力资源和社会保障部、自然资源部、商务部、银保监会关于推进返乡入乡创业园建设提升农村创业创新水平的意见》(农产发〔2020〕5号),出台了《关于本市进一步支持返乡入乡人员创业创新促进农村一二三产业融合发展的实施意见》(沪农委规〔2023〕2号)。该意见提出,要在金融保险服务、财政支持力度、用地政策落实、社会保障政策、双创培训指导、信息服务水平六个方面优化政策措施。该《意见》为上海乡村创业提供了更好的政策支持环境,但具体的落实还有待观察。比如,优惠政策措施第三条"用地政策落实"中的"鼓励返乡入乡人员加强与农村集体经济合作,依法以入股、联营、租赁等形式使用农民集体所有的土地发展农业产业,依法使用集体建设用地开展创业创新。在符合国土空间规划和用途管制要求的前提下,依法依规盘活利用农村闲置厂房、农房等,探索创新用地方式,支持返乡入乡人员开展创业创新。"根据我们的现状调研,民营企业与集体经济的合作中,法律层面上还未能提供适当的引导和规范(下文我们将用一个民营企业与村集体经济合作社的合作案例进行具体分析)。而在土地使用、闲置厂房、农房盘活利用这些问题上,更是面临许多的挑战。由于城乡之间一些根本性的资源冲突,政策环境导向与具体落实中的种种矛盾,将不可避免地长期存在。

## 第二节 乡村创业者的基本情况

### 一、乡村创业者的个体基本情况

了解返乡创业群体的个体基本情况,是了解返乡创业工作的重要方面,只有对具体的人有具体的了解,才能谈对一个现象的了解。返乡创业者个体在年龄、性别、婚姻、学历、收入等方面的情况,对探讨返乡创业行为具有一定的参考意义。在年龄上,2008年,国务院发展研究中心农村经济研究部的一项对百县返乡创业的调查显示,返乡创业群体多以30至45岁的中青年男性为主。[1] 在文化水平上,目前,返乡创业者的文化程度依旧处于较

---

[1] 见崔传义:《进入21世纪的农民工回乡创业》,《经济研究参考》2008年第31期。

低的水平,[1]初中学历的青年是返乡创业最活跃的群体,有研究显示,57.94%的返乡创业青年只拥有初中文化,[2]高学历青年参与乡村振兴的人数较少。[3] 在性别上,有研究发现,性别对农民工返乡创业的影响显著。一些研究发现,男性返乡者更多选择创业,原因多是在没有年龄优势的情况下,创业是获得就业机会的少数方式之一。[4][5][6] 相对于女性来讲,男性进行创业的概率更大,约为女性创业的1.2倍,而这种性别差异也被认为是与男性更高的风险偏好和更广的人际关系网络有关。[7] 王轶等在调查中发现,返乡创业者主要以男性为主,占其研究总体样本的71.1%,是女性创业者的两倍多;[8]陈政等的研究表明,性别对农民工返乡创业的意愿具有重要影响,在同等条件下,男性比女性选择返乡创业的概率大8.8%。[9] 在婚姻上,有研究发现,已婚农村居民创业概率更大,将近90%的返乡创业者处于已婚状态。[10] 对此可能的解释是,已婚人群拥有更稳定的发展环境,具有夫妻双方的社会关系网络,夫妻双方能够发挥各自优势以获得更多的创业资源,比

---

[1] 石智雷、谭宇、吴海涛:《返乡农民工创业行为与创业意愿分析》,《中国农村观察》2010年第5期。
[2] 林龙飞、陈传波:《返乡创业青年的特征分析及政策支持构建——基于全国24省75县区995名返乡创业者的实地调查》,《中国青年研究》2018年第9期。
[3] 罗敏:《从"离乡"到"返乡":青年参与乡村振兴的行动逻辑——基于H省Z市1231名青年的问卷调查分析》,《中国青年研究》2019年第9期。
[4] 刘俊威、刘纯彬:《农民工创业性回流影响因素的实证分析——基于安徽省庐江县调研数据》,《经济体制改革》2009年第6期。
[5] 朱红根、康兰媛等:《劳动力输出大省农民工返乡创业意愿影响因素的实证分析——基于江西省1145个返乡农民工的调查数据》,《中国农村观察》2010年第5期。
[6] 陈晨:《农民工首次返乡风险研究(1980—2009)——基于个人迁移史的事件史分析》,《人口与经济》2018年第5期。
[7] 孔祥利、陈新旺:《资源禀赋差异如何影响农民工返乡创业——基于CHIP2013调查数据的实证分析》,《产经评论》2018年第5期。
[8] 王轶、丁莉、刘娜:《创业者人力资本与返乡创业企业经营绩效——基于2139家返乡创业企业调查数据的研究》,《经济经纬》2020年第6期。
[9] 陈政、王燕荣等:《农民工返乡创业驱动因素及其地区差异实证分析》,《经济地理》2022年第10期。
[10] 徐超、吴玲萍、孙文平:《外出务工经历、社会资本与返乡农民工创业——来自CHIPS数据的证据》,《财经研究》2017年第12期;张静宜、李睿、陈传波:《先前经验、政策支持与返乡创业机会识别》,《调研世界》2021年第9期;丁俊华、耿明斋:《农民工返乡创业的政策执行绩效与治理逻辑——基于全国23个省(区、市)问卷调查的实证检验》,《河南师范大学学报(哲学社会科学版)》2023年第2期。

如资金筹集、信息获取和客户来源等方面，都具有更大的优势。[1][2] 不过，也有研究表明，婚姻状况对农民工返乡创业意愿的影响不显著。[3] 在收入上，有研究发现，外出务工收入越高，农民工返乡创业的意愿越弱。[4][5] 张立新等的研究表明，在收入水平较低的情况下，由于资金短缺以及人们普遍存在的风险厌恶特性，为满足生存需要、提高生活水平，人们将主要选择外出务工而非创业。但生存性动机在一定程度上又会增强成就性动机和社会性动机，进而对返乡创业意愿产生间接促进作用。[6]

## 二、乡村创业的各类模式

返乡创业的模式多种多样，有从事农业生产的，也有从事非农生产的；有全职型的，也有兼业型的；有个人的，也有团队的。有关返乡创业模式的分类也很多。比如，朱红根和康兰媛提出三种模式，即生存型创业（为了赚钱养家或生存而选择创业）、成长型创业（为了自我发展而选择创业）和价值型创业（希望自己能一展所长，实现自身价值而选择创业）。[7] 刘志阳和李斌将这三种模式进一步归纳为经验驱动型创业和资源驱动型创业，并指出，相比于资源驱动型创业模式，经验驱动型创业模式在企业绩效和创业收入上都具更显著的正向作用。[8] 刘美玉的研究指出，新生代农民工的创业常常呈

---

[1] 徐超、吴玲萍、孙文平：《外出务工经历、社会资本与返乡农民工创业——来自 CHIPS 数据的证据》，《财经研究》2017 年第 12 期。
[2] 孔祥利、陈新旺：《资源禀赋差异如何影响农民工返乡创业——基于 CHIP2013 调查数据的实证分析》，《产经评论》2018 年第 5 期。
[3] 陈政、王燕荣等：《农民工返乡创业驱动因素及其地区差异实证分析》，《经济地理》2022 年第 10 期。
[4] 朱红根、康兰媛等：《劳动力输出大省农民工返乡创业意愿影响因素的实证分析——基于江西省 1145 个返乡农民工的调查数据》，《中国农村观察》2010 年第 5 期。
[5] 刘溢海、来晓东：《"双创"背景下农民工返乡创业意愿研究——基于河南省 4 市 12 县的实证分析》，《调研世界》2016 年第 11 期。
[6] 张立新、林令臻、孙凯丽：《农民工返乡创业意愿影响因素研究》，《华南农业大学学报（社会科学版）》2016 年第 5 期。
[7] 朱红根、康兰媛：《农民工创业动机及对创业绩效影响的实证分析——基于江西省 15 个县市的 438 个返乡创业农民工样本》，《南京农业大学学报（社会科学版）》2013 年第 5 期。
[8] 刘志阳、李斌：《乡村振兴视野下的农民工返乡创业模式研究》，《福建论坛（人文社会科学版）》2017 年第 12 期。

现边缘化和低层次化，一般不以发展"大与强"作为创业目标。① 目前拥有现代企业管理方式的创新创业模式，在返乡农民工群体中并不多见。还有学者将农民工的创业模式，分为众筹创业与村企合一经营模式，谷玉良的研究显示，众筹创业一般由多名外出务工成功人士作为联合创始人返乡牵头，与当地农民以众筹的方式融资创办企业，因而表现出完全不同的创业模式。② 而这一模式的特点是，创业者无须完全放弃城市务工，可以采取两栖经营的形式返乡创业。总之，返乡创业的模式非常多元，从某种程度上说，创业作为一种对"创新性"有要求的活动，其模式的多样性也自然难以穷尽。

## 第三节 上海乡村创业者的结构性困境及其能动性

在上海的乡村振兴工作中，政府一直尝试鼓励各类人才返乡就业、创业，为乡村的建设与发展做出更多贡献，但上海农村吸引人才返乡下乡创业仍然面临巨大的挑战。2022—2023年期间，我们对上海九个涉农区多个乡村（包括示范村与非示范村）陆陆续续进行调研，过程中我们发现，创业者最常有的"抱怨"往往是：乡村土地资源开发严重受限，没有建设用地指标可用，难以发展第二、第三产业；或者是人口老龄化严重，劳动力供给不足；或是政府提供的补贴不够多，农业产业无法贷款，政策朝令夕改不稳定等。然而，这些制度性、结构性的问题，即便制定了《上海市乡村振兴促进条例》，制定了各类支持乡村振兴的战略规划文件，也往往难以在乡村振兴战略的实施中得到有效的改观，这些困境其实反映的是一个城乡之间长期持续的资源博弈过程。在这个过程中，创业者的能动性，对各类资源的运作能力，就变得尤其重要。下文我们着重进行案例分析，需要强调的是，为保护隐私，

---

① 刘美玉：《基于扎根理论的新生代农民工创业机理研究》，《农业经济问题》2013年第3期。
② 谷玉良：《"众筹创业"与"村企合一"：新时期农民工返乡创业研究——以湖北省荆门市M村为例》，《求实》2016年第8期。

所有被访对象与经营主体名称都进行了匿名化处理。

## 一、案例一：产权不明晰，民营企业怕落坑

龙阳村有农户将近600户，户籍人口1000多人，区域面积3000多亩，耕地面积2000亩左右，历来被视为S区经济相对比较薄弱的村庄。2018年村集体负债80多万，因此时任镇书记林主任认为，这样一个"一无所有"的村庄，可以给予"特殊的政策"让他们放开手脚先行先试，或许有可能探索出一条乡村振兴的"新路子"。基于这样的想法，在镇书记的推动之下，2018年龙阳村被批准成为乡村振兴先行先试示范村，在村集体资产确权和村集体经济合作社成立的基础上，通过引入民营资本与村级集体经济组织合作，成立惠明生态农业科技有限公司（简称：惠明公司）。其中，龙阳村集体经济合作社占股20%，民营企业占股80%，属于"混合所有制公司"，享受区、镇两级产业扶持政策。公司负责龙阳村乡村振兴战略建设工作的实施，而所谓的产业扶持政策，则主要是通过给予惠明公司一个"招商资质"，支持其成立并运营上海市海龙科技园区，进行"招商引资"工作，所获税收则部分返还惠明公司。下文将具体介绍惠明公司参与乡村振兴的基本策略。

2018年，S区白洋镇人民政府（下文称之为"镇政府"）与惠明公司签订了一份协议，明确惠明公司为混合所有制企业，公司设立董事会，董事会由投资方的两家民营企业和白洋镇龙阳村集体经济合作社组成，其中，两家民营企业的法人为宋董。合作时间：2019年1月1日至2038年12月31日。合作宗旨："共同推动发展壮大集体经济组织，共同探索创新发展模式"。双方的协议中，主要包括以下核心内容：

首先是政府方面的支持：(1)镇政府为惠明生态农业科技有限公司"无偿提供集体建设用地供其使用"（截至2023年1月，大约陆陆续续一共提供了800多亩用地），为惠明公司的产业发展提供相关配套设施，并为其引进人才提供各类服务保障政策。(2)惠明公司获取招商引资的主体资格，成立海龙科技园区，设立专用账户开展招商引资工作。对于入驻海龙科技园区的企业，镇政府给予"区政府相关财政扶持政策"，具体为："40%用于扶持新

兴企业,资金由白洋镇财政结算、区财政平台支付。镇级40%用于惠明公司实施龙阳村乡村振兴战略建设。区级20%留存在区财政,对龙阳村相关公用设施配套建设项目所需资金,按照规定流程报批,一事一议,扶持期限为5年。"(3)所属惠明公司招商窗口及企业管理公司的管理费,按地方财政贡献的10%奖励。惠明公司对招商窗口实行年度税收考核,采用一事一议的方式进行奖励,并报镇政府备案。

关于资产分配,惠明公司投资的乡村振兴战略建设项目,由惠明公司统一管理、统一建设、统一运维,形成的资产归惠明公司所有。龙阳村经济合作社原资产及投资形成的集体资产,归龙阳村经济合作社所有。在海龙科技园区内政府投资的美丽乡村等项目,其产权归属政府,提供惠明公司无偿使用。

截至2023年年初,惠明公司对龙阳村的贡献基本为各方主体承认,主要如下:截至2022年年底,园区引进企业共计7000多家,累计实现招商税收约17亿元,创造区域经济贡献约8亿元。基于此,公司将政府返还的税收投入龙阳村乡村振兴建设约3.4亿元,形成固定资产和在建工程项目总额约2.0亿元。这些基础设施的投入完全改变了村容村貌,与附近的村庄相比,龙阳村被认为是最漂亮、最现代化的村庄。此外,村庄还解决了许多村民的就业,推行"公司+农户"模式,发展订单式农业,惠明公司每年还做了一些扶贫助弱的公益事业。

2022年10月,S区财政局组织第三方评估公司对惠明公司几年来的工作进行了中期评估,主要是针对"享受乡村振兴产业扶持资金的项目",进行整体情况评估。评估报告指出:

> 资产管理制度建立与执行方面,项目单位属于混合制企业,但大部分项目未纳入区发改委监管,作为财政资金投入项目,缺少政府部门执行项目竣工财务决算批复和资产移交手续,现行资产管理直接入账到企业有待商榷,存在国有资产流失风险。

这一评估结果触动了惠明公司的"敏感神经",公司随即采取了相应的措施,旨在维护公司对已经形成"资产"的所有权的"捍卫"。针对这一"国有资产流失风险"的说法,各方利益相关者都根据各自的理据表达了自己的想法。

惠明公司首先表示强烈反对。其CEO陈述:"财政资金一类是政府拨款投资的,应该归政府;而第二类是财政扶持资金,给到谁,资产应该归属谁。而且国有资产流失的主体是国有企业,民营企业的扶持资金不存在国有资产流失的问题。"值得一提的是,"惠明公司虽然是混合所有制,但是我们A公司占股80%,龙阳村集体经济合作社虽然以土地形式参股得到20%股份,但几乎不参与惠明公司的实际运作,因此,惠明公司一直将企业的性质视为'民营企业'。"

区级相关委办局领导(前白洋镇林书记现在已经晋升为区级领导)在座谈中表示:"惠明公司的成绩是自己努力的结果,政府只是给了一个'证'(即一个招商引资的资质),他们理应因他们'自身的努力'而获得更多的回报,不能寒了企业家的心。"林主任意见反映的基本逻辑是:政府给出了正确的乡村振兴支持政策,要肯定民营公司人力资本的决定性因素。同时,也要考虑企业家未来继续参与乡村产业振兴的积极性。

镇级相关领导方面存在明显的内部意见分歧。在我们采访的镇干部中,一位部门主管指出:"财政扶持乡村振兴形成的产业,其所有权应归属镇集体合作社,但惠明公司可不设期限地无偿使用。"(前提条件是,惠明公司要一直在龙阳村做产业)同时,他还指出:"惠明公司是拿了国家的钱做事情,自己并没有很多前期的资金投入。"[①]其基本逻辑是:承认民营公司人力资本的影响力,但是认为政府的政策支持作用更大,因此,所有权不可属于企业,但使用权可以长期属于企业。然而不占有"所有权",对于惠明公司而言,意味着产权的不稳定性,随时可能在行政干预之下彻底失去控制权。这

---

① 财政局的中期评估报告则显示:目前惠明生态农业科技有限公司实收资本110万元来源于民营资本,其余约3.4亿资金来源全部为财政资金。

种不明晰的"产权关系",会随着环境、资源条件的变化,在关系双方的互动和相应的制度环境中,根据双方的利益和力量变化讨价还价、重新界定和调整[①]。而另一位镇干部则表示:惠明公司才刚刚起步,还应该给予更多的支持,让他们把产业做起来才是重点,资产上,也应该保障其对所获资产的所有权。其基本逻辑是:承认政府的政策支持,但是认为民营公司人力资本的影响力作用更大,同时,考虑产业发展的可持续性问题,可将"所有权"作为回报,确保龙阳村的产业能真正得到振兴。

在村干部方面,则认为财政扶持资金形成的资产应属于村集体。其村书记在座谈中陈述:"财政返回的税收中约13%的工作经费应该属于惠明公司,因为基数庞大,13%的比例应该已经有比较强的激励作用,所有参与工作的人已经得到了工资,所以财政拨款产生的资产还是应该属于我们村集体。"其基本逻辑实际上与林主任一致,即根据人力资本的贡献率评估惠明公司获得多大程度的"奖励",但从村集体角度看,财政返回的税收中约13%的工作经费已经是充足的回报。但这一"合理性"遭到惠明公司的反驳,理由是工作经费是工作过程中消耗掉的资金,远远不能作为"合理回报"。

此外,自惠明公司成立以来,考虑到其作为"混合所有制经济体",与政府打交道的频率很高,所以宋董一直积极邀请许多当地的退休干部(包括区级层面的,也包括镇级层面的)参与到为公司发展"献计献策""牵线搭桥"的智囊工作中。调研期间,召开了一次由这些退休老干部们组成的座谈会,他们普遍表示支持惠明公司对形成资产的所有权,也呼吁政府给予他们更多的支持。其基本逻辑也与林书记与部分镇干部一致,即:承认民营公司人力资本的影响力,也承认政府的政策支持作用,但他们更加强调的也是今后民营企业参与乡村产业振兴的积极性。因此,他们认为应该通过给予其资产"所有权"来确保民营企业继续开发产业的积极性。

综上所述,针对惠明公司用返还的税收(或财政扶持资金)创造的资产

---

① 周雪光:《"关系产权":产权制度的一个社会学解释》,《社会学研究》2005年第2期。

的所有权,形成了不同观点,大体上可分为两种基本逻辑:第一种倾向于认为在现有环境下,民营企业人力资本的作用高于政策优惠的作用;第二种倾向于认为在现有环境下,民营企业人力资本的作用低于政策优惠作用。

无论如何,在20世纪90年代乡镇企业异军突起时,"集体所有制"作为一种制度安排,并未对乡村经济发展产生阻力,一定程度上对乡村经济的发展还具有积极作用。但是如今,经过改革开放四十年的市场化道路,不论是企业的法治意识还是产权需求,都已经不同以往。这些由集体经济衍生而来的、模棱两可的产权关系,对于乡村产业发展无疑产生了很多负面影响,使得许多民营企业对进入乡村进行发展始终非常谨慎,甚至到了望而却步的地步。惠明公司的案例充分说明,在产权制度安排上,需要更多的突破性改革。

## 二、案例二:促进资源共享的一种合作模式——产业联合体

受制于土地规模等现实条件,相对而言,上海的农业经营主体普遍规模不大,因此,最近几年,"产业联合体"这一概念被不断提出。2017年,农业部等六部门联合印发《关于促进农业产业化联合体发展的指导意见》(农经发〔2017〕9号)。该文件将农业产业化联合体定义为,龙头企业、农民合作社和家庭农场等新型农业经营主体以分工协作为前提,以规模经营为依托,以利益联结为纽带的一体化农业经营组织联盟。浦东新区SH村的壹加壹合作社成立于2021年,由本地6家经营不同种类农产品的中小型合作社共同出资成立。壹加壹的6家合伙农业合作社驻点在浦东与闵行的不同地区,股东都是在上海从事多年农业产业经营的中青年女性,她们所经营的产品各有不同,比如A合作社主营8424西瓜,B合作社主营蔬菜,C合作社主营葡萄,D合作社主营草莓和桃子等。这些子合作社的产品相对单一,但是都是经营多年的合作社,都有相对稳定的客源。在2021年,她们不约而同面临发展的瓶颈,其中一个合作社的负责人跟我们介绍:

> 2021年我们都遇到了瓶颈,很多不做农业的大型企业资本进入市

场,对于我们这种说小也不小,说大又不大的合作社是最难受的。我们想去扩大,但要有人有钱,要有地有资源,我们很难克服这些方面的问题;你说我小吧,我被你大鱼吃小鱼吃掉,我也心甘情愿;但像我们这种中型的,心不甘情不愿,想做大又没有条件,就遇到了发展瓶颈。大家也都是有想法的,因为我们这几个人中有三个是"农二代",有的是其他行业转过来的,像我是从外企转过来的,2014年就开始做农业了。

由于六位合伙人都是农业行业中相对比较成功的角色,也经常参与政府组织的一些活动,彼此比较熟悉,所以在遇到共同瓶颈的情况下,她们一拍即合,2021年一起成立了壹加壹合作社,注册在SH村。事实上,壹加壹合作社在SH村也仅有30亩的承包地,主要是通过壹加壹这个平台,形成一个客户资源、产品资源共享的网络。简言之,她们组成的这个产业联合体,无疑强化了彼此之间的互惠关系,也一定程度避免了同行竞争。

规模的扩大不仅有助于她们丰富产品的种类,也随之降低了成本。在销售上,她们既是公司股东也是平台优先选择的供货商,主要通过各自积累的老客户、微信群等,以社区团购的方式将各自合作社的农产品配送至社区。一个合伙人指出:"我们公司成立的初衷就是想把我们的资源整合,拿得到大订单,因为有一些订单,比方说盒马或者其它配送订单,它可能是大批量的订单,单独一个合伙人吃不下来。现在我们壹加壹可以承接下来,给到我们的合伙人。公司成立的优势就显现出来,解决销路,或者说得到更大的利润点。"此外,作为一个大型的联合体,无疑也有助于他们向政府争取更多的支持。

简言之,在大资本进军农业市场、小资本难以生存的处境之下,这些中小合作社也并非完全被动,他们通过自己在上海农村积累多年的社会资本与社会网络,尝试着结成联盟,形成与大资本的竞争态势。

### 三、案例三:民宿创业者的过度投资

近年来,随着农旅发展如火如荼地进行,上海郊区农村的民宿也形成一

定气候，许多村庄都将民宿产业作为主打产业加以发展。比如，崇明的虹桥村、仙桥村，奉贤的吴房村等。从更大范围来看，上海乡村虽然算不上旅游资源充沛，但是许多村庄在第三产业发展上似乎也难以在短期内开发出新模式，做乡村民宿成为非常主流的一个选择。以2021年为例，崇明已有1000家左右民宿，浦东新区有600多家（但真正拿到营业执照的只有20家）。

崇明HQ村一位"70后"民宿老板，从2012年开始做自己家民宿，经营得不错，于是带动并联合起全生产队27家农户入股成立了李奶奶民宿合作社，2022年形成了共39栋民宿，开始规范化、标准化经营。虽然作为"生产队村民共同富裕"的优秀案例，该民宿合作社的确促进了邻里之间形成互惠互助的和谐关系，老人们也都得到了一些就业机会，但是另外一方面的事实是，随着民宿升级改造过程中的大量资金投入，合作社法人只能以自己的房产抵押进行贷款，负债累累，资金压力非常大。而且他们往往难以通过正规渠道得到优惠的金融支持，贷款利率非常高。随着疫情结束，上海市民不再被困于上海市内，郊区旅游业骤然萎缩，大多数民宿都经营惨淡。李奶奶民宿合作社也同样面临经营危机，濒临破产。

民宿是一个回报周期长，且核心卖点不在于"规模化"，而在于"小而精"的特色化、非标准化旅游产业。然而，一旦资本大量注入，就难以避免走规模化、标准化的路线，从而失去民宿真正的市场优势。事实上，民宿作为一个在固定资产上高投入的产品，许多国家的经营者都常常将之作为副业产品，比如一个家庭将自己房子里的闲置房间出租，但主人通常都有自己的主业。但上海的许多民宿主理人，都是高投入、全职化，主要依赖周末生意，周一到周五期间生意很少。这一模式在疫情期间，由于市民出行不便，生意尚可，但疫情后，江浙一带有山有水的民宿遍地都是，上海郊区民宿的竞争力就骤然下降了。上海市人大农业农村委关于民宿的一份报告显示，上海的民宿普遍存在以下四个问题：(1)村庄缺乏整体规划，土地使用存在很大限制；(2)村里基础配套设施不完善；(3)村庄缺少产业链支撑，乡村民宿产业链较短；(4)自然景观缺乏亮点，文化资源整合不足，未能为乡村民宿吸引客流。

某种程度上说,经营乡村民宿作为一个全职工作,并非适合于所有创业者。调研中,我们经常发现,那些以在乡村生活为目的(比如原本就在乡村有资产的村民,比如那些已经实现财务自由的中老年返乡创业者),而非仅仅将其作为纯粹投资行为的民宿创业者,往往才是能在乡村长期经营民宿的主体。那些需要为资金头疼,为快速盈利想尽办法的年轻人,则往往在经营民宿的过程中遭遇很大的挫折。换言之,乡村第三产业的发展虽然是延伸产业链、提高农业收益水平的方向,但是一味扩张却未必是合适的策略。尤其上海农村在发展旅游方面,主要还是以满足上海本地市民的周末行作为主要目标,因此,当许多村庄将未来的发展方向设定为农旅、民宿时,需要非常谨慎,政府对发展这一产业的引导,也应该更多考虑这一产业本身的特质以及上海的地方特质。

## 第四节 结语

观察上海乡村这些创业者,他们既有成功的经验,也有失败的经验,所面临的问题也各式各样,但是毫无疑问,他们都在现有的客观条件下,积极地调动自己的所有社会资源,建立属于自己的社会网络,尝试走出一条成功的乡村创业之路。但无论如何,需要正视的问题是,虽然返乡创业人数众多,声势浩大,实际上的成功者却寥寥,其中的原因也纷繁复杂。比如,针对发展上海乡村农旅、民宿产业,尤其需要注意的是供给关系的不平衡。潘旦认为,与政策鼓励返乡创业刻画出的美好图景不同,目前中国的创业市场已经趋近于饱和,已经形成了统一且成熟的商品市场和技术市场。在发达地区,返乡创业者进入创业市场的门槛更高,从而承担了更高的创业风险;而在相对落后的中西部地区,其本身就缺乏商品市场和技术市场的需求,在政策的巨大驱动力之下,涌入更多的返乡创业者反而会导致收益和风险难以平衡,从而导致更大的创业风险。[①] 贺雪峰的研究进一步支持了这一观点。

---

[①] 潘旦:《自组织增权视角下的农民工创业能力提升》,《求索》2019年第2期。

大多数的返乡创业者对市场的判断缺乏理性的分析，往往受盲从心理驱使，加上政府对返乡创业的积极引导，过高地挑起了返乡者的创业热情，尤其在本地市场的购买力和消费能力有限的情况下，反而容易引起过度竞争。①

地方政府是否在发展地方产业、"招商引资"的过程中扮演了真正积极、可靠的角色，这一问题也值得重视。案例一中，地方政府虽然实际签署了协议，积极鼓励民营企业参与乡村振兴，但最终却在民营企业蒸蒸日上之时出尔反尔。简言之，在引入民营资本下乡的过程中，政府不仅需要更加明确相关的产权关系、权责关系，也需要对自身的诚信度提升作出更大的承诺，从而才能够在引入民营资本参与乡村振兴的过程中取得更大的双赢。

此外，乡村创业群体的身份正在变得多元，因此，政府在出台相关政策支持系统的过程中，需要考虑的问题也变得越来越复杂。要避免创业者带着梦想来到乡村，背了一身债回城里打工的虎头蛇尾境遇，不论创业者自身，还是作为鼓励者的政府，都需要对乡村创业的一些基本政策环境、常见困难与挑战有更准确的把握。尤其是，在制度层面并未对外部人员完全开放的乡村，当乡村创业者带动其进入市场的过程中，能动性能在多大程度上得到发挥，也的确是值得进一步探讨的问题。在上海的诸多返乡创业成功案例中，如果不是基于创业者与当地政府、村干部们建立的紧密合作关系，如果不是创业者具备有效的社会网络作为支撑，其实际发展将依然是非常艰难的。

---

① 贺雪峰：《农民工返乡创业的逻辑与风险》，《求索》2020年第2期。

# 第七章　就业视角下上海农业"适度规模化"的内涵及其限度

## 第一节　农业适度规模经营的内涵

土地规模化经营被认为是农业现代化的基础。在规模经济的基础上，农业规模化经营可被定义为：农业经营单位通过合理组合生产要素，在社会化服务需求协调平衡的状态下，组织生产经营，以达到以较少的投入获得较大的产出的目的。① 也有学者将其定义为，通过土地的合并和集中，适度扩大农业生产经营规模，一方面增加生产经营者农业的总产出和总收入，另一方面降低单位产出的成本支出，扩大利润空间，从而形成农业投入要素高回报率的来源。② 与一家一户分散的小规模经营模式相比，农业规模化经营能够使资金、科技、劳动力等生产要素实现优化组合，降低生产成本，提高农业整体效益。③ 范德成和王韶华认为，农业规模化经营是指在一定的区域内，以市场为导向，在政府的引导下，企业和农户在农业经营中对人力、物力、资本、技术等生产要素合理配置，加强农业产业化经营，以实现在特定领域的集聚效应，最终达到提高经济效益，促进农村城镇化的目的。④ 从世界范围

---

① 浙江省金华市社联课题组：《农业规模经营的研究》，《浙江社会科学》1990年第1期。
② 郭剑雄：《人力资本的农业就业：需求管理政策考量》，《经济与管理评论》2020年第2期。
③ 吴郁玲、曲福田：《土地流转的制度经济学分析》，《农村经济》2006年第1期。
④ 范德成、王韶华：《农村劳动力转移视角下的农业规模化经营促进城镇化的作用研究》，《经济体制改革》2011年第6期。

看,大规模农场和小规模农场在数量和所经营的耕地面积上呈现"倒置"的关系,即小规模农场在数量上占主导,而大规模农场在面积上占主导。因此,绝大部分耕地掌握在为数不多的大规模农场手中。[①] 然而,规模化经营也往往引起其他一些问题,比如,导致了土地的大量利用和开垦,而这些土地的过度利用则导致土地质量下降、生态环境恶化等问题。[②③④⑤⑥] 一些研究指出,基于我国农村资源配置非常不平衡的状况,各地推行农业规模化发展情况各不相同,有些地区为了推行规模化,结果适得其反,反而破坏了当地的农业发展。[⑦] 诸如此类的消极影响无疑证明,规模化并非农业发展的绝对优选,还必须考虑许多其他的因素。

与规模化农业相对,一般指的是"小农农业"。早在上世纪初,关于农业规模化经营与小农家庭经营优劣势的论争就已经出现。一派是以马克思主义者为代表。该派观点认为,农民家庭经济最终会被资本主义所改造,而农民最终会被转化为资本主义农场和资本主义工业所需的廉价劳动力,甚至最终沦为农业无产阶级。[⑧] 另一派以恰亚诺夫为代表。该派观点认为,关于规模化经营大小的论争实际上源于对农业的一些误解,规模的大小本身并不是农业的决定因素,相反,在技术发展(使大土地持有成为可能,尽管总是存在一个规模上限)和界定社会经济最优规模的生产单元的特征之间,存在一个随时间变动的平衡关系。最重要的核心问题不

---

① 周应恒、胡凌啸、严斌剑:《农业经营主体和经营规模演化的国际经验分析》,《中国农村经济》2015年第9期。
② 李玉红:《农业规模化经营的外部性分析——一个生态环境角度的考察》,《重庆理工大学学报(社会科学版)》2016年第7期。
③ 高宏伟:《农业生态安全视角下的农村土地流转分析》,《经济问题》2015年第2期。
④ 杨洪林:《山地生态民族地区农村土地流转调查研究——以鄂西南为中心》,《湖北社会科学》2015年第9期。
⑤ 李繁荣:《恩格斯农业生态思想述评》,《海派经济学》2014年第2期。
⑥ 潘明明:《土地规模化经营对农业生态效率影响及城乡市场分割调节作用探析》,《北方园艺》2021年第7期。
⑦ 但文红、彭思涛、王丽:《西南喀斯特地区农业规模化发展存在的问题与对策》,《贵州农业科学》2010年第7期。
⑧ 陈义媛:《资本主义式家庭农场的兴起与农业经营主体分化的再思考——以水稻生产为例》,《开放时代》2013年第4期。

应该只是反对大农场和小农场的大小特征,而应该要分析清楚资本主义经济和小农经济这两种不同经济形态的特征。因此,规模是个很含混的分类。[①]

鉴于农业规模化概念似乎暗示了"规模越大越好"的取向,我国提出了农业"适度规模化"的概念取代"规模化"。以中央一号文件为例,自2005年以来,农业规模化的说法基本都以"适度规模化"来表述(见表7-1)。"农业适度规模化"一般可以被理解为,对各种资源(劳动力、设备、土地等)充分而又合理地利用,在此规模范围内能够使生产成本最低,经济效益最佳。而这一"适度规模化"则随各种技术的、社会的、自然的因素变化而变化,其变动的范围总是围绕着要素的最佳配置和最大的社会经济效益。[②] 具体而言,所谓的"适度规模化"是一个综合性的概念,而非只是一个经济学概念,既不是规模越大越好,也不是规模越小越好,而是强调"农业规模"与其具体的"生产情境"相适宜。而"生产情境"既是经济学意义上的,也是社会学意义上的。比如农户的家庭安排、兼业模式、阶级心理、就业情况等,都需要被综合性地予以考虑。在农业规模化经营的诸多影响中,其对农民就业的影响是非常重要的一个方面,包括对农村劳动力转移的影响、对农民就业意愿的影响、对农民就业能力的影响等。本章通过对上海"农业适度规模化"的具体实践的考察,探讨上海农业规模化经营的必要性及其限度,并从就业角度,为农业"适度规模化"概念的丰富提供了一个讨论维度。

**表7-1　　　　中央一号文件中的农业"适度规模化"相关内容**

| 年份 | 内容 |
| --- | --- |
| 2005 | 认真落实农村土地承包政策。承包经营权流转和发展适度规模经营,必须在农户自愿、有偿的前提下依法进行,防止片面追求土地集中。 |

---

[①] Chayanov, Alexander, *Die lehre von der bauerlichen wirtschaft, versuch einer theorie der familienwirtschaft im Landbau*, Berlin: Verlagsbuchhandlung Paul Parey, 1923, p.7,见于扬·杜威·范德普勒格:《小农与农业的艺术:恰亚诺夫主义宣言》,潘璐译,叶敬忠译校,社会科学文献出版社2020年版,第42页。
[②] 何盛明:《财经大辞典》,中国财政经济出版社1990年版。

续表

| 年份 | 内　容 |
| --- | --- |
| 2006 | 统筹推进农村其他改革。稳定和完善以家庭承包经营为基础、统分结合的双层经营体制,健全在依法、自愿、有偿基础上的土地承包经营权流转机制,有条件的地方可发展多种形式的适度规模经营。 |
| 2010 | 稳定和完善农村基本经营制度。加强土地承包经营权流转管理和服务,健全流转市场,在依法自愿有偿流转的基础上发展多种形式的适度规模经营。 |
| 2013 | 稳定农村土地承包关系。坚持依法自愿有偿原则,引导农村土地承包经营权有序流转,鼓励和支持承包土地向专业大户、家庭农场、农民合作社流转,发展多种形式的适度规模经营。 |
| 2014 | 发展多种形式规模经营。鼓励有条件的农户流转承包土地的经营权,加快健全土地经营权流转市场,完善县乡村三级服务和管理网络。探索建立工商企业流转农业用地风险保障金制度,严禁农用地非农化。有条件的地方,可对流转土地给予奖补。土地流转和适度规模经营要尊重农民意愿,不能强制推动。 |
| 2015 | 加快构建新型农业经营体系。坚持和完善农村基本经营制度,坚持农民家庭经营主体地位,引导土地经营权规范有序流转,创新土地流转和规模经营方式,积极发展多种形式适度规模经营,提高农民组织化程度。鼓励发展规模适度的农户家庭农场,完善对粮食生产规模经营主体的支持服务体系。 |
| 2016 | 发挥多种形式农业适度规模经营引领作用。坚持以农户家庭经营为基础,支持新型农业经营主体和新型农业服务主体成为建设现代农业的骨干力量,充分发挥多种形式适度规模经营在农业机械和科技成果应用、绿色发展、市场开拓等方面的引领功能。……健全县乡村经营管理体系,加强对土地流转和规模经营的管理服务。 |
| 2018 | 巩固和完善农村基本经营制度。实施新型农业经营主体培育工程,培育发展家庭农场、合作社、龙头企业、社会化服务组织和农业产业化联合体,发展多种形式适度规模经营。 |
| 2019 | 深化农村土地制度改革。健全土地流转规范管理制度,发展多种形式农业适度规模经营,允许承包土地的经营权担保融资。 |
| 2020 | 抓好农村重点改革任务。鼓励发展多种形式适度规模经营,健全面向小农户的农业社会化服务体系。 |
| 2021 | 推进现代农业经营体系建设。突出抓好家庭农场和农民合作社两类经营主体,鼓励发展多种形式适度规模经营。实施家庭农场培育计划,把农业规模经营户培育成有活力的家庭农场。 |
| 2023 | 促进农业经营增效。引导土地经营权有序流转,发展农业适度规模经营。 |

## 第二节　农业规模化对农民就业的影响

第一,有关农地流转与农村剩余劳动力转移之间的相关性问题。一种观点认为,农地流转会促使农村剩余劳动力向其他非农产业转移,农地流转交易便捷化也有利于提高非农就业水平。比如,蒋文华认为,中国农地制度的基本策略不在于提高农业效率,[①]而在于鼓励劳动力转移以及维持社会的基本稳定,因此"三农"问题的出路在于减少农民,[②]而减少农民、促进劳动力要素流动的手段之一便是让土地像其他要素一样自由流动。这样形成的农业规模经营将实现劳动力资源的重新配置。[③] 因此,土地流转将推动和影响农业人口的流动[④],促进和加快剩余劳动力向第二、三产业转移,从而打破二元经济结构,优化产业结构,推进城镇化建设和城乡一体化。[⑤][⑥][⑦] 有研究指出,经营规模的扩大表明农户间土地流转程度的提高,而土地流转有利于释放农村剩余劳动力,推动农户非农就业。

另一种观点认为,土地规模化经营并不一定导致农村劳动力转移。[⑧] 在我国农村土地产权制度下,农地流转会使农户更倾向于农业兼业模式,不直接导致农村劳动力向城镇和其他产业转移。陶洋(Tao Yang)认为,当前中国农村土地产权制度下,农户拥有不完整的土地产权,农户永久性地离开农村意味着要牺牲土地上产生的收入流,因而,农户向城镇转移的成本较高,他们更倾向于选择农业兼业方式,以避免农地价值的流失。而建立农

---

[①] 蒋文华:《多视角下的中国农地制度》,博士学位论文,浙江大学,2004年。
[②] 李跃:《新农村建设中的土地流转问题分析》,《农业经济问题》2010年第4期。
[③] 张竞文:《对粮食主产区土地流转效果的调查分析——以安徽省为例》,《现代农业科技》2015年第2期。
[④] 邵彦敏:《农业人口流动与农村土地流转》,《人口学刊》2007年第4期。
[⑤] 罗先智:《浅议土地承包经营权流转》,《中国经济问题》2009年第1期。
[⑥] 何莉:《中国农地流转模式选择》,硕士学位论文,西南财经大学,2011年。
[⑦] 刘建丽:《我国农村土地流转存在的问题及对策探析》,《当代经济》2012年第2期。
[⑧] 张笑寒、岳启凡:《土地规模化经营促进农业生产性投资了吗?——基于全国三十一个省(市)的面板数据》,《审计与经济研究》2019年第4期。

村土地市场并允许农地买卖,则可以减少农户转移成本,并激励农户向城镇永久转移,促进城乡劳动生产力的均等化。[1] 游和远和吴次芳则指出,现阶段农地流转不直接导致农村劳动力转移,而可能只是离地失业或滞留于农地。[2]

第二,农业规模化与农村劳动力转移并非简单的前者决定后者,同样,后者也未必对前者产生反向影响。一种影响是,农村劳动力转移促进了农业规模化。比如,二元劳动力市场分割理论将人口以城乡二元结构划分,强调人口从农业部门流入城市非农业部门所产生的效益。同时,该理论将人口迁移情况视为发达工业社会经济结构中的需求拉动,并认为,现代资本主义的内在发展趋势构造了一个双重部门的劳动力市场,即具有稳定雇佣年限、高工资、高福利和良好工作环境的劳动力市场第一部门,以及不稳定、低工资、有限福利和恶劣工作环境的劳动力市场第二部门。[3] 自20世纪90年代末以来,"随着农村二、三产业的发展,乡镇企业的兴起,小城镇建设步伐的加快,农民进城打工和劳务向国外输出,农民非农就业稳步增长,农业劳动力转移十分迅速。转移出劳动力的农户,有的因无力耕种,有的因非农收入已成为家庭经济的主要来源而不愿耕种土地。如果农村土地资源得不到合理安排,农村劳动力转移也会在一定程度上带来土地的抛荒与低效率利用问题。因此农村劳动力转移为农村土地流转和规模化经营也提供了有利契机"。[4]

值得一提的是,当我们讨论农村劳动力转移促进了农业规模化,往往是由非农产业的发展带来的。很多学者认为,部分农户放弃祖祖辈辈传承下来的谋生方式,自愿流转农地的使用权,很大程度上是因为家庭主要劳动力

---

[1] Tao Yang, "China's land arrangements and rural labor mobility", *China Economic Review*, Vol.8, No.2, June 1997, pp.101 – 115.
[2] 游和远、吴次芳:《农地流转、禀赋依赖与农村劳动力转移》,《管理世界》2010年第3期。
[3] Doeringer, P. B. and Piore, M. J., *Internal Labor Markets and Manpower Analysis*, Lexington, MA: Heath, 1971. 见于赵敏:《国际人口迁移理论评述》,《上海社会科学院学术季刊》1997年第4期。
[4] 李文棋:《土地流转:中国农村土地使用权制度变迁的必然选择》,《台湾农业探索》2002年第3期。

已经向第二产业和第三产业进行了转移,因为从事农业生产的利润较低,收入预期差,而放弃土地后从事非农业生产可以获得比从事农业生产更高的收益,[1][2]因此做出选择。有学者通过对中国非农劳动力市场与农村土地租赁市场的研究指出,农户对农村土地租赁的需求,取决于农户非农就业的发展和劳动力转移的成本。[3] 因此,非农产业的发展和农业劳动力转移市场的完善程度,也是农村土地流转的重要影响因素。钟涨宝等通过对浙江和湖北230户农户进行问卷调查后发现,在农业生产收益较低的情况下,大部分农业劳动力转向第二、三产业且获得了比从事农业生产更高的收入,所以部分农户自愿流转所承包土地的使用权。[4] 许恒周利用农户调查数据分析了农村劳动力市场发育对农地流转的影响,并发现在表征农村劳动力市场发育程度的四个变量中,工资自主决定程度即农民纯收入中非农收入所占的比重对农地转出率影响最大,[5]这反映出农户劳动力参与非农就业市场对增强农地流转的重要性。毛飞和孔祥智基于浙、川、皖三省18县的调研资料,发现大部分农户有农地流转行为,农户多倾向于短期转出农地,农户农地转出是以劳动力转出为前提的,非农就业机会越多,劳动力转移障碍与摩擦越小,保险市场越完善,越利于农户劳动力的转出,从而也越利于农户农地转出。[6] 闫小欢和霍学喜对农民非农就业、农村社会保障与土地流转的关系进行了实证分析,发现农户的土地流转程度和农户的劳动力流动成正比,外出打工可以促使土地流向生产率更高的专业农户,也使得具有非农就业机会

---

[1] 钟涨宝、汪萍:《农地流转过程中的农户行为分析——湖北、浙江等地的农户问卷调查》,《中国农村观察》2003年第6期。
[2] 吴郁玲、曲福田:《土地流转的制度经济学分析》,《农村经济》2006年第1期。
[3] Kung J. K., "Off-farm labor markets and the emergence of land rental markets in rural china" *Journal of Comparative Economics*, Vol.30, No.2, June 2002, pp.395-414.
[4] 钟涨宝、汪萍:《农地流转过程中的农户行为分析——湖北、浙江等地的农户问卷调查》,《中国农村观察》2003年第6期。
[5] 许恒周:《农村劳动力市场发育对农村土地流转的影响分析——基于农户调查的实证研究》,《当代经济管理》2011年第9期。
[6] 毛飞、孔祥智:《农地规模化流转的制约因素分析》,《农业技术经济》2012年第4期。

的农户能够转出土地,脱离农业生产。①

另外也有一些研究提出了另一种影响,即在一定的条件下,农村劳动力转移抑制了农业规模化。比如,姚洋认为,农村土地租赁市场不活跃与劳动力市场的限制性相联系。② 秦雯的研究指出,劳动力转移意愿同农地流转行为及意愿都是负向关系,那些在城镇就业及永久定居的信心都较低的人反而愿意流转农地;她还指出,对欠发达地区加速农地流转的措施不一定是一刀切式地推进劳动力向城市转移,对于中老年务农者,提高其务农专业技能知识,可能更有利于促进农地流转。此外,农村社会保障体系对农地流转、农业规模化也有阻碍作用。③ 孙玉娜等通过实证研究发现,由于农村社会保障体系不健全,农村劳动力无法割舍土地带来的保障和收益,农村土地的社保功能难以和土地的生产功能相剥离,因此,农村劳动力的快速流动并没有带来规模的农地流转。所以说农村劳动力流动并没有内生地影响到农村土地流转,可以推测,未来的农村土地流转,需要成熟的土地承包经营权市场流转机制,市场培育等方面也需形成配套,其中还需包括农村社会保障体系的完善和现行户籍制度的改革。④

第三,农业规模化虽然可能提高了劳动生产率,但是也存在许多其他方面的风险。对于资本经营的失败,学界有各种不同的解释。一些学者认为,农业本身的特殊性导致大规模的农业经营容易失败,农业"劳动时间"和农业"生产时间"之间的间隔使资本难以有效地利用雇工。⑤ 另一些学者则指出,土地流转费用和雇工费用的上涨导致规模经营的风险上升,同时,在规模经营中,劳动监督和管理也更加困难,因此相对而言,小农经营反而更有

---

① 闫小欢、霍学喜:《农民就业、农村社会保障和土地流转——基于河南省479个农户调查的分析》,《农业技术经济》2013年第7期。
② 姚洋:《非农就业结构与土地租赁市场的发育》,《中国农村观察》1999年第2期。
③ 秦雯:《农民分化、农地流转与劳动力转移行为》,《学术研究》2012年第7期。
④ 孙玉娜、李录堂、薛继亮:《农村劳动力流动、农业发展和中国土地流转》,《干旱区资源与环境》2012年第1期。
⑤ Mann S. A. and Dickinson, J. M., "Obstacles to the development of a capitalist agriculture", *The Journal of Peasant Studies*, 2008,5(4), pp.466-481.

优势。①②③ 还有学者认为,资本下乡主要是为了套取国家补贴或将经营权用于抵押,并不在意农业经营的成败。④⑤ 但是,正如陈义媛的研究指出的,上述解释过于强调农业本身的特殊性,强调大农业与小农业之间的本质差异,容易先入为主地否定规模经营成功的可能性。事实上,资本下乡流转了大片土地后,通过将土地转包给家庭农场,将这些家庭农场吸纳进企业的产业链,企业可以在一定程度上克服规模经营的困境。在这种策略下,农业规模经营并非没有盈利的可能,且这种策略在实践中并不少见。⑥

## 第三节 上海农业规模化与农民就业情况的相关性分析

一般来说,农业规模化经营水平的衡量标准可能包括:土地规模化水平、农业科技装备水平、新型经营主体的规模化水平、劳动生产率等。在这些要素的考量下,毫无疑问,上海土地的规模化水平与我国许多农村地区相比都没有优势,尤其是和新疆、山东、河南、云南以及东北地区等相比。

### 一、上海土地规模化程度

土地的规模化水平很大程度上由自然禀赋决定,平原地区土地的规模化程度显然会比山地丘陵地区要容易很多,土地整理的成本也显然低很多。上海经过多轮土地整理,对于推进土地规模化进程产生了重要影响。经过这些土地整理项目,上海目前达到的土地规模化水平如下:

---

① Koning, N., *The Failure of Agrarian Capitalism: Agrarian Politics in the UK, Germany, the Netherlands and the USA, 1846-1919*, London: Routledge, 2002.
② 贺雪峰:《小农立场》,中国政法大学出版社 2013 年版。
③ 陈义媛:《资本下乡的社会困境与化解策略——资本对村庄社会资源的动员》,《中国农村经济》2019 年第 8 期。
④ 周飞舟、王绍琛:《农民上楼与资本下乡:城镇化的社会学研究》,《中国社会科学》2015 年第 1 期。
⑤ 郭亮:《资本下乡与山林流转 来自湖北 S 镇的经验》,《社会》2011 年第 3 期。
⑥ 陈义媛:《农业现代化的区域差异:农业规模化不等于农业现代化》,《理论月刊》2023 年第 4 期。

其一，在土地流转率上，当前上海集体承包的耕地中，经营权已流转的面积达到了约152万亩，流转率91.05%，远远高于全国平均的流转率水平35.4%。为了实现较高的流转水平，上海在市级层面对离土农民给予一定的社会保障补贴，各涉农区还结合实际出台了土地流转奖补等政策，为农村土地集中和规模经营提供了有力保障。比如，松江区2015年出台了《关于适当提高本区老年农民退养水平的实施意见》，将老年农民的退养水平提高到上海市小城镇社会保险待遇水平，经过2019—2021年实施土地退养补助金增资和拉平计划，松江区老年农民土地退养补助金标准自2021年起每年提高50元/月，2022年达到了934元/月，与原镇保纳入职保养老人员的待遇涨幅基本保持一致。增资后老年农民平均保障待遇（含城乡居保养老金）为每人每月2434元，最低为每人每月2234元，最高为每人每月3295元。然而，值得指出的是，目前统计上的高流转率与实际情况并不完全相符。上海的土地流转主要通过村集体经济合作社进行，事实上，"假流转"现象也并不罕见。村集体经济合作社流转了土地后，又再次返还给原本就拥有该地块使用权的农户继续种植，相当于只是走了个"流转"的流程，帮农户获取了政府发放的土地流转补贴。因此，上海实际上的农村土地流转率可能远远低于91.05%。

而在成片经营的土地规模上，上海现有耕地约216万亩（不含域外），其中，属于农村集体承包地性质的共约167万亩，将近50万亩左右为国有耕地，而国有耕地基本实现了规模化生产。根据2023年6月上海市"一网一图"数据库的实时统计，50亩以上生产规模的各类主体共经营承包地124.41万亩，占已流转土地总量的82.08%。经营面积100—300亩的经营主体承包地60.54万亩，占已流转土地总量的39.94%，经营面积300—500亩的经营主体承包地15.91万亩，占已流转土地总量的10.49%，经营面积500亩以上的经营主体承包地33.48万亩，占已流转土地总量的22.08%。然而，这样的规模是否能称得上"适度规模经营"呢？事实上，几乎不可能得出一个绝对准确的答案。从经济学的角度看，也可以尝试测算一个最优经营规模。比如，如果运用上海市乡村振兴固定观察点2021年在上海市71

个行政村中随机抽取的197个农业经营主体数据,通过多元回归模型测算,能够实现经营主体利润最大化的经营规模可确定为175.67亩。但是这样的"纯化"测算,无疑是脱离复杂的实际情况的一种测算,既没有考虑实际的劳动人口结构,也没有考虑上海农业实际上承担的社会保障功能和粮食生产的政治任务。

其二,高标准农田建设水平是影响土地规模化经营的另一个重要方面。所谓的高标准农田建设,据2023年《浦东新区高标准农田建设项目和资金管理办法》,其建设内容实际上指的是,土地平整、土壤改良、灌溉排水与节水设施、田间道路、农田防护与生态环境保持、农田输配电、灌溉信息化设施设备、项目区内非规划河道建设、农田建设相关的其他工程内容。上海的农田建设标准是每亩投资不超过3.5万元,建设周期规定不超过24个月。《上海市高标准农田建设规划(2022—2030年)》中指出:"根据国务院2013年批准实施的《全国高标准农田建设总体规划》要求,至2020年上海需完成171万亩高标准农田建设任务。通过持续推进高标准农田建设,不断优化农田建设布局,有效改善农田基础设施条件,截至2020年底,上海累计建成并上图入库高标准农田面积约172.45万亩(其中域内154.63万亩,域外17.82万亩),超额完成国家下达的建设任务。"在许多类似的相关政府报告中,"超额完成"都作为一个肯定性的积极信息呈现。毫无疑问,建设高标准农田不仅被视为农业发展应该推进的方向,更是被认为"实现得越快越好"。因此,"超额完成"当然是值得标榜的业绩,然而,这种认知无疑也导致了另一些问题。

第一个问题是,高标准农田的投入非常高。比如浦东新区ZJ村书记反映,按照最高的标准,每亩高标准农田大约投入3万元造价,ZJ村一共建成2021亩高标准农田,耗资大约7000万元,其中,70%—80%是水稻田,还有一些用于耕种经济作物。如果不把农业视为一个纯经济学命题,去计算这个投入产出比也就没有多大的意义;但是假如这是一个经济学命题,那么我们以3000元/亩的收益计算,也起码要12年左右才能收回高标准农田的建设成本,而且还不计每年的维修成本,等等。

第二个问题是,高标准农田实际所起的作用有待商榷。我们采访的一些经营主体负责人表示,高标准农田建设初衷虽然是好的,但是设计者可能不是务农者,所以无法顺利使用。一位经营主体的负责人说:"他们都是看图纸建,不按实际情况来,建了3年就废了,没用了。"此外,浦东一个家庭农场主也表示,高标准农田建设给他们带去了很大的负担,2022年一年就损失了80万元左右。原因是,建设过程中所有的时间,经营主体都需要支付地租给村民,员工也不能解雇(以后还要继续用的),但是整个建设周期长达2年时间(当然因为疫情也有所耽误),这些损失都需要经营主体自己来承担,是不小的一个负担。

也许高标准农田建设项目本身的不完善主要源于具体项目规划与实施的精细程度,但是作为一个有助于提高农业生产水平(尤其是规模化水平)的项目,它实际上能产生多大的效益,仍然是一个值得商榷的问题,亟需进一步的深入研究。

## 二、农业科技装备水平对农业规模化的影响

农业科技装备水平一般来说,既包含机械化水平,也包含智慧化水平。但是不管是前者还是后者,其水平提升都主要由两个要素决定:一是对操作人员能力的要求较高;二是对资本的一次性投入要求较高。在机械化水平上,2022年,上海水稻生产综合机械化水平达98.5%(全国平均水平为86.5%),但是绝大多数的蔬菜种植没有实现机械化,更不用谈水果了。调研发现,目前许多所谓的"机械化""智能化"农业,在实际的生产中还远远没有发挥真正的经济效益。比如,一家大型的智慧农业公司,其许多机器设备甚至种子都是从国外进口,负责人表示,公司总投资达到了近十亿,预期8年后才能开始实现盈利。这也意味着,在开始的8年内,公司可能一直处于亏损状态。但事实上,这家公司才开张3年左右,2022年就已经开始难以为继。

再比如,调研中,浦东龙头企业的其中一个合作社负责人向我们介绍,他们的基地大约一共400亩地,一共有十几个员工,其中2个管理人员,10个左右包装车间的工作人员,以及若干个每日不等的临时工。得益于一个

新型的智慧管理系统,正常而言,该公司50—100亩的蔬菜种植需要1个管理人员,但是现在400亩地只需要2个管理人员。然而,这套新型智慧管理系统的投入是5000多万元。换言之,一套5000多万元的系统,截至目前为公司节约了2—4个管理人员,而1个管理人员税前工资无论如何,也很少超过30万元/年。毫无疑问,从短期经济收益的角度来说,这是非常没有经济效益的技术投资。这位合作社负责人指出:"它(指智能化)是一个长期的过程,而且还可以复制到其他地方。"正是出于"长期考虑",推进农业升级,提升"机器换人"水平,才催生了这类短期内毫无经济效益的投入。这类所谓的智慧农业公司,虽然对推进规模化、机械化水平具有一定的启示意义,但是在当前的农业市场,如果没有政府的补贴和支持,这样"大跨度"地推进智慧化、机械化水平几乎是不可能的。

总体而言,上海农业依然还是小散户居多。根据上海市农委2023年"上海百村万户大调研"的问卷调研,受访的乡村产业经营者共分四类主体:农户(35.0%)、家庭农场(19.4%)、合作社(28.4%)和企业(17.1%)。以浦东为例,全区耕种面积小于10亩的经营主体有18 000多家,占比超过80%,组织化程度不高,散户种植现象普遍存在。这也导致乡村产业的生产经营水平参差不齐,难以采用现代化的生产方式实现所谓的"跨越式"发展。基于上述情况,上海农业的"适度规模化"应遵循其地方特点,有其特定限度。

## 三、上海农村一、二、三产从业人员与农业规模化发展的相关性

表7-2 上海农村土地流转率与农村从业人员相关性分析(2013—2021年)

| 指标 | 农村土地流转率 | 农村从业人员 | 第一产业 | 第二产业 | 第三产业 | 农村人口 |
| --- | --- | --- | --- | --- | --- | --- |
| 农村土地流转率 | 1.000 | | | | | |
| 农村从业人员 | −0.971<br>(<0.001) | 1.000 | | | | |

续　表

| 指标 | 农村土地流转率 | 农村从业人员 | 第一产业 | 第二产业 | 第三产业 | 农村人口 |
|---|---|---|---|---|---|---|
| 第一产业 | －0.970 | 0.970 | 1.000 | | | |
|  | (＜0.001) | (＜0.001) | | | | |
| 第二产业 | －0.957 | 0.982 | 0.925 | 1.000 | | |
|  | (＜0.001) | (＜0.001) | (＜0.001) | | | |
| 第三产业 | －0.541 | 0.656 | 0.632 | 0.543 | 1.000 | |
|  | (0.133) | (0.055) | (0.068) | (0.131) | | |
| 农村人口 | －0.970 | 0.996 | 0.954 | 0.994 | 0.602 | 1.000 |
|  | (＜0.001) | (＜0.001) | (＜0.001) | (＜0.001) | (0.086) | |

注：表中括号内为其上方数值的相关性检验 $p$ 值。
数据来源：上海市农村统计年鉴

表7-2显示，通过使用STATA，对2013—2021年上海农村土地流转率，农业从业人员总数，第一、二、三产业从业人员和农村人口进行的相关性分析[①]结果，得出结论如下：第一，农村土地流转率越高，农村从业人员越少。如表7-2所示，农村从业人员和农村土地流转率相关系数为－0.971，呈现负相关关系。将从业人员划分为第一产业、第二产业、第三产业从业人员后发现：(1)第一产业、第二产业从业人员与农村土地流转率呈现负相关，即农村土地流转率越高，在第一、二产业中的从业人员越少；(2)相较于第二产业，第一产业从业人员与农村土地流转率相关性更强，其相关系数绝对值0.970大于第二产业的相关系数绝对值0.957；(3)第三产业从业人员与农村土地流转率并无显著相关，其 $p$ 值为0.133，显著性不强。第二，农村土地流转率越高，农村人口总数越少。如表7-2所示，农村土地流转率与农村人口相关系数为－0.970，呈现负相关关系。第三，农村从业人员人数越多，农村人口总数越多。如表7-2所示，农村人口总数与农村从业人员的相关系数为0.996，呈现正相关关系。将从业人员划分为第一产业、第二产业、第三产业从业人员后发现：(1)第一产业、第二产业从业人员与农村人口

---

① 当 $p$ 值小于0.01时，即可认为该关系在1％水平下显著，即显著性极强。

总数呈现正相关,即第一产业、第二产业从业人员越多,农村人口总数越多;(2)相较于第一产业从业人员,第二产业从业人员与农村人口总数相关性更强,第一产业的相关系数绝对值为 0.954 小于第二产业的相关系数绝对值 0.994;(3)第三产业从业人员与农村人口总数相关性不强,其 $p$ 值为 0.086,虽然满足在 10% 水平下显著,但相较于第一和第二产业差距显著。

通过数据得出的以上几点发现基本符合一般规律,即农业的规模化与农村劳动力、农业从业人口呈负相关关系。但是值得注意的是,上海第三产业的从业人员与土地流转率没有显著关系,也就是说,土地流转并没有明显提高第三产业从业人员的比例。换言之,土地流转率的提高对于提升农村第三产业的发展可能收效并不明显,其具体原因还有待进一步地研究予以澄清。

## 第四节　从家庭农场看农业适度规模经营

上海松江的家庭农场经常被认为是上海农业发展的优秀案例。松江自 2007 年以来开始发展家庭农场经营模式。根据《松江区关于进一步促进家庭农场发展的意见(2022 年)》,对家庭农场的定义是,以家庭(一般为夫妻二人或同户家庭劳力二到三人)为生产单位,从事粮食生产、生猪养殖等经营活动的农业生产经营主体,并且,家庭农场原则上粮食经营面积不少于 80 亩。该文件对"适度规模原则"是这样定义的:

> 家庭农场经营规模,要与经营者的劳动生产能力相适应。新组建的家庭农场的土地经营规模原则上大于 100 亩,以 100—250 亩为宜。机农互助点带头人家庭农场,获得区级、市级以上荣誉的家庭农场,根据其经营能力水平,可适当将经营规模扩大到 250—500 亩。优质稻米产业化联合体负责人家庭农场,根据其自身营销带动能力,经营规模可扩大到 500 亩以上,最大不超过 800 亩。经营规模低于 100 亩或超过 500 亩的,应由村集体经济组织成员代表大会按一事一议表决通过;镇

保土地由镇级土地流转管理主体集体研究通过后,报镇级联合社理事会决定。①

这一"适度规模原则"中有两个重要的考虑:一是能力原则,证明自己有能力的人可以多经营;二是防止过度集中原则,也就是说即便能力可以胜任,也不能让土地过度集中,而 800 亩被认为是最大极限。至于"800 亩"这个数字是如何得来的,我们目前无法确知。2021 年,松江耕地面积有 23.25 万亩,乡村人口数②为 11.52 万人,其中,农业从业人员 8 543 人,一共有 838 个家庭农场③。按此计算,大约有 9.81%的农业从业者可以有经营家庭农场的机会。换言之,农业从业者中,只有非常少数的农民能够获得充足的土地进行规模经营。

调研中,一些村民表示:"家庭农场总归就是几个人可以受益,一个村里分不到几个人。"2022 年,在 HS 村,规模最小的家庭农场是 100 亩,200—300 亩的也算小的,一般都是三四百亩一个农场,村里一共有 8 个家庭农场。在许多村庄,都出现了多人竞争承包家庭农场的情况。由于家庭农场的可观补贴,加之基本实现了机械化生产,投入的劳动力少,工作时间也只有几个月的时间,而一个 100 亩的家庭农场每年预计的收入一般在 10 万元以上,因此,这对许多农民而言都是一份非常好的收入来源,是大家争相竞取的资源。简言之,这样的规模化是否可称为"适度",实际上取决于是从劳动生产率来看,还是从"共同富裕"来看,是从经济效益来看,还是从就业保障来看。

此外,上海的家庭农场 2019 年有 4 347 个,2020 年有 3 965 个,2021 年有 3 813 个,正在逐年递减。上海市农村经营管理站通过分析 2021 年的

---

① 上海市松江区农业农村委员会:《松江区关于进一步促进家庭农场发展的意见(2022 年)》。
② 乡村人口数是指乡村地区常住居民户数中的常住人口数,即经常在家或在家居住 6 个月以上,而且经济和生活与本户连成一体的人口。外出从业人员在外居住时间虽然在 6 个月以上,但收入主要带回家中,经济与本户连为一体,仍视为家庭常住人口;在家居住,生活和本户连成一体的国家职工、退休人员也为家庭常住人口。但是现役军人、中专及以上的在校学生(走读生除外),以及常年在外(不包括探亲、看病等)且已有稳定的职业与居住场所的外出从业人员,不应当作家庭常住人口(上海市统计局,国家统计局上海调查总队,上海市农业农村委员会,2022:157)。
③ 上海市统计局:《上海市农村统计年鉴(2022)》,第 21 页。

3813个家庭农场的数据,得出如下结论:从农业补贴力度方面看,以家庭农场为例,规模化的成本非常高。首先,上海各区的家庭农场土地经营规模虽然差异较大,但是基本都实现了百亩为单元的生产。除宝山外,青浦的家庭农场平均经营土地面积最少,为119.1亩;闵行家庭农场的规模普遍较大,平均土地经营面积为225.3亩。① 整体上看,家庭农场一定程度地实现了较大规模的粮食生产。相应地,2021年全市家庭农场共获得各级补贴5.0亿元,②其中,市级资金1.8亿元,区级资金2.5亿元,镇级资金0.7亿元。平均每个家庭农场获得13.9万元补贴资金。其中,闵行家庭农场获得的平均补贴资金最多,每个家庭农场约39.2万元,其区级补贴资金达19.2万元;其次是浦东新区,平均补贴金额为23.6万元;崇明家庭农场的补贴资金最少,为4.4万元;其他各区均在10万—20万元。③ 正如陈义媛的研究指出的,在2007年以后,上海市以家庭农场为代表的规模经营在很大程度上受到地方政府的主导,不再是完全的市场行为。地方政府对农业现代化的深度干预,一方面是为响应中央政府关于发展现代农业的号召,另一方面也因为这些地区地方政府的高额财政收入为其深度干预提供了条件。④ 虽然上海的家庭农场一定程度上实现了较大规模化的生产,但如果没有政府大量的财政资金支持,则不可能完成这个过程。事实上,世界粮农组织在"2014国际家庭农业年"活动中,将家庭农场定义为一种"组织农业、林业、渔业、牧业和水产业生产的手段,它由一个家庭管理和运营,并主要依靠包括男女劳动者在内的家庭劳力。家庭和农场连为一体,共同发展,兼具经济性、环境性、社会性和文化性功能"。⑤ 在

---

① 上海市农村经营管理站,上海格塑信息咨询中心:《上海农业经营主体监测分析报告(家庭农场)》,2023年3月。
② 剔除未填写数据的189家缺失值后,有效样本为3624家。
③ 上海市农村经营管理站,上海格塑信息咨询中心:《上海农业经营主体监测分析报告(家庭农场)》,2023年3月。
④ 陈义媛:《农业现代化的区域差异:农业规模化不等于农业现代化》,《理论月刊》2023年第4期。
⑤ Graeub, B. E., Chappell, M. J., Wittman, H., Ledermann, S., Bezner Kerr, R. and Gemmill-Herren, B., "The State of Family Farms in the World", *World Development*, Vol. 87, November 2016, pp. 1-15. 见于韩朝华:《个体农户和农业规模化经营:家庭农场理论评述》,《经济研究》2017年第7期。

恰亚诺夫理论体系中,小农家庭是以维持生计为目标的,一般认为,家庭农场的资本是"家庭资本",是小农家庭所创造和控制的资源库的一部分,并且,它具有使用价值,它让小农家庭能够参与农业生产并赖以为生。① 在这个意义上,家庭农场作为一种类型的经营主体,其优势绝不仅仅局限于资本扩张的意义上。

## 第五节 就业视角下上海的地方化"适度规模化"限度

世界范围内,规模化似乎是农业的大势所趋,不论是欧美还是东亚或是拉美,似乎都在走一条规模化道路。但正如一些研究所指出的,在一些发达国家,大规模农场数量虽然趋于增加,且耕地越来越向它们集中,但是小规模农场占比也在提高,且仍占多数,中等规模经营主体的数量和占比都明显下降。② 比如美国,2001年美国家庭农场平均规模为235英亩(1英亩约合4047平方米),中等规模为900英亩。规模小于49英亩的家庭农场在数量上占主导地位,其占比达到43.7%,但其经营的耕地面积却仅占3.7%;规模小于10英亩的家庭农场数量占比超过了11%,但其经营的耕地面积却仅占0.2%。然而,到了2011年,美国的小规模家庭农场的数量占比甚至还增加了,规模不足10英亩的家庭农场增长了4.6%,而10—49英亩的家庭农场数量占比增长了3.2%。③ 换言之,即便是作为农业规模化程度最高的国家之一,美国农业的规模化也并不是一直保持规模的增长,小农户不是在逐渐消失,反而是在逐渐增多。

---

① [荷]扬·杜威·范德普勒格(Van der Ploeg, Jan Douwe):《小农与农业的艺术:恰亚诺夫主义宣言》,潘璐译,叶敬忠译校,社会科学文献出版社2020年版,第35页。
② 周应恒、胡凌啸、严斌剑:《农业经营主体和经营规模演化的国际经验分析》,《中国农村经济》2015年第9期。
③ 同上。

从全国范围来看,小农户虽然面临着生存困难,但仍然是农业生产的主力。① 按照黄宗智等人的研究推算,中国全部农业投入的97%是家庭小农户。② 根据第三次农业普查数据,中国小农户数量占到农业经营主体的98%以上,小农户从业人员占农业从业人员的90%,小农户经营耕地面积占总耕地面积的70%。2019年,时任中央农办副主任、农业农村部副部长韩俊透露,全国2.3亿户农户,户均经营规模7.8亩,经营耕地10亩以下的农户有2.1亿户,人均一亩三分地,户均不过十亩田。③ 换言之,中国农业的主体仍然是小农户,大国小农的格局仍将存在。④ 而从上海来看,上海农村的土地依然附着较大的人口,农业也不宜过度规模化。2021年,上海的第一产业占地区生产总值的比重为0.23%,但是吸纳了1.83%的就业人口。在这种情况下,农业现代化不能只考虑规模经营,还必须考虑农村劳动力的充分就业。一味追求土地规模经营,会将农业问题与农民问题割裂开来,是缺乏社会根基的做法。如宝山区罗泾镇"集体农庄"某合作社负责人指出,合作社共有32名成员,基本年龄都在60岁左右,人均年工资3.7万元,实际上,按照目前的机械化水平(基本已经全机械化),同等工作量不到10个人也能完成。如果不雇佣这么多人,成员年薪和劳动生产率均可大幅度提高,但为了能让更多中老年人拥有就业机会,享有集体农庄的利好,必须暂时牺牲对"提高劳动生产率"的追求。正如陈义媛的研究指出的,大量农村剩余劳动力的存在,是思考中国农业问题不得不考虑的结构性因素。⑤

事实上,上海的土地细小零碎,全面实现所谓的规模化也的确存在很大的难度。根据上海市"一网一图数据库"2023年6月12日的实时统计数据,

---

① 王晓毅、罗静:《共同富裕、乡村振兴与小农户现代化》,《北京工业大学学报(社会科学版)》2022年第3期。
② 黄宗智:《中国新时代的小农户经济》导言,《开放时代》2012年第3期。
③ 新华社:《全国98%以上的农业经营主体仍是小农户》,2019-03-01,http://www.gov.cn/xinwen/2019-03/01/content_5369755.htm,2021-12-11。
④ 张红宇:《大国小农迈向现代化的历史抉择》,《求索》2019年第1期。
⑤ 陈义媛:《资本主义式家庭农场的兴起与农业经营主体分化的再思考——以水稻生产为例》,《开放时代》2013年第4期。

上海农业生产用地共有215.69万亩,共有703 383块,其中,100亩以上粮田共有4 072个,50亩以上粮田共有5 343个,而10亩以下的农田大约占所有粮田面积的5%,数量有16 706个之多,并且还存在许多2亩以下不连片的耕地。这部分碎片化的小规模土地虽然数量大,但实际占比相对已经较小,而这些小比例的碎片化土地,整理成片可能需要很大的投入。对这些土地进行所谓的规模化经营,大概率投资与回报难成正比。值得一提的是,作为促进规模化生产的高标准农田项目,投资之大往往令人咂舌,虽然我们需要从粮食保供、农业长远发展这些宏大目标的实现角度考虑农业规模化经营,但是它在粮食增产的层面上是否真正扮演了重要的作用,依然有待论证。

简而言之,"适度规模经营"在具体的地方实践中,依然有"越大规模越值得褒奖"的倾向。也正因此,上海在追求一些量化数据,比如劳动生产率、土地流转率、高标准农田占有率等方面,都表现出很强的动力,在各类政府报告中,这些也都作为积极的政绩来宣传。但从某种程度上讲,这一在具体实践中形成的政绩倾向,即便不是陷在所谓的"西方标准"的陷阱里,也至少是陷在简化的经济学陷阱里,值得从根本上进行反思。而我们通过调研认为,农村剩余劳动力的"就业"作为与农业规模化息息相关的一个重要因素,也许能为"适度规模经营"这个概念的丰富化、在地化提供一个有益的维度。

# 第八章　上海外来务农者的"转型升级"之路

## 第一节　外来务农者的概念界定

改革开放以来,随着我国经济高速发展,城市化进程不断加快。国家统计局第七次全国人口普查数据显示,截至2020年底,居住在城镇的人口为90 199万人,占全国人口的63.89%,与2010年相比,城镇人口比重上升14.21%。[①]与此同时,一些大型城市郊区的农业人口在较短的周期内就急剧向非农业人口转变,本地农民逐渐减少,务农劳动力短缺成为问题。正是在这样的大背景下,许多外地农民开始投身大城市郊区的农业。这些从外地来到城市郊区从事农业的外来农民,本章将其称之为"外来务农人员",但我们更经常听到的一些其他称谓则包括:农民农、代耕农、客耕农、流动农民等。最早较为集中地出现这类外来务农现象的地区可能是在珠三角地区。一些研究指出,20世纪70年代末开始,由于珠三角一带大量农民从第一产业转向第二、三产业,导致农田无人耕种,然而这些耕地却肩负着缴纳国家公粮的任务,加上粮食"统购统销"政策依然在延续,珠三角农民只能通过从粤北、粤西等相对落后地区引入农民去耕种这些土地,来完成缴纳公粮的任务。当时珠三角政府给出的条件是:山区农民为珠三角农民完成公粮缴纳任务,可永久使用其耕作的土地,享受与本地农民同等待遇,并逐步解决户

---

[①] 宁吉喆:《第七次全国人口普查主要数据情况》,《中国统计》2021年第5期。

口问题。于是在改革开放的最初10年,超过10万数量的"代耕农"出现在珠三角农村。[1] 黄晓星和徐盈艳的研究将"代耕农"定义为"离开原住地,依附于城市及市场经济,通过租种土地进行农业生产的外来人口。"[2]而同是沿海发达地区的上海,出现这类群体的时间则相对晚一些,大约在2000年。2010年在上海南汇进行调研时,曹锦清首次提出了"农民农"这一概念,指的是那些通过租种当地农民或者集体的土地进行农业生产以获得收入的外来农民。[3]"农民农"这一概念是相对于"农民工"概念提出的。正如马流辉的研究所指出的,"农民"是社会身份,"工"则是职业身份,而"农民农"这一概念中的"农"也同样指的是职业身份。[4] 换言之,"农民农"这个概念既有传统农民的身份的内涵,也有以农业为职业的内涵。而受黄宗智先生"客耕佃户"说法的启发,袁中华使用了"客耕农"的概念,指在家乡以外的地区通过流转的方式获取土地经营权,从事农业生产。这一概念强调将城乡二元结构下的传统身份农民之意与专事农作的职业农民之意融合在一起。[5] 而国际上也有类似的概念,比如"外来农业劳务者"(foreign agricultural laborers)、"承包土地的农民"(contract farmers)[6]等。这些群体主要在亚非拉地区,尤其在非洲南部,非常普遍,"承包土地的农民"在当地就是以合同的方式将外来务工者或由于战乱迁移而来的难民与土地建立起联系,从而使他们进行"异地务农"。比如在印度泰米尔纳德邦哥印拜陀地区,部分受过中等教育并且追求高风险收益的农民,就通过农业合同获得更多的生产

---

[1] 黄志辉、麻国庆:《无"法"维权与成员资格——多重支配下的"代耕农"》,《中国农业大学学报(社会科学版)》2011年第1期。胡俊生:《广东代耕农生存状况调查》,《中国改革(农村版)》2004年第5期。
[2] 黄晓星、徐盈艳:《双重边缘性与个体化策略——关于代耕农的生存故事》,《开放时代》2015年第5期。
[3] 马流辉:《"农民农":流动农民的异地职业化——以沪郊南村为个案的初步分析》,《中国农村研究》2013年第1期。
[4] 同上。
[5] 袁中华:《"客耕农"与城市郊区的小农农业——基于上海的实证研究》,《中国乡村研究》2015年。
[6] N. N., K. A., Felister, M. & Natalia, K. A., "Construct the efficiency of contract farmers and Non-Contract farmers on cocoa production", International Journal in Management & Social Science, 2019, p.6.

要素(主要是土地资源),就可以称之为"承包土地的农民"。[①]

总而言之,这些做法往往被认为是打破当地农业发展瓶颈,促进当地农业发展的有益选择。[②] 根据国家统计局的数据,2018—2022 年,全国农民工在第一产业从业的占比仅为 0.4%—0.5%,而第三产业则每年有所上升,从 2018 年的 50.50% 上升至 2022 年的 51.70%。[③] 虽然流动人口从事农业(或第一产业)的相对占比很低,但是由于流动人口的基数庞大,从总量上看,这一群体的数量依然很大。本章通过梳理上海郊区农村的外来务农人员在不同历史阶段面临的不同处境,分析外来务农人员当前的生存状况与发展困境,进而探讨超大城市郊区农村的发展过程中,劳动力结构调整所需的支持系统。

近十年,来上海郊区农村务农的群体不论是在身份层面上,还是在职业或产业层面上,都发生了重要的转型。笔者认为,无论是"代耕农"还是"农民农",都过于强调"农民"的传统身份,而本章则旨在探讨这一群体在农业现代化过程中,尤其是在乡村振兴背景下发生的重要转型。因此,为直接明了,并且将"承包土地的农民"与"作为雇工的农民"都纳入讨论范围,本章选择"外来务农人员"作为称谓进行讨论,但文中涉及的文献引用则为表示对原文出处的尊重,保持其原来称谓。

## 第二节　上海的外来务农人员基本情况分析

上海的城市化水平在全国范围名列前茅,2022 年已经达到了 89.3%。

---

[①] Arun, L., Narmatha, N., Manivannan, A., Sakthivel, K. M. & Uma, V., "Profile of broiler contract farmers and their knowledge level in contract farming", *Indian Journal of Animal Research*, 2014, p.48.

[②] NIñO, H. P., "Migrant workers into contract farmers: processes of labour mobilization in colonial and contemporary Mozambique. Africa", *International Journal in Management & Social Science*, 2017, p.87.

[③] 国家统计局:http://www.stats.gov.cn/sj/zxfb/202304/t20230427_1939124.html,访问时间:2023 年 10 月 22 日。

根据《上海农村统计年鉴》的数据显示(见表8-1),上海农村第一产业的从业人员正在逐年减少。根据上海市人力资源和社会保障局就业促进中心发布的《上海市来沪人员就业状况报告(2018)》,截至2018年3月底,在沪办理了就业登记的来沪人员总计463.3万人,其中从事第二产业的124.4万人,约占26.8%;从事第三产业的338.3万人,约占73.1%;而从事第一产业的仅占0.1%,仅有0.5万人。另一项调查研究则发现,外来务农人员主要集中分布在大中城市郊区的农村,像上海这样的超大城市,郊区外来务农人员数量十分可观。比如曹锦清就曾估计,2012年左右上海地区农民农的人数约10万人。[①] 此外,马流辉的研究指出,2010年上海城郊南村共有耕地面积2 938亩(包括水面),其中1 500亩的土地流转给外地人,换言之,当时上海城郊南村农业半壁江山依靠外来劳务人员。[②] 近年来,由于"大棚房整治""五违四必""家庭农场只能由本地农民承包"等一系列的农业、农村政策的执行,外来务农人员的数量出现了比较明显的下降趋势,但是毫无疑问,他们在上海的农业发展中仍然扮演着重要的角色。

表8-1　　　　上海农村从业人员情况(2016—2021年)

| 年份 | 2016年 | 2017年 | 2018年 | 2019年 | 2020年 | 2021年 |
| --- | --- | --- | --- | --- | --- | --- |
| 农村从业人员 | 158.26 | 154.83 | 147.26 | 143.28 | 135.19 | 128.62 |
| 第一产业 | 37.50 | 34.62 | 33.40 | 32.20 | 31.21 | 30.00 |
| 第二产业 | 90.43 | 90.52 | 85.80 | 81.18 | 73.85 | 69.42 |
| 第三产业 | 27.83 | 29.69 | 28.06 | 29.90 | 30.13 | 29.20 |
| 农林牧渔服务业[③] | 2.50 | 3.65 | 4.06 | 3.45 | 3.22 | 3.06 |

数据来源:《上海市农村统计年鉴(2022年)》(单位:万人)

---

① 黄忠怀、邓永平:《都市里的小农:城市郊区"农民农"现象及其成因——基于上海浦东Z镇的实证分析》,《华东理工大学学报(社会科学版)》2013年第28期。
② 马流辉:《"农民农":流动农民的异地职业化——以沪郊南村为个案的初步分析》,《中国农村研究》2013年第1期。
③ 根据国家统计制度规定,从2013年起,农林牧渔服务业从业人员从第一产业中划出,归入第三产业。

表 8-2　　　　　　　2017年上海市外来务工人员占比分布

| 外来务工总人数 | 463.3万人 |
| --- | --- |
| 第一产业 | 0.10% |
| 第二产业 | 26.80% |
| 第三产业 | 73.10% |

数据来源：上海市人力资源和社会保障局

调研发现，上海的外来务农人员往往存在两个比较明显的特征。第一个显著特点是，近年来夫妻搭档的模式成为主流。大约五六年前，也就是在上海的"大棚房整治"与"五违四必"前，一个核心家庭或主干家庭，甚至是一个扩展家庭在一个村里承包土地从事农业，同住在蔬菜大棚的情况还是比较常见的，但是最近几年，这些被视为"违规"的大棚房基本都已经被清除，因此，大家庭一同务农的情况相对少了，更多的是"夫妻档"。同时，由于工作场域仍在乡村这个熟人社会(或半数人社会)，外来务农人员也往往基于熟人网络形成一个互惠互助的群体，常常是几对同乡夫妻在一个村或一个镇内务农，彼此照应，可能也是考虑要避免作为异乡人受到排挤。第二个比较显著的特点是，外来务农人员一般年龄较大。《2022年农民工监测调查报告》显示，2022年我国外出农民工平均年龄为37.4岁，[1]而外来务农人员的平均年龄在40岁以上。究其原因，可能是因为随着年龄的增加，他们无法继续适应高强度的建筑行业。有研究指出，这类农民工由于本身年龄较大，且大多来自欠发达地区，受教育程度较为有限，对现代科学技术的掌握也比较有限，因此，只能从事一些较为基础的农业生产。[2]而就我们目前的调研情况看，上海的外来务农人员甚至年龄还更大一些，以50岁以上为主。

---

[1] 王钱坤：《数字乡村建设：内涵、挑战与优化路径》，《当代农村财经》2023年第9期。
[2] 马锞等：《东莞发展都市农业的SWOT分析》，《广东农业科学》2014年第41期。

## 第三节  从被排挤的弱势群体变为
## 上海农业的引领者

2005年左右,关于大城市郊区外来务农人员的研究逐渐出现于社会科学家们的研究视野中,而对这一群体的研究无疑随着其不断发展变化而变化。较早的一些研究主要聚焦于对外来务农人员群体特征的描述。比如,奚建武对上海郊区农民农群体的调查指出,"农民农"以男性劳动力为主体,女性一般从事非农产业和非农职业,很多人为已婚状态。随着农民工数量的不断增加,越来越多的男性农民工选择进城务工,越来越多的女性农民工留在农村。一般来说,与进入第二、第三产业的农民工相比,农业的总体比较效率仍然偏低,农业种植尤其是日常蔬菜种植,存在大量体力劳动。[1] 胡俊生的研究描述了珠三角"代耕农"的基本情况,包括经营情况、生活的艰辛、家庭安排的困难,等等。[2] 接着,在2010年后出现的许多研究,则主要聚焦并进一步分析外来务农人员的生存困境与被剥削状态。比如,黄志辉从马克思的劳动过程理论出发,对"代耕农"群体的劳动过程进行了非常细腻的分析,指出"代耕农""'沉迷于'自身所建构的劳动现场里,没有劳资关系、工厂政体的约束,却仍然失去了很多主体性特征;他们在其所在的社区中极度边缘化,没有地位,而且保持沉默,驯服于自我设定的劳动框架与本地人、市场设定的规则。"然而,作为劳动过程独立但劳动产品依附于资本的生产单位,"代耕农"必须由自身来实现自身的劳动力再生产的空间安排与对劳动现场的安排,通过自我监督似的"赶工",增加劳动产量,来实现自身"活劳动"的利润最大化。换言之,黄志辉揭示了即便是"代耕农"这种看似不具有有形工厂约束和明确劳资关系的群体,也依然无法远离资本的霸权支

---

[1] 奚建武:《"农民农":城镇化进程中一个新的问题域——以上海郊区为例》,《华东理工大学学报(社会科学版)》2011年第26期。
[2] 胡俊生:《广东代耕农生存状况调查》,《中国改革(农村版)》2004年第5期。

配。① 马流辉从社会区隔与间接驱逐等治理手段出发,呈现了上海郊区"农民农"是如何在农业规模化经营的治理逻辑下被间接驱逐出上海农村的农业生产。② 基于2010年前后的很长一段时间,"代耕农"因在土地承包问题、户口问题、宅基地等问题上发生过大量的抗争与上访事件,因此,许多研究都主要聚焦"维权、抗争、社会正义"等议题进行讨论。③ 大约在2015年之后,这类研究的视角逐渐转向个体能动性。比如,黄晓星和徐盈艳发现,在市场和制度的形塑下,"代耕农"处于一种"双重边缘"的生存状况,即空间层面的边缘性与社会层面的边缘性。但是这种处境中,他们的策略性回应则主要是安于较低投入的、低技能的农业生产(土地的不稳定性让他们面临投资风险)。黄晓星和徐盈艳进一步指出,"如果能将代耕农的个体生存策略通过某种方式转化成一种集体行为,促成其自身的联合,增强其与外在强势力量相抗衡的能力,从而为自己争取一个更好的生存环境,这或许是改善代耕农生存状况的一条途径。"④ 马流辉的研究则指出,以家庭经营的方式维持农业生产并实现完整的家庭生活,是促使"农民农"成为"农民农"的重要动因,它在一定程度上缓解了因"农民工"个体化流动而带来的留守人口问题。⑤ 然而,近几年,随着上海农村这些田地上的棚屋在"五违四必"和"大棚房整治"中被清理,上海外来务农人员的家庭生活不再能以廉价的成本促成,这在一定程度上也影响了上海外来务农人员的选择(下文将详细介绍)。

总的来说,外来务农人员在不同阶段呈现的问题与困境都不同,研究视角也呈现了明显的转变。本章基于2022—2023年对上海郊区农村外来务农人员的调研,发现许多外来务农人员的生存状况依然是以"夫妻档"形式

---

① 黄志辉:《自我生产政体:"代耕农"及其"近阈限式耕作"》,《开放时代》2010年第12期。
② 马流辉:《间接驱逐与身份改造——大都市郊区农业规模经营的治理逻辑》,《中国农业大学学报(社会科学版)》2016年第6期。
③ 黄志辉、麻国庆:《无"法"维权与成员资格——多重支配下的"代耕农"》,《中国农业大学学报(社会科学版)》2011年第1期。
④ 黄晓星、徐盈艳:《双重边缘性与个体化策略——关于代耕农的生存故事》,《开放时代》2015年第5期。
⑤ 马流辉:《"农民农":流动农民的异地职业化——以沪郊南村为个案的初步分析》,《中国农村研究》2013年第1期。

从事高强度劳作,以最大程度压低生活成本来提高收入。但是,与此同时,也出现了许多有代表性的佼佼者,他们在一定程度上体现了上海农业的现代化转型方向,他们的事例也在一定程度上反映了在乡村振兴战略实施的背景下,当各类社会资源流入乡村的情况下,那些具有企业家精神的新一代外来务农者是如何促成发展转型的。下文笔者将针对上海农村的外来务农人员情况进行案例分析,并在此基础上,讨论外来务农人员的"转型升级"现象。

## 一、上海外来务农人员依然普遍面临的常见困难

第一,外来务农人员普遍认为自己受到上海农业政策的排斥,不在农业支持政策的保护范围内。在上海从事农业生产的外地人员,虽然可以享受农机、农药等方面的补贴,但不能申请家庭农场。一位安徽来的外来承包户指出,同样种植水稻,他承包400亩土地,年毛收入在20万元左右,但本地居民承包100多亩土地,毛收入与之相当,原因是外地承包户少了家庭农场的补贴。此外,一些外来承包户反映,由于成本较高,化肥、农药的费用都是欠款,但却不能申请贷款。当前上海个别区,如宝山区有针对农户的小额无息贷款,但门槛高,实际上等于没有贷款渠道,尤其是作为外地人,既无本地社保,又没固定资产,更不可能申请到贷款。

第二,"无上海社保"是普遍现象。许多经营主体都雇佣了外来务农人员,他们多以夫妻搭档的形式来上海务工,年纪大多在30—60岁,主要来自安徽、江苏、山东等省份。有些年轻夫妻的子女尚在义务教育阶段,会选择在镇上上学。一般一个家庭承包一个或几个大棚经营,每月人均收入在8000元左右。基于生活成本的极力压缩,这些以"雇员"形式在上海务农的外来人口,每年的净收入大约能达到5万元左右。和许多上海的农民工类似,上海的外来务农人员也同样普遍没有缴纳上海的社保。这一选择既是外来人口的自主选择,也是由当前一些外部客观因素决定的。比如,乡村依然是一个相对封闭的体系,外来人口想要在上海农村立足生根,不论在户口这类基本权利保障上,还是在经济层面的保障上,都几乎是不可能的。因

此，这些农村流动人口往往选择将缴纳社保的费用转化为现金收入，而在其户籍地缴纳更便宜的"农保"。无疑，这反映了他们对自身生命历程的规划依然是"老来归乡"。而对于雇佣外来务农人员的经营主体来说，在一个雇员身上支出的所有费用，都是尽量压到最低，而社保无疑是一个"廉价劳动力"的重要调节机制。值得一提的是，作为承包或经营主体的外来务农人员，同样也普遍不会缴纳社保。他们的收入水平或许略高于农业主体的雇员，但是由于上海落户条件严格，即便能在上海城里买得起房子，也很难解决户口的问题。

第三，一些外来务农人员中的承包大户认为，由于规模小、补贴排外性强、农业基础设施欠佳等原因，上海农业的种植优势不足。在上海农村，有部分外地中青年劳动力从事农业种植，他们大多数是夫妻共同劳作，来自安徽、河南、贵州、山东等农业大省，选择来上海从事农业生产是因为这里具有一定的收入优势。比如，在嘉定区徐行镇伏虎村，一位来自安徽的48岁农民老王，已经居住了18年，承包了400亩土地种植水稻，会使用无人机，会操作拖拉机，拥有新型职业农民证书，是村里公认的技术型农民。但近年来，其经营收益明显下降。他认为，一方面是由于成本上升太多，一方面是因为竞争越来越激烈，与其他区域相比，上海在农业发展上优势不足。老王说："现在其他地方的农业发展政策都比上海好，农村道路设施比上海更完善，比如浙江农村基础设施就比上海好很多。而且，其他地方的农业种植资源也比上海好，比如山东都是大面积种植基地，有利于机械生产。"因此，他表示，未来可能不会继续在上海承包土地。青浦区泾阳村一位外来农户在上海已经承包经营土地多年，夫妻二人一般一年能结余十万元，但是最近三年因为疫情，他们表示只能"混口饭吃"，几乎没有结余。年近七十的他们打算明年就不再继续在此务农。

此外，值得一提的是，最大限度地压低生活成本仍然是这些外来务农人员的重要生存策略。但自从实施了"大棚房整治"和"五违四必"后，大多数田间窝棚基本清除，他们不再能通过居住在窝棚里以降低生活成本。大多数的外来务农人员都在村里租了农民房，有些比较大的承包户甚至租用了整栋房子,他们对自己的生活质量也显然出现了更高的要求。许多外来务农人员之所以选择来大城市"务农"而不是"打工"或从事二、三产业,其中一个重要的考虑便是家庭生活的可能性。比如,黄志辉指出,"工厂内的时空限制了劳动与养育同时进行的可能,遂在工厂外的农田中开辟一个集家庭生活与劳动生产于一身的空间。"[1]马流辉的研究指出,棚屋作为廉价的居住空间,使得外来务农人员得以将家庭整体迁入城郊乡村,相比之下,在城市工作,其昂贵的房租则使得外来务农人员无法实现这一家庭共居同劳动的愿景。[2] 总之,在生活成本提高的情况下,许多外来务农者进入上海乡村领域的趋势的确受到了抑制。然而,近年来,尤其是在乡村振兴战略实施以来,上海的农村在一定程度上,又得到了更多的发展资源,似乎也吸引了一批整体能力更突出的外来务农人员进入上海的乡村。

## 二、拥有企业家精神的新外来务农者

近年来进入上海农业行业的外来务农者,似乎是更年轻、知识文化水平更高、拥有更全面能力的"新农人",他们中的许多人已经不再是所谓的"廉价劳动力",而是拥有企业家精神的新型职业农民。在上海农村的产业发展中,他们不仅仅扮演一个"打工者"的角色,更扮演一个"引领者"的角色。下文我们将通过三个案例具体呈现。

**案例一:**

浦东新区宣桥镇张家桥的子乔合作社法人小周,出生于1988年,浙江人,24岁开始务农。此前在一家国企工作,但是因为国企的收入相对"可能性"太小,用小周的话说,"一眼望到头了",所以他决定出来创业,选择了农业。但是父母当时都很反对,认为儿子本来工作挺体面,本来"五险一金"也都有,现在选了"种田",他们都很不理解。如今,小周已经在浦东新区从事农业11年,一开始在宣桥镇,2019年拿到了209亩地,所以就搬到了张家桥

---

[1] 黄志辉:《自我生产政体:"代耕农"及其"近阈限式耕作"》,《开放时代》2010年第12期。
[2] 马流辉:"21世纪全球发展与农政转型"国际会议论文,北京,2023年。

村。用小周的话说，这些年里，"从原来的两三亩地，就三四个大棚，到现在发展成 200 多亩地，年营收从原来的几万块到现在的百万元，销售也达到了六七百万元"，"我们一开始是以草莓起步的，现在你看我们西瓜、玉米都有，体量已经非常大。我们现在每天西瓜都是两三千斤的销量。"

小周农场的蒸蒸日上，毫无疑问也得益于村干部和地方政府的支持。值得一提的是，许多村庄的土地都已经由村集体经济组织流转后统一交予镇级农业投资公司来统筹并决定承包者。在这个转包过程中，无论是村集体还是镇农投公司，一般来说，都会选择那些规模更大、更有经济实力、项目更有前景的承包主体。但正如我们在第三章中提到的，优绩主义逻辑下的典范树立在各级政府甚至农村基层都是一以贯之的实践逻辑。因此，像小周这样的外来小户，能承包 209 亩的土地已经不是一件容易的事，也是一个低概率事件。此外，地方政府还为小周提供了提升其经营能力的机会。比如，政府安排他去浙江大学学习农业经营，与上海农业科学院合作，等等，这些都拓展了他的视野。之所以能得到这些机会，一方面得益于小周在浦东农村的长期耕耘，帮助他在此建立了有益的社会网络，一方面也得益于他的"个人魅力"，可以看到他对农业事业表现出来的创业激情获得了村庄与镇政府的肯定与支持。但是正如小周所言，政府的确起到了扶持作用，而他自己也的确把农业经营作为一项人生事业来发展。小周在合作社的营销包装、品牌 logo 上都花了非常多的心思去设计，将自己对家庭、对宣桥镇张家桥村的感恩之情都融入其中。他对我们说：

> 我一开始踏入农业，初心就是自力更生为主，政府扶持为辅，这是我的宗旨，也是我要走的一个路。我不是仅仅为了去搞钱，那样走不长远。所以这整个基地每个地方都有故事。我是子乔农业的总设计师，包括我们的 logo，它都有故事的。宣桥是我的第二故乡，也让我收获了爱情，收获了事业，我当初就在想，生一儿一女，女儿叫萱萱，儿子叫乔乔，谐音就是"宣桥"。后来我们家大姐就生了个儿子，我们就叫他子乔。那女儿就叫萱萱，就是我们的这个草莓 logo。中间为什么说要用

"子"？作为一个父亲,对于儿子的期望和希望,我希望我的儿子长大以后还是能把我这个事业传承下去。子若强于我,要钱有何用,子若不如我,有钱有何用,所以我中间用了一个"子",他的名字叫周子乔。是这么由来的。这里面还有一层意思,我们乔书记就姓乔。我有一个感谢,宣桥的"桥"去掉了偏旁也是"乔"。

小周对农业经营的理念和方式显然已经不再像过去典型的"农民农",他来到上海做农业,也不仅仅是作为一个"打工人",而是努力将自己打造为"新农人",或者一个真正的"新型职业农民"。小周通过与政府建立良好关系,引入各种商业运营策略,将自己的合作社经营成了有规模、有品牌的新型经营主体。正如他所说:

我们要成为新时代习近平总书记提倡的新农人是很难的,为什么？"爱农业、懂技术、善经营"这九个字,说说简单,但你光有情怀,光技术好,不会销售,也没用,对吧？好多农民只有情怀,只有种植技术,但销售不会,也很难做好。要三者都结合,才能把它做得好,才能挣到钱。真的是难,所以我们要不断地出去学习、进修。

**案例二:**

黄生飞也是"80后"的新农人,来自浙江嵊州。她的创业历程非常丰富,2006年至2009年,她在日本打工,做服装生意,回国后,便开了一家服装厂,经营至2015年。到了2015年,为了帮助弟弟,她尝试性地在浦东承包了一点土地开始做农业,成立了一个家庭农场,却凭借一个"国庆稻"的水稻品种意外获得了很大的成功,开启了她的农业发展之路。基于多年的经商经验,黄生飞相比一般的农民更懂得将商业营销模式融入农业经营中。2017年,黄生飞在宣桥镇成立了合作社,产品以"生飞大米"为核心,以米制品、时令蔬果、鸡鸭禽蛋和休闲农业为延伸,在2022年成立了新公司,顺利转型,更规范化地运营农场,逐渐形成一二三产融合发展的现代化农业企业。目前,生飞农场拥有土地1000余亩,建筑面积3000平方米,室外大草坪约100平方米;同时拥有学农田园200亩;100亩稻田实践基地。她的合作社拥有本地特色的大米、果蔬,同时还提供农事操作实践教学,如插秧、除草、收割等,已经是一个一、二、三产融合的典范合作社。此外,黄生飞通过充分调动自媒体资源进行宣传,2023年,她的个人抖音/视频号平台粉丝已经达到了5万多人,累计播放量超过1600万,帮助本地农民销售本地农产品逾300万元。正如她自己所言:"农业也一定是产品第一,我们肯定要卖得掉,才是最重要的,所以我还是一直坚信要做自己的品牌。我蛮羡慕'清美',我也希望自己能把个人案例做出来,做成小而精、小而美、小而壮的品牌。小有小的好,大有大的好,咱们走的路线是不一样的。"

同时,黄生飞作为一个能人典范,与地方各级政府也形成了良好的合作关系,她也非常熟悉如何将政治资本顺利地转化为商业资本。黄生飞获得过许多政府授予的荣誉,比如,生飞农场连续多年在上海市家庭农场示范评比中名列第一,成为业界标杆。2021年,她的农场被评为全国首批100个农作物病虫害绿色防控示范基地、全国优秀农民田间学校、上海市优秀农民田间学校、浦东新区示范合作社、浦东五星级绿色田园等。个人层面,2021年她获得了全国百优保供先锋人选、上海浦东新区优秀新型职业农民、上海农村创新创业大赛二等奖等,同时,她还是2022年的全国乡村振兴第一批领头雁,等等。这些荣誉无疑让她成为了这个行业的领路人。2022年,黄生飞带领二十家经营主体成立"生飞大米"产业化联合体。2023年甚至向政府承诺,带动2万亩水稻实现生态化种植、品牌化营销,推动浦东新区大米公共品牌建设,带领数百名农民在坚守水稻种植中实现共同富裕。

黄生飞这样的外来务农人员,已远远不是一个提供简单农务劳动的外来务农者。她依靠的不仅是农业技术本身,更是商业运作能力和社会网络的搭建能力。这些能力,才是她在将农业从一产推向二产、三产进行融合式发展的动力,也是她获取更多地方资源支持的动力。

**案例三:**

宋先生在崇明明强村种植草莓已经好几年,在去采访他的路上,村委会的工作人员一直跟我们介绍这位种草莓的技术达人。据说他种的草莓个头大，产量高，让其他草莓种植户望尘莫及。但是对自己的"技术"和真实收入水平，宋先生都表现得非常低调。村委会的工作人员表示，虽然他声称一年只能赚三四十万元，但是实际可能远超过这个金额。草莓的利润很高，利润率可以达到75%，据说2023年他大约有200万元的收入。见到宋先生的时候，他正在大棚里工作，整个采访过程他都言简意赅，问到有关收入、种植技术的话题，更是不愿多谈。与前两个案例不同，宋先生的经营因为掌握了非常重要的农业技术，因此，他似乎既不需要政府的支持，也不需要银行贷款，与村委会的交道也甚少。

宋先生1984年出生，将近40岁，来自山东。在崇明做农业已经20来年，种植草莓则有10年的时间。他主要也是以"夫妻档"的形式在做农业，但是不定期会雇佣一些本地工人，包括8个稳定的工人和3—4个临时工，一般在65—70岁。在家庭安排上，他的孩子在崇明上学上到六年级后就回老家上学了，因为非上海户口的孩子无法在上海参加高考，所以许多外来人口的孩子都会选择在六年级或者初中就回老家。夫妇二人租了一栋房子，一年6000多元的房租。宋先生从事农业生产多年，花了好几年的时间学习草莓种植技术，村干部们都说，他是有"绝学"在身的，但很重视保密工作。宋先生在明强村共有55个大棚，另外有30个连体大棚，全部只种植草莓，不种别的作物。宋先生的劳作时间也并非一种高强度的、"自我剥削式"的密集型劳作，他说，每年除了草莓种植与丰收的季节（大约半年左右的时间），他另外半年左右的时间都非常清闲，还能回老家一段时间。每年一般1—4月最忙，5—12月都只工作半天，下午就无事可做了，他们往往会选择6—7月回山东老家住两个月。

宋先生并没有野心将他的草莓做成品牌卖出更高的价格，而是选择在当地的批发市场出售，他也没有扩张规模的打算，但是每年均衡的休息与劳作周期，以及丰厚的经济回报，已经让他成为令许多同行羡慕的成功者，他也非常知足。至于地方政府所期待的"带头人"角色，他也许并不想承担这个责任，地方政府也并未将其打造成一个优秀的"典范"，因此，他的经营对政府的依赖度非常低,除了从村庄承包土地外,几乎没有太多与村庄及地方政府打交道的机会,更谈不上太多政府支持。但是,同行们却从他的案例中学到了一个重要的信息,那就是悉心掌握一门技术用心经营,只要能种出真正高品质的农产品,靠农业致富似乎并非难事。

综上所述,上海通过一系列的相关政策调整,包括通过"大棚房整治"行动对田间窝棚进行整治、对家庭农场的门槛进行设定等,一定程度已经间接地驱逐了许多原来以原始农业生产方式经营的外来务农者,也促成了上海农村的外来务农人员群体的明显转变。随着那些以原始农业生产方式合作经营的外来务农者离开上海农村,少数以承包大户、农业带头人身份进入的外来务农者逐渐在上海的乡村崭露头角。在农业规模、品牌建设和一、二、三产融合发展等方面,这些新的外来务农者的确对促成上海农业产业的转型升级产生了重要的影响。他们的身份也不再仅仅是底层"农民农",不再是被视为"治理对象"的"外来闯入者",而是可以带领上海农业进入现代化发展的新型职业农民或农业产业带头人。与此同时,通过上述三个案例,也许最值得我们深思的,还包括评估政府在对个别"典型"进行大力支持的过程中产生的实质性绩效。这点我们将在下一章中进一步探讨。

# 第九章　上海乡村产业振兴"带头人"的培育问题

党的十九大报告指出"乡村人才振兴是实施乡村振兴战略的必备要素和重要资源",《中共中央 国务院关于实施乡村振兴战略的意见》强调"汇聚全社会力量,强化乡村振兴人才支撑",《乡村振兴战略规划(2018—2022年)》明确提出要"强化乡村振兴人才支撑"。本章将聚焦乡村发展中所谓的"带头人"问题。"带头人"不仅包含治理层面上的,如村书记这样的角色,也包括产业发展中的那些佼佼者,如所谓的"头雁",还包括那些以带领农民致富为业的乡村职业经理人(乡村 CEO),等等。本章所聚焦的,主要是村庄产业发展中的"头雁"群体,暂不讨论作为治理带头人的村书记。通过对自上而下推行"头雁"项目过程及其逻辑的呈现,分析基于优绩主义逻辑"树立典型"对于乡村产业振兴的意义与困境。

## 第一节　优绩主义逻辑下的"典范"效应

在这些塑造"带头人"的项目推行中,我们也许可以试着从两个概念出发进行分析:一个是优绩主义,一个是"模范"(或"示范")。一方面,优绩主义(Meritocracy)的基本理念认为,社会中的物质财富和政治权力,要依据个体的才能、努力或成就,而非按照出身、家庭财富或社会阶层来加以分配。[1] 如第三章对优绩主义概念的梳理中所言,优绩主义虽然强调了"机会

---

[1] 朱慧玲:《作为分配正义的优绩主义》,《伦理学研究》2022 年第 3 期。

平等"的重要性,但是"智商加努力"并不能简单地等于"成功",社会再分配水平的局限性也同样导致无法避免的、与生俱来的"不平等",相反,伴随优绩主义来的还有社会强者、社会精英,无论在社会肯定层面上还是在道德优势上,都似乎占据了绝对的主导性与话语权。

另一方面,通过树立可模仿的模范进行统治,在整个中国社会历史中都是一种普遍的做法。比如博尔赫·巴肯(Børge Bakken)在其研究中探讨了中国社会中"榜样"与社会控制、社会秩序之间的关系,并将其称为"模范社会"(the exemplary society)。其典型治理方式为,通过树立积极的榜样引导社会行为和价值观念,以此来促进社会的和谐与秩序,通过这种方式,政府不仅能够在社会中传播积极的价值观,还能够有效地引导公众行为,从而在社会治理中发挥重要作用。[1] 冯仕政从中国特殊的"中心—边陲"二元分立社会结构出发,认为树立典型是政治权威为了加强对基层社会的动员、控制和整合而采取的一种治理策略和技术,并指出典型与政治权威之间往往形成一种特殊形态的庇护主义关系。[2] 苗春凤在其研究中,不仅梳理了中国社会长期以来的树典型活动,还试图从民众评价论和符号权力的角度进行解释,同时指出随着社会文化的变迁,典型的类型、标准与方式都发生了变化。[3] 树立政治典型既承载理想价值,又具有工具功能。[4]

简言之,地方政府在推行中央政策的过程中,运用"树立典型"的方式与优绩主义意识形态巧妙结合,往往导致那些已经拥有更多资源的人,继续名正言顺地获得更多资源。比如,选择那些基础更好的村庄(一般来说,是指自然资源、经济资源、人力资源或文化资源更丰富的村庄)并重金将其打造成为乡村振兴示范村;再比如,选择给予那些已经有良好经营状况的新型经

---

[1] Bakken, Børge, *The Exemplary Society: Human Improvement, Social Control, and the Dangers of Modernity in China*, Oxford: Oxford University Press, 2000.
[2] 冯仕政:《典型:一个政治社会学的研究》,《学海》2003年第3期。
[3] 苗春凤:《论中国社会的树典型活动——社会评价论的视角》,《桂海论丛》2009年第1期,第52—55页;苗春凤:《社会文化变迁视野下的树典型活动》,《河南师范大学学报(哲学社会科学版)》2011年第2期。
[4] 董颖鑫:《从理想性到工具性:当代中国政治典型产生原因的多维分析》,《浙江社会科学》2009年第5期,第24—29页。

营主体更多补贴,将其打造成各类农业示范点。本章所要探讨的乡村产业振兴"带头人"培育模式,一定程度上便是优绩主义逻辑下的一种"典范"树立。然而,这些典范多大程度上能真正发挥"示范引领"的作用,也许仍未可知。

许多研究都认为,党的十九大提出的乡村振兴战略为乡村人才回流以及成长提供了难得的机遇与广阔的平台,这一战略号召确立新时代乡村人才发展战略构想,使之成为乡村振兴的关键动力源泉。[1] 然而,尽管人才振兴在乡村振兴中具有核心地位,但人才困境也构成了目前我国乡村振兴的主要挑战之一。整体上看,我国农村地区实用人才的比例依然较低,人才短缺问题尚未得到有效解决。[2] 受多种因素的影响,乡村振兴战略在实施和成效方面正面临人才瓶颈,比如人才培训的实效性差、激励机制弱、农村人口结构老龄化严重、文化教育水平较低,等等。[3] 2018 年中央一号文件《中共中央 国务院关于实施乡村振兴战略的意见》明确表示:"在实施乡村振兴战略过程中,必须克服人才短缺的制约。要将人力资源的开发置于优先地位,畅通智力、技术、管理等方面下乡的渠道,培养更多本土人才,集聚全国各地的人才资源供乡村发展之用。"乡村振兴的实践者是乡村振兴工作成效的关键,不同学者从不同角度探讨了如何实现人才振兴,主要聚焦乡村各领域人才培养、[4][5][6][7][8][9]吸引新

---

[1] 赵秀玲:《乡村振兴下的人才发展战略构想》,《江汉论坛》2018 年第 4 期;田书芹、王东强:《乡村人才振兴的核心驱动模型与政策启示——基于扎根理论的政策文本实证研究》,《江淮论坛》2020 年第 1 期;林克松、袁德桅:《人才振兴:职业教育"1+N"融合行动模式探索》,《民族教育研究》2020 年第 3 期。

[2] 方中华:《乡村振兴如何破解人才瓶颈》,《人民论坛》2019 年第 9 期。

[3] 王富忠:《乡村振兴战略视域下乡村人才机制建设研究》,《农业经济》2020 年第 8 期;杨璐璐:《乡村振兴视野的新型职业农民培育:浙省个案》,《改革》2018 年第 2 期;霍军亮、吴春梅:《乡村振兴战略背景下农村基层党组织建设的困境与出路》,《华中农业大学学报(社会科学版)》2018 年第 3 期;卞文忠:《别让"人才短板"制约乡村振兴》,《人民论坛》2019 年第 1 期;吴敏:《贫困山区新农村建设中"乡土人才"队伍建设刍议》,《理论导刊》2013 年第 3 期。

[4] 刘艳婷:《农村实用人才教育培训探究——〈评人才振兴:构建满足乡村振兴需要的人才体系〉》,《中国教育学刊》2020 年第 11 期。

[5] 许纯洁:《民族地区高校新型乡土人才培养:时代使命与实现路径》,《广西民族研究》2019 年第 2 期。

[6] 杨璐璐:《乡村振兴视野的新型职业农民培育:浙省个案》,《改革》2018 年第 2 期。

[7] 苏迪、韩红蕾:《乡村振兴战略下开放大学助推乡村人才振兴的研究》,《成人教育》2020 年第 9 期。

[8] 林克松、袁德桅:《人才振兴:职业教育"1+N"融合行动模式探索》,《民族教育研究》2020 年第 3 期。

[9] 郭丽君、陈春平:《乡村振兴战略下高校农业人才培养改革探析》,《湖南农业大学学报(社会科学版)》2020 年第 2 期。

乡贤回流[1][2][3]与乡村人才体制机制建设[4][5][6][7][8][9][10][11][12][13][14]三个方面。

## 第二节 乡村产业振兴"头雁"的培育

2022年，农业农村部和财政部联合印发了《乡村产业振兴带头人培育"头雁"项目实施方案》（农人发〔2022〕3号），紧接着，全国各地方政府随即启动了"头雁"项目。虽然各地培育模式略有差异，但基本逻辑是择优培育。

### 一、"头雁"项目基本情况介绍

2022年，根据农业农村部和财政部联合印发的《乡村产业振兴带头人培育"头雁"项目实施方案》（农人发〔2022〕3号）要求，上海市农业农村委、市财政局联合发布了《关于本市实施乡村产业振兴带头人培育"头雁"项目

---

[1] 应小丽：《乡村振兴中新乡贤的培育及其整合效应——以浙江省绍兴地区为例》，《探索》2019年第2期。
[2] 姜亦炜、吴坚、晏志鑫：《荣誉与尊严：乡村振兴中的基层荣誉体系建设——基于浙江省新乡贤组织的调研》，《浙江学刊》2019年第4期。
[3] 钱再见、汪家焰：《"人才下乡"：新乡贤助力乡村振兴的人才流入机制研究——基于江苏省L市G区的调研分析》，《中国行政管理》2019年第2期。
[4] 蒲实、孙文营：《实施乡村振兴战略背景下乡村人才建设政策研究》，《中国行政管理》2018年第11期。
[5] 殷梅英：《以组织振兴为基础推进乡村全面振兴》，《中国党政干部论坛》2018年第5期。
[6] 蒋和平、王克军、杨东群：《我国乡村振兴面临的农村劳动力断代危机与解决的出路》，《江苏大学学报(社会科学版)》2019年第1期。
[7] 张红宇：《乡村振兴战略与企业家责任》，《中国农业大学学报(社会科学版)》，2018年第1期。
[8] 王富忠：《乡村振兴战略视域下乡村人才机制建设研究》，《农业经济》2020年第8期。
[9] 李博：《乡村振兴中的人才振兴及其推进路径——基于不同人才与乡村振兴之间的内在逻辑》，《云南社会科学》2020年第4期。
[10] 亓玉芳：《农业人才教育培育助力乡村振兴——评〈新型农民教育知识〉》，《热带作物学报》2020年第12期。
[11] 曹丹丘、丁志超、高鸣：《乡村人才振兴的现实困境与路径探索——以青岛市为例》，《农业现代化研究》2020年第2期。
[12] 涂华锦、邱远、赖星华：《科技人才下乡助力乡村振兴的困境与实践——基于广东省河源市的田野调查》，《中国高校科技》2020年第4期。
[13] 田书芹、王东强：《乡村人才振兴的核心驱动模型与政策启示——基于扎根理论的政策文本实证研究》，《江淮论坛》2020年第1期。
[14] 王文强：《以体制机制创新推进乡村人才振兴的几点思考》，《农村经济》2019年第10期。

的通知》（沪农委〔2022〕156号）。乡村产业振兴带头人培育"头雁"项目，以加强对乡村产业振兴带头人的系统性培育和综合性政策扶持为手段，以激发产业振兴带头人的示范引领和辐射带动作用为目标，为全面推进乡村振兴、加快农业农村现代化建设提供支撑和保障。整个"头雁"项目由上海市农委的干部人事处牵头，具体由上海市农业广播电视学校实施。项目在"头雁"的遴选、培育方案的设计、支持体系的设计、媒体宣传方案等方面都有非常系统的策划。

在"头雁"遴选上，要求带头人从事当地农业的主导、优势或特色产业3年以上，形成稳定的经营模式和一定规模，取得良好的经济效益和社会效益，且近3年累计带动30户或100名以上农民实现增收致富。符合条件的带头人需要经过个人申请、区级推荐、市级甄选、部级备案四项程序，层层筛选，逐级审核，最终才能被确定为"头雁"项目的培育对象。从2022年开始，预计五年内共培育250名"头雁"。而在具体培育方案上，项目系统培育为期一年，采取"四个一"模式，即累计一个月集中授课、一学期线上学习、一系列考察互访、一名导师帮扶指导。集中授课共120学时，围绕主体规范、定位精准、技术创新、经营有方等4大模块，结合农时农事分段实施。线上学习共60学时，依托浙江大学"求是云学堂"在线学习平台，重点围绕政治理论和政策法规两大模块。考察互访包括前往标杆企业开展深度调研和现场教学，以及学员之间的交流互访，提升带头人干事创业、联农带农的能力。导师帮扶指导，即组建由高校教授、市农科院专家、农业产业体系首席专家、创业教练等组成的导师团，以"一对多"和"多对一"的形式对带头人进行指导。在支持系统上，为培育对象提供包括培育资金、项目支持、产业扶持、激励保障、金融帮扶等方面的综合性支持，推动集成政策、资源、要素和平台，给予培育对象立体式、全方位的保障。通过"一人一策"模式，由市农业农村委制定包含13个方面的扶持清单，各区农业农村委参照清单内容，为培育对象配备帮扶指导员，通过召开学员座谈会、实地走访、专人对接等形式，充分了解培育对象的发展现状与需求，为每位培育对象量身定制切实可行的综合支持方案。除此之外，通过与媒体合作，积极宣传"头雁"事迹，提升品牌效应，扩大社会影响,并为"头雁"赢取更多的社会认可和荣誉感,激发其"带头"意识。

## 二、"头雁"何以"带头"?

### (一) 选择谁来带头?

以 2022 年第一批"头雁"为例,在培育对象遴选过程中,遴选了 51 名有一定产业规模、生产效益好、示范带动作用强的新型经营主体带头人作为培育对象。这些培育对象的整体教育水平和专业技能水平较高,有近 2/3 的对象拥有本科及以上学历,超过一半的对象拥有中级及以上专业技术职称。如"扁豆姑娘"王黎娜,复旦大学毕业后,从"银行白领"变身"新农人",具有十多年青扁豆种植经验和现代化的合作社管理方法。培育对象的产业发展规模和经营模式较为稳定,有超过 80% 的对象为示范社、示范家庭农场、区级以上农业龙头企业的负责人。如王印来自市级示范合作社上海太来果蔬专业合作社,在上海已拥有蔬菜种植基地 1 000 余亩,依托市场化经营思路,创新构建了从"一棵菜"到一、二、三产融合的完整产业链。某种程度上说,这些培育对象本身就已经具备一定的示范带动作用,有 80% 以上的对象来自产业联合体,通过分工协作、规模经营、利益联结等方式带动了区域农业发展和农民增收致富。如李翠、何杨阳、范慧峰、张春辉都是松江区优质稻米产业化联合体成员,推动了"松江大米"的国家地理标志产品建设;王婉是上海良元稻米产业联合体的掌门人,通过发展订单农业、实施"定制收益""分红收益"等制度,增加农产品附加值,2022 年带动联合体内成员人均分红 3.2 万元。

此外,值得一提的是,这些被选为"头雁"的"带头人",与前两年的类似项目"菁鹰"计划所选择的对象有很强的重复率。换言之,政府择优选择的"投资"对象,总是集聚在这些"熟悉的面孔"中,既提高了投资的安全性、稳定性,也避免了行政成本的重复投入(比如,在具体的操作过程中,不断去识别"好苗子"这件事本身就会耗费大量的调研精力)。

### (二) 成为"头雁"的好处

在接受调研的 46 名 2022 年首批"头雁"中,从事农业的最长年限已达

29年，平均年限为13.5年。培育对象所在的经营主体大都处于发展壮大期，成立年限平均为12年，超过一半的经营主体近三年经营收入在2 000万元以内，因而对企业发展壮大有强烈的渴望，对培育内容及项目支持有清晰、明确的诉求。问卷调查结果显示，"头雁"项目的培训为这些带头人带去最大的收获主要体现在"学习新理念、新技术，开拓视野"上（76.09%），其次，体现在"社交价值，认识更多同行及行业专家"（19.57%）。但是在访谈中，许多"头雁"则表示，促进同行的交流与合作，是"头雁"项目为他们带来的最大收获。

值得一提的是，通过"头雁"项目，带头人们也切实得到了一系列项目支持和产业扶持。问卷调查结果显示，在培训支持、项目支持、产业扶持、社会保障、金融支持、持续跟踪支持等选项中，有50%的"头雁"认为，"项目支持"最有帮助，其次是"产业扶持"最有帮助（占26.09%）。无论是奖励资金、扶持资金还是土地资源等，许多"头雁"都一定程度上获得了更多的发展资源。比如，松江区指导上海宏烨农机专业合作社成功申报2022年上海市都市现代农业发展专项建设项目，资助资金1 200多万元；截至2023年3月，松江区共成立11个"优质稻米产业化联合体"，其中有四个是来自"头雁"的联合体。金山区以思瑶合作社为核心，联合三家合作社成立了上海金山区番茄研发中心，同时，协调廊下镇政府流转115亩土地用于研发中心建设，并给予思瑶合作社蔬菜加工基地项目扶持资金300万元。可以说，部分"头雁"实实在在得到了政府在项目上、资金上的可观扶持。

除此之外，访谈中许多"头雁"都用"情怀"一词来解释自己从事农业行业。之所以"情怀"被作为一个重要话语，可能很大程度上还是因为农业本身的"边缘性"，没有政府的补贴支持，这几乎是一个很难盈利的行业。"情怀"因此不仅是一个积极的从业意愿解释，也是一个"政治正确"的、易获政府资源倾斜的解释。

### 三、如何评估"头雁"项目的示范引领性？

"头雁"项目的宗旨是通过带头人的示范引领和辐射带动作用，达到"头雁奋飞雁阵随"和产业兴旺发达的大目标。按照"头雁"项目的目标设置，市、区、街镇农业农村部门积极组织"头雁"通过直接带动、服务拉动和辐射联动的方式联农带农、兴农富农。然而评估"带动性"或者"示范引领性"本身并没有准确严格的一套指标，只能简单地通过"累计带动农户增收的户数、增加农户就业的人数"这些指标进行评估。也正是因为这些尚未明确的评估标准，在项目推进过程中，可能会因为"小目标"模糊而无法清晰地评判项目整体效果，也很难为未来改进提出切实可行的措施。

在直接带动方面，根据跟踪问卷的调研结果，67%的"头雁"累计带动100名以上农民增收。服务拉动方面，参与跟踪问卷调研的46名"头雁"均表示自己的经营主体向农户提供了服务，其中服务类型主要以产品营销（89.13%）、技术指导（86.96%）和生产托管（45.65%）为主。在辐射联动方面，随着农业产业化联合体建设的逐步深化，部分区实现优势资源整合、产业链条延长、共同品牌创建等，被认为是推动了农民增收致富的联动表现。例如，松江区就积极推动建设优质稻米产业化联合体，实行"六个统一"管理方式。[①]"头雁"项目实施后，松江区优先推荐"头雁"培育对象成为产业化联合体负责人。其中一名"头雁"在访谈中表示自己2021年起负责一家稻米产业化联合体，在培育过程中系统学习了产业化联合体运营过程中所需的法律、财务、项目申报等知识，从而帮助自己更规范和专业地运营了联合体，也更好地落实了松江区关于联合体"六个统一"的要求。松江区还引导"头雁"积极参与"稻菜联盟"建设，由带头合作社对纳入联盟的家庭农场做好秋冬稻茬青菜销售的兜底工作，以每斤最低0.75元的价格进行收购，提高农民收入。

## 第三节 关于典型示范作用的反思

自集体时代以来，树立典型就是国家治理中非常重要的一种策略。因

---

① 即统一生产管理、统一生产标准、统一主打品牌、统一包装设计、统一销售价格、统一利益分配。

此，政府一直都在推行各种"模范"和"示范"，通过树立典型来形成影响力，来推动某些价值理念、某些行为、某些模式，等等。同样，"头雁"项目所采取的也是这种树立典型的方式，以之促进乡村产业的发展。产业的发展程度可以从经济规模、增长率、产值、技术创新、国际竞争力、人力资源情况等各个方面进行评估。然而，这些被推举为典型的"头雁"，在成为"头雁"的前后，其所在经营主体在这些方面到底有哪些显著的变化，对周边的其他经营主体或农户都有哪些实质性的影响，一定程度上，都是模糊的。换言之，得到更多"资源"和更多"支持"的"头雁"，能否真正起到所谓的"带头"作用，抑或只是作为可以被当作政府优秀"业绩"来宣传的"典型案例"，事实上仍然是未知数。但不可否认的是，在优绩主义价值观的选择标准下，也许"带头人"是否真能"带头"并非政府真正关心的问题，作为一个优秀的"典型"，其宣传价值才是最核心的价值。树立典型与示范，如果未能有更精确的评估标准，实际上，最终可能只是沦为一个形象工程而已。正如刘林平和万向东的研究所指出的，"树典型"在实际操作过程中存在的弊病包括"由于典型不够典型，总需要给典型提供种种优惠条件以便成为典型；或者由于典型不够典型，培养也来不及或做不到，就总结、拔高典型，造成假大空；或者由于典型已成为典型，就需要维护，放弃对典型的批评、监督，使典型往往走向反面以及用强制的办法普遍推广典型，造成社会的单一和呆板，甚至用典型来要求其他的非典型而实际做不到，等等。"[①]在这个意义上，典型也许应该是已经存在的，政府只是将其"找到"并呈现于大众视野中，通过宣传使其发挥模范作用，而不应该是通过大量的投资进行堆砌，使之成为典型。二者的差异，实际上便是内生动力与可持续发展的问题。

---

[①] 刘林平、万向东：《论"树典型"——对一种计划经济体制下政府行为模式的社会学研究》，《中山大学学报（社会科学版）》2000年第3期。

# 第十章 培育新型职业农民的机制及其问题

培育新型职业农民被认为是实施乡村振兴战略非常重要的一项工作。自古以来,农民这一概念在我国都不仅仅是一个"职业"概念,更是一个"身份"概念。尤其是,随着1958年开始实施的户口制度的强化,更是进一步明确区分了农民与城市居民之间在资源享有上的差异,比如养老、教育就业、医疗保健等方面。而新型职业农民的培育,则标志着农民由"身份型向职业型转变"。[①] 这一身份的转型,既是回应农村人口大量向城市转移,农业生产逐步向专业化、规模化转型的需求,也是农民作为农业生产者逐渐提升其生产能力,实现职业身份升级的需要。本章将聚焦上海是如何定义"新型职业农民"的,在新型职业农民的培训上,又是如何着力的。在此基础上,本章旨在探讨农民职业化道路的困境与挑战。

## 第一节 何为"新型职业农民"?

从政府政策层面来看,"新型职业农民"概念的内涵一直在不断丰富和发展。2005年《中共中央关于制定国民经济和社会发展第十一个五年规划的建议》中首次提出"培养有文化、懂技术、会经营的新型农民,提高农民的整体素质,通过农民辛勤劳动和国家政策扶持,明显改善广大农村的生产生

---

[①] 刘家斌、王娟:《论新型职业农民培育在全面乡村振兴中的关键性作用》,《农业经济》2022年第8期。

活条件和整体面貌"。接着,2005年底,农业部在《关于实施农村实用人才培养"百万中专生计划"的意见》中首次提出培养"职业农民"。该文件指出,农村实用人才培养"百万中专生计划"的培养对象是:农村劳动力中具有初中(或相当于初中)及以上文化程度,从事农业生产、经营、服务以及农村经济社会发展等领域的职业农民。这是国家层面第一次提出培养职业农民。[1] 2012年中央一号文件中"新型农民"被"新型职业农民"所代替,明确提出"大力培育新型职业农民",为农业现代化发展培养一大批农村发展带头人、农村技能服务型人才、农村生产经营型人才等农村实用人才。[2] 2015年,为了落实《农村实用人才和农业科技人才队伍建设中长期规划(2010—2020年)》中期部署,农业部又发布了《农业部关于统筹开展新型职业农民和农村实用人才认定工作的通知》(农人发〔2015〕3号),全面推进以新型职业农民为重点的农村实用人才认定管理,积极推动财政补贴资金、示范推广项目、土地流转政策、金融信贷支持等与认定工作挂钩、向高素质生产经营者倾斜的政策。2017年1月9日,农业部出台《"十三五"全国新型职业农民培育发展规划》,指出"新型职业农民是以农业为职业、具有相应的专业技能、收入主要来自农业生产经营并达到相当水平的现代农业从业者"。2018年的中央一号文件再次强调"大力培育新型职业农民"。2018年,中共中央、国务院印发了《乡村振兴战略规划(2018—2022年)》,其中第三十二章第一节提及"培育新型职业农民",并对培育目标和培育方式作出说明:"全面建立职业农民制度,培养新一代爱农业、懂技术、善经营的新型职业农民,优化农业从业者结构。实施新型职业农民培育工程,支持新型职业农民通过弹性学制参加中高等农业职业教育。创新培训组织形式,探索田间课堂、网络教室等培训方式,支持农民专业合作社、专业技术协会、龙头企业等主体承担培训。鼓励各地开展职业农民职称评定试点。引导符合条件的新型职业农民参加城镇职工养老、医疗等社会保障制度。"2019年中央一号文件

---

[1] 郭智奇等:《培育新型职业农民问题的研究》,《中国职业技术教育》2012年第15期。
[2] 童洁、李宏伟、屈锡华:《我国新型职业农民培育的方向与支持体系构建》,《财经问题研究》2015年第4期。

则指出:"实施新型职业农民培育工程,培养懂农业、爱农村、爱农民'三农'工作队伍。"由此可见,职业农民对推进乡村振兴工作似乎意义重大。

从某种程度上来说,农民职业化是逐步把农业生产和生活相分离,经营农业和营生相分离,使劳动主体由传统农民向职业农民转变的过程。[1] 但是,所谓的"新型",新在何处,不同学者从定义、特征和内涵等方面进行了概念界定。一些学者将"新型职业农民"界定为:从事农业生产经营作为自身职业的人员,具有较高的科技文化素质、专业生产技能和职业道德素养,具有较强的自我发展能力和市场竞争意识,具有稳定的工作岗位和收入来源。[2] 还有一些学者认为"新型职业农民"除了符合农民的一般条件,还必须具备市场主体、高度的稳定性、高度的社会责任感和现代责任观念这三个条件。[3] 朱启臻等人认为,新型职业农民应是"以农业为职业,具有较高素质和一定专业技能,且收入主要来自农业生产和经营的现代农业从业者",其本质仍属于农民,"既不是靠工资收入的农业工人,也不是凭借资本获得收入的农业投资人或农业企业管理者"。[4] 陈正华认为,农民职业化指的是,对农业从业人员进行"产业化经营、专业化分工、职业化发展,从而使农业从业者可以更好地适应乡村振兴视域下农业产业的规模化、市场化发展"。[5] 李文学总结出职业农民的内涵,认为新型职业农民应有四个特质:一是全职务农;二是高素质;三是高收入;四是获得社会尊重。[6] 总的来看,这些定义都赋予"农民"这一概念一些新的内涵,以此区别于传统农民。然而在实操层面上,各地对培育新型职业农民开出的良方,却主要围绕着各类与发展农业相关的技能或者能力的培训工作展开,各地政府都以每年培育了多少名新型职业农民为这项工作的主要定量目标。

---

[1] 洪仁彪、张忠明:《农民职业化的国际经验与启示》,《农业经济问题》2013年第5期。
[2] 郭智奇等:《培育新型职业农民问题的研究》,《中国职业技术教育》2012年第15期。
[3] 朱启臻、闻静超:《论新型职业农民及其培育》,《农业工程》2012年第3期。
[4] 朱启臻、胡方萌:《新型职业农民生成环境的几个问题》,《中国农村经济》2016年第10期。
[5] 陈正华:《新型职业农民培训理论与机制》,《高等农业教育》2013年第5期。
[6] 李文学:《新型职业农民须具有四大特质》,《农村工作通讯》2012年第7期。

## 第二节 我国新型职业农民发展情况的相关研究

自2012年以来,新型职业农民这一概念逐渐进入学术界的研究视野,并逐年增多。从2023年10月17日在"中国知网"的搜索结果看,以"新型职业农民"为主题的学术论文就有6 502篇之多,所涉及的主题与研究视角也非常多。其中,包括对新型职业农民内涵及特征的研究;对新型职业农民培育的模式、策略及意义的研究;对新型职业农民发展所遇困境的研究;国外关于新型职业农民的培育经验的研究等。前文我们已经对新型职业农民的内涵与特征进行了整理,下文将简要总结以下几个方面的主要研究:新型职业农民培育的模式、策略及意义,国外关于新型职业农民的培育经验以及新型职业农民发展所遇的困境。

### 一、新型职业农民培育模式的相关研究

自2012年国家提出培育"新型职业农民"的目标以来,近年来在各个方面都做了许多推进工作,其核心工作主要体现在对新型职业农民的培育上。如上文提及,从2023年10月17日在"中国知网"的搜索结果看,以"新型职业农民"为主题的学术论文有6 502篇,其中以"新型职业农民教育"为主题的学术论文有1 994篇,以"新型职业农民培训"为主题的学术论文有1 796篇,以"新型职业农民培养"为主题的学术论文有831篇。[①] 由此可见,新型职业农民的培育是该议题最重要的研究方向之一。

培育新型职业农民作为为乡村振兴战略提供人才支撑的重要手段,近年来,全国各地都在积极探索与之有关的途径和模式。以下是《农民日报》发布的各地在实践过程中总结出的典型培育模式:农民田间学校培训模式、现场传导型培训模式、典型示范型培训模式、媒体传播型培训模式等。此

---

① https://www-cnki2.xstsg.top/kns8/defaultresult/index,访问日期:2023年10月17日。

外,各地根据地方特色和实际发展需要,积极探索新型职业农民的培养途径,例如,河北省近两年就形成并完善了"资质准入""校村合作""工学结合""写实性考核评价""经费奖补""动态管理"等新型职业农民培养模式。[①]

此外,赵帮宏等人的研究指出我国现有新型职业农民培训模式可以分为"三类十一型"。即按照培训主体的不同可以将之分为政府主导类、政企配合类和市场运作类三类模式。其中,政府主导类包括政府工程型、院校培育型、远程教育型、创业扶持型和文化活动型五种;政企配合类包括园区依托型、推广服务型、科研项目型和科技示范型四种;市场运作类包括合作组织型、产业促进型两种。三类模式在模式内涵、培训目标、培训主体、培训对象、培训内容、培训保障、模式优点和模式缺点等方面均表现出不同的特征。[②] 还有研究将我国新型职业农民的培育模式概括为政府工程模式、院校培育模式、远程教育模式、合作组织模式和推行服务模式。[③] 这些培训模式在各地的实践经验也形成了许多有启示性的典型案例。

## 二、新型职业农民发展所遇常见困境

当前研究表明,新型职业农民虽然人数不断增加,队伍不断庞大,但是作为职业身份,"新型职业农民"这一称谓对农民增收、农业发展的积极影响却还有待挖掘。全国各地在新型职业农民的发展与培育上都出现了一些普遍的问题。

首先,农民的主体意识淡薄,寻求在农业上发展的内驱力不强。比如,钟光荣指出:"由于农业生产周期较长,农业收益见效慢,愿意从事农业生产的人少,农民主动学习农业知识和参加农业技能培训的意愿不强,农户困于理论知识转化能力较弱的瓶颈,缺乏转变为新型职业农民的主体意识,主动

---

[①] 中华人民共和国农业农村部:如何培养新型职业农民?河北探索出六大模式,2018-10-19,http://www.moa.gov.cn/xw/qg/201810/t20181019_6161115.htm. 2022-06-21.
[②] 赵帮宏、张亮、张润清:《我国新型职业农民培训模式的选择》,《高等农业教育》2013年第4期。
[③] 蔡云凤、闫志利:《中外新型职业农民培育模式比较研究》,《教育探索》2014年第3期。

参与新型职业农民建设的意愿不强。"①同时，由于新型职业农民内涵不清、认同不足，农民自身的发展动力并不强。当前，大多数人对于职业农民的职业性、市场化等核心特征的认识还很模糊，依旧与传统农民身份相挂钩，因此也留下了对农业生产条件艰苦、投入效益低下和发展前景暗淡等方面的认知，导致大多数人对于农业行业存在偏见，劳动力在从业选择上的倾向也不足。

其次，各类扶持政策的出台和实施往往职责边界不清，未能形成合力，导致降低了其实施效率和支持效果。②虽然各级政府已出台一系列的相关政策，但是针对职业农民的培育议题仍涉及较少且不够明确，目前的激励措施有效性不足，应加强政策研究，探究能够将有限资源点对点输送到实际职业农民手中的方式，避免输送过程的程序复杂和资源浪费。应对不同场域和角色中的从业人员形成广泛的政策吸引力，激发其生产动力。比如，罗昊的研究发现，由于地方政府通过行政主导的方式大力整合财政项目和土地资源，致力于引进掌握着大量资金的涉农企业和城市工商资本，形成了"帮能"而非"帮弱"的培育思路。这种培育思路对于年轻的新型职业农民并不友好。按照"帮能"逻辑，地方政府的主要注意力集中在那些先进示范单位以及少数处于核心地位的青年职业农民当中，绝大多数的青年职业农民仅能享受到小部分的政策扶持，不利于青年职业农民的成长与发展。③

再次，在资质认定上，大多数新型职业农民获职称级别较低，或尚未获得相关的国家职业资格证书。农业农村部科技教育司、中央农业广播电视学校的相关报告表明，截至2019年，我国的新型职业农民队伍中，高素质职业农民中取得农民技术人员职称的人数占比为16.24%，取得农民技术员职称的人数占比为11.42%，取得农民高级技师职称的人数仅有1.23%，大部分取得的都是初级职称，取得高级职称的占比很小。全国范围内取得各

---

① 钟光荣：《乡村振兴战略下新型职业农民培育的困境与出路》，《现代农业科技》2018年第2期。
② 同上。
③ 罗昊：《组织性依附：青年职业农民自我发展的实践困境及其策略建构》，《中国青年研究》2023年第6期。

类国家职业资格证书的新型职业农民的人数占比为11.58%,88.42%的新型职业农民尚未获得相关的国家职业资格证书。① 此外,现阶段我国超过一半以上的新型职业农民是规模经营农户,至2019年全国平均有51.18%的高素质新型职业农民是以商品化经营为主的规模农业经营户,平均有37.26%的高素质新型职业农民土地经营规模在100亩以上。②

最后,新型职业农民培育的发展目标和方向依然不是很清晰,部分地方片面地以统计学意义上的数量作为指标,偏离高质量发展的目标。表现为,第一,农村职业教育机构的"离农"倾向较为突出,其课程、专业无法满足新型职业农民培育的需求,在一定程度上导致了新型职业农民培育目标的混乱。第二,农村职业教育机构开展的农民培训比较多,但均是以推进农民输出为目标,真正涉及农业生产、经营和管理方面的培训并不多。第三,在实践中,很多农村职业教育机构开展的新型职业农民培训,其课程、专业和教学目标还是停留在对农业生产阶段的培训,对于农产品加工、经营和管理等方面的知识、技能传递不够,无法满足新型职业农民培育的整体性需求。③

总体而言,这些研究更多是从"应用性"层面对新型职业农民的培育进行了描述、分析与总结,但是,对其更深层次的实践机制却鲜有探讨。正如朱启臻和胡方萌的研究指出,新型职业农民不是自然而然就可以形成的,而是需要在有利的土地制度、农业组织制度、政府的支持与服务以及农民教育制度等要素构成的有利环境下才能产生。④ 因此,下文将以上海的新型职业农民培育为案例,尝试探讨对新型职业农民进行培育的地方实践机制。

---

① 农业农村部科技教育司、中央农业广播电视学校:《2020年全国高素质农民发展报告》,中国农业出版社2021年版,第9页。
② 农业农村部科技教育司、中央农业广播电视学校:《2020年全国高素质农民发展报告》,中国农业出版社2021年版,第15页。
③ 孔韬:《乡村振兴战略背景下新型职业农民培育的困境与出路》,《中国职业技术教育》2019年第6期。
④ 朱启臻、胡方萌:《新型职业农民生成环境的几个问题》,《中国农村经济》2016年第9期。

## 第三节　政府视角下上海市新型职业农民培育的基本情况

近年来,上海陆续印发了《上海市新型职业农民培育实施意见》《上海市新型职业农民认定管理办法(试行)》(沪农委〔2015〕199号)等文件,建立了所谓的"市区农业部门牵头,各级农广校为主,农业院校、农民合作社等各类市场主体参与,上下联动、多方发力的工作机制"。[①] 新型职业农民培育被视为上海农村人才队伍培养的重要组成部分,本节主要基于政府各类相关报告、规定来总结上海市新型职业农民培育的基本情况。

### 一、新型职业农民的分类与培训机制

2015年《上海市新型职业农民认定管理办法(试行)》(沪农委〔2015〕199号)中,对新型职业农民的类型、基本条件、培训内容、培训负责部门、资质认定管理、相关的政策扶持体系等都进行了规定。这一管理办法一直沿用至2020年。虽然2020年开始,"新型职业农民"概念被"高素质农民"概念所取代,但是从具体的工作内容来看,实际差别不大。上海将新型职业农民认定类型分为:生产经营型、专业技能型和社会服务型。

(1) 生产经营型职业农民是指以农业为职业,占有一定的资源、拥有一定的专业技能、有一定的资金投入能力、收入主要来自农业的现代农业从业者。主要是家庭农场经营者、农民专业合作社带头人、农业企业负责人等。

(2) 专业技能型职业农民是指在农民专业合作社、家庭农场、农业企业、专业大户等新型农业生产经营主体中较为稳定地从事农业劳动作业,并以此为主要收入来源,具有一定专业技能的农业劳动者。主要

---

① 上海市农业农村委员会:《上海农业农村人才发展报告》,2018年。

是农业工人、农业雇员等。

（3）社会服务型职业农民是指在社会化服务组织中或以个体形式直接从事农业产前、产中、产后服务，并以此为主要收入来源，具有相应服务能力的农业社会化服务人员。主要是农村信息员、农村经纪人、农机服务人员、统防统治植保员、村级动物防疫员、农产品安全监管员、农业技术指导员、农资营销员等农业社会化服务人员。

其中，"生产经营型"新型职业农民是指全能型、典型的职业农民，是现代农业中的"白领"，而"专业技能型"和"社会服务型"新型职业农民是指现代农业中的"蓝领"，他们是"生产经营型"新型职业农民的主要依靠力量，是现代农业不可或缺的骨干农民。

近年来，上海每年都将新型职业农民培训作为促进就业水平，提高农民综合素质、生产技能和经营能力的重要例行项目，每年都有几千名新型职业农民得到培训以及身份认定。比如，2021年培育了新型职业农民2 075人，2022年1 858人。截至2022年底，上海已经培育了2.6万余名新型职业农民。

## 二、新型职业农民培训的资金来源与社会福利保障

### （一）资金来源

《上海市财政局贯彻落实〈上海市乡村振兴战略规划(2018—2022年)〉的实施意见》中规定，新型职业农民培育工程由农业处、社会保障处和各区级财政部门按照职责分工负责。根据上海市农业委员会2018年发布的《2015—2017年新型职业农民培训专项绩效评价报告》，2015—2017年，新型职业农民培训专项的预算总额为3 299.5万元，项目的费用由市财政全额预算拨款，属于经常性财政预算项目，共认定11 055名新型职业农民。因此，2015—2017年，每位新型职业农民花费的财政资金是2 984.6元。

### （二）相应社会福利保障

截至2021年，上海市80%的涉农区相继出台了针对新型职业农民的参

保缴费补贴政策,每人的补贴标准从700元/月至1500元/月不等。上海市人力资源和社会保障局出台《关于助力全面推进乡村振兴的若干政策措施》,明确动态调整职称评审专业设置,拓展评价范围,畅通新型职业农民、农民合作社、农业社会化服务组织等生产经营主体中农业技术人才的职称申报渠道。完善涉农人才落户政策,将都市现代农业、种业种源纳入全市人才引进重点支持范围,明确农业农村主管部门推荐的重点机构,其具有硕士学位及一年相应工作经历、具有本科及以上学历学位及两年以上相应工作经历、具有一级职业资格(技师)及两年以上相应工作经历的紧缺急需的核心业务骨干,都可以直接引进落户,截至2021年已推荐了两批次共105家用人单位纳入重点机构名单。对于在本市乡镇涉农综合服务机构的农业技术等岗位连续工作满5年的,居转户持证及参保年限可由7年缩短至5年。

### 三、上海新型职业农民发展困境

在调研中发现,生产经营型、社会服务型的新型经营主体对培训的适应性不强。比如,宝山区月浦镇JYQ村的村书记谈到,他是专业农村合作社带头人,每年区里会组织培训,涉及农业种植到管理等各方面内容。村书记兼任合作社负责人,但该村合作社主要种植一点多肉植物,因为从事多肉种植、生产和销售的一家企业并不具有实体运作的能力,因此委托本村进行运营和管理,但相关培训的适用性就不强。而该村从事农业生产的人员几乎没有,因此有关社会服务型职业农民的培训,对他们也不适用。另外,从事农业工作的村委员较为年轻,如崇明HQ村农务专员,本身农业生产的经验就不足,由其进行培训的指导效果当然是大打折扣。

专业技术型培训较精准,其主要培训对象是从事农业生产的农民,在调研中发现,本地家庭农场主,外地承包户等从事农业生产的人员均参加过新型职业农民的培训,而且普遍认为该培训中设置的科学种植等课程非常有用,既提升了他们科学种植的水平,开阔了眼界,也通过标准化流程、个性化服务等帮助他们减轻了农业种植的负担。但是对专业技术人员的培训依然以本地农民为主,而上海大量的外来务农人员,事实上往往是真正意义上的职业农民,却并没有机会接受专业技术的培训,未能获得接受"新型职业农民"培育的资格。值得一提的是,相关研究显示,这些外来务农人员主要依靠手机媒介(比如抖音、微信等)获取更专业、更先进的农业生产知识。①

此外,新型职业农民补贴执行率及精准度不高。上海市80%的涉农区相继出台了新型职业农民的参保缴费补贴,每人补贴标准大多以700元/月不等,而访谈中绝大多数新型职业农民表示均未听说过该补贴,甚至表示根本没有此项补贴。新型职业农民社保补贴知晓度较低,实施力度不大;从补贴的对象来看,以农业种植为主业的承包户为主,他们在缴纳社保上均有难度,却几乎没有享受补贴,补贴的精准度有待提高;此项补贴申请的条件是连续缴纳社保一年,同时是家庭农场经营者,但大多数新型职业农民为了节省开支,往往自己交"农保",所以倘若全市涉农区均按此条件,那么绝大多数新型职业农民应不具备申请条件。

## 第四节 世界部分发达国家农民的职业化道路

农民职业化进程是指农民从传统的农业生产方式转变为专业化、现代化的农业生产方式的过程。核心是农业生产和生活相分离,经营农业和营生相分离,劳动主体由传统农民向职业农民转变。② 近一个世纪以来,农民职业化几乎是世界上大多数国家的常见发展趋势,随着小农户农业生产活动的社会化和经营产品的市场化,他们不再仅仅为满足家庭成员食物消费需要而劳作,而是面向社会化、市场化甚至国际化的农业进行生产经营活动,这些都不断倒逼农民实现职业化。③ 换言之,农业已经不再局限于以维持家户"生计"为目的,而越来越趋于产业化发展。在这一发展趋势之下,各

---

① 祝进进:《走出田野:"农民农"日常生活中的手机实践——以江苏省常熟市为例》,硕士学位论文,安徽大学,2022年。
② 洪仁彪、张忠明:《农民职业化的国际经验与启示》,《农业经济问题》2013年第5期。
③ 左停、马泽乔、徐卫周:《现代化愿景下提升中国农业农民职业化水平研究》,《江苏社会科学》2023年第4期。

国在农民职业化的道路上都做了许多相应的法规政策进行引导和支持。

## 一、英国

英国的农民职业化模式以"农场主+职业经理人"为主。[①] 社会组织是农民学习与实践的场所,农业大学是农业知识教授和农业技术研究的主体,政府是财政补贴和农产品价格调控的管理者。[②] 职业农民通常具备职业资格证书,了解农业政策,定期参加各类农业培训,不断更新农业生产新知识和新技术等特征。

第一,政府通过农业补贴引导农场规模化。在农业现代化初期,为发挥规模效益,英国政府颁布了鼓励转向大型化、规模化农场发展的相关法令,对愿意合并的小农场提供50%所需费用,对愿意放弃经营的小农场提供2000英镑以下补贴或领取终生养老金。[③]

第二,制定法律贯彻农民培训。英国早在1967年就颁布了《农业教育法令》,号召在农村地区大力开展农业教育。1982年颁布《农业培训局法》,加强农民职业教育与技术培训。1987年设立"国家培训奖",奖励在农业技术培训工作中成绩突出的机构。1982年颁布《农业培训局法》,规定实施"技术与职业教育计划"等专项政策。[④] 此外,相关政策规定70%农民培训经费由政府财政提供,并在培训期间给予农民一定工资补助,有效减轻农场主的经济负担。[⑤]

第三,建立分离的职业学历教育和职业资格证书体系。为满足大规模经营对农业技术的要求,英国政府逐渐建立起完善的农民职业教育体系。在学历教育方面,英国将正规教育与业余培训相结合,以农业培训网为主

---

[①] 张辉、崔泽民、宋玮等:《英国现代农业发展的启示与建议》,《中国农业资源与区划》2016年第4期。
[②] 查明建、高健、李冠杰:《现代职业农民培养的英国经验》,《中国职业技术教育》2015年第10期。
[③] 丁关良:《国外农用土地流转法律制度对中国土地承包经营权流转的启示》,《世界农业》2010年第8期。
[④] 左停、马泽乔、徐卫周:《现代化愿景下提升中国农业农民职业化水平研究》,《江苏社会科学》2023年第4期。
[⑤] 查明建、高健、李冠杰:《现代职业农民培养的英国经验》,《中国职业技术教育》2015年第10期。

体,高校、科研与咨询机构为辅助,形成高、中、初三个教育层次。在职业资格证书方面,共有农业职业培训证书和技术教育证书两大系列,分别细化为11种和4种培训科目和门类。此外,英国成立专门的职业资格评审委员会,专门负责证书发放,只有考试合格后才发放相应的国家职业资格证书。[1]

第四,通过社会组织提升农民职业认同感。英国现代职业农民的一大特色在于形成独特的社会组织形式,随着农业人口流失,如何吸引新生力量成为重要问题,而通过职业农民的各类社会组织促进职业农民群体的主体性则是重要的手段。比如,英国青年农民俱乐部是最大的乡村青年组织之一,具有超过2.2万名的成员和598个俱乐部,旨在帮助在农村工作并对农村感兴趣的年轻人。[2] 该组织定期组织竞赛和活动项目,涵盖农业、运动、社区志愿服务、环境等领域,通过共同社会关系的实时交流,加强对农民职业的认同感,提升农民专业素养。

通过上述这些手段,英国农民的职业化达到了很高的水平,而"农民"作为一种职业,无论是在经济收益上还是在社会地位上,也都受到社会普遍的尊重。

## 二、法国

法国农民的职业化模式主要是"农业合作社+家庭农场"。政府通过推动土地集中、推广农业科技、培育新型职业农民等一系列农业现代化政策来促进职业农民的发展,提高职业农民的素质。

第一,法国政府通过农业政策培育大农户并为其提供立法保障和资金支持。自20世纪50年代开始,法国政府成立公司专门从事农村土地购销,从不愿务农的私人农民手中购得土地并低价卖给中等规模经营的农民;给予55岁以上的离农农场主"离农退休补贴",为离农青年提供奖励性赔偿和补助,引导其到第二、三产业就业。[3] 为了使小农适应大规模生产,政府积极

---

[1] 姚修杰、陶庆华:《发达国家如何培养新型职业农民》,《中国人才》2018年第6期。
[2] 英国青年农民俱乐部,https://www.nfyfc.org.uk/。
[3] 洪仁彪、张忠明:《农民职业化的国际经验与启示》,《农业经济问题》2013年第5期。

推动农业合作社和农业协会建设,为农民提供专业化教育培训。1960年颁布《农业教育指导法案》,每年投入大量经费支持农业教育发展,用于农民就业前后的培训和培训补助等。[①]

第二,法国制定了严格的农民职业化资格制度。在农业就业人口急剧减少后,农民素质与农业现代化发展出现不匹配,法国政府实行严格的职业资格证书制度,制定农业生产经营领域职业农民的技术标准。农民必须接受职业教育并取得相关证书经营农场,才能享受国家农业财政补贴和优惠贷款等政策。职业资格的获得需经主管部门负责人、企业家、学校教师组成的评委会审核,考察农、林、园艺等技能,以及环境保护、绿色食品、生态农业等知识。[②] 通过这些严格的资格门槛,一方面确保了农业生产水平的提升,一方面也为农民这一职业提升了专业性与社会认可度。

第三,建立配套的农业教育体系。农民根据实际生产需求每年要接受两周的农业科技培训。农业推广机构、高校和科研院、农商合作社针对农民、技师、科研人员等不同对象的差异化培养需求,进行有针对性的教学培育。培训内容不仅重视实践能力的培养,而且注重提高农业经营者的生产技术和市场经营管理能力。以2017年为例,有三分之一的法国农业部财政预算是用于农民职业教育的,而在1975年到2015年,接受农业培训的人群增长了70%。[③]

### 三、美国

美国的农民职业化模式主要是"家庭农场主+农业企业",其中市场主要负责劳动力的转移调节,政府主要负责提供农民教育培训、农技推广等准公共产品。[④]

第一,完善的农业科教体系。在城镇化、工业化发展推动农村劳动力转

---

[①] 刘益真:《发达国家新型职业农民培育经验及其启示》,《合作经济与科技》2017年第6期。
[②] 李环环、牛晓静:《法国农民职业培训体系对我国的启示》,《中国成人教育》2017年第1期。
[③] 周洁红、魏珂:《发达国家职业农民培育政策的演变及启示》,《农业经济问题》2019年第8期。
[④] 同上。

移、土地集中、大规模农场数量迅速增加的背景下,提高农民素质成为核心任务。联邦政府及州政府提供土地建农业学校,通过赠地给大学来敦促大学教授养殖技术、农机作业、农场管理等农技知识,安排农业实践。[①] 美国政府相继在1862、1914、1917、1963、1997年通过《莫雷尔法》《史密斯·利费农业推广法》《史密斯·休士法案》《职业教育法》《哈奇法》等一系列法规促进农业教育;1962、1964年颁布的《人力开发和培训法》《经济机会法》明确规定开设农业培训班,提升农业教育发展水平。[②] 早在1934年,美国就通过《乔治-埃雷尔法案》,明确联邦政府应当拨款1 400万美元以维持州农工学院的正常运作。[③] 此后,农业教育、科研和推广逐渐成为农民职业化的重要背景,20世纪30—70年代,相关经费投入促使农产品增产81%、生产效率提高71%。[④] 总体而言,美国职业农民培育的核心是其完善的农业教育、科研、推广三位一体的农业科教体系。农民教育培训主要由公立学校、社区大学、农学院及农场协会负责,各州县也会在农闲时安排相应的培训课程;农业科研由农学院、各州县建立的试验站共同负责,并在各地区设分支机构,结合当地的生产课题进行研究;美国的科研和农业技术推广经费都由联邦和州政府承担和资助,而通过建立完善的农业技术推广机构,农业科技成果可以及时有效地传递和推广到农民,使之受益。[⑤]

第二,建立支持农民经营的保障体系。随着市场竞争加剧,农业经营所需的知识技能和经营场景更加复杂。因此,政府在推动农民培训多样化的同时,内容逐渐从生产技术转向经营管理技能的培训。美国农业部当地办公室、自然资源保护局则为农场主提供免费的技术援助,比如资源评估、商

---

[①] Croft, Genevieve K., "The US land-grant university system: An overview." CRS Report 45897 (2019).
[②] 杨柳、杨帆、蒙生儒:《美国新型职业农民培育经验与启示》,《农业经济问题》2019年第6期。
[③] USA Senate, Agriculture Reform, Food and Jobs Act of 2013, http://www.ag.senate.gov/issues/farm-bill.
[④] Camp W G. Smith, "Hughes, Page, Prosser," *The Agricultural Education Magazine*, 2017,89(4).
[⑤] 韩娜:《我国新型职业农民培育问题研究》,硕士学位论文,大连海事大学,2013年。

业设计、资源监督等。① 另外，政府还采取财政补贴、金融信贷和农业保险等政策，为弱势小规模家庭农场和新农民提供专项贷款支持，比如进行灾害援助，降低经营风险等方面的支持。

第三，积极培养新型的青年高素质农民。2008 年后，农业出口成为美国经济恢复的主要动力，加之农民老龄化严重，美国以实施"新型青年农民高素质发展计划"来促进农业现代化发展。② 政府提出新农民发展计划，并设立奖学金计划以支持农业专业的学生学习，投入资金培养农村人才，提供特色农作物科研与教育推广经费。③ 此外，美国鼓励各级农业院校在农村和城市成立自己的 4H（Head、Hand、Heart、Health，即清醒的头脑、勤劳的双手、美好的心灵、健康的身体）组织，通过校外实践活动，帮助广大有志于农业的青年，提升种养技术，并培养浓厚的从事农艺活动的兴趣。④

## 四、日本

日本的农民职业化模式主要是"小农户＋农业协会"模式。日本坚持立法与教育并重，通过土地立法实现规模经营，通过构建农民职业培训体系、加大扶持力度等方式，实现农民职业化。⑤

第一，在政策法律方面，日本政府自明治维新以来充分利用政策的多维运作空间，制定有关"三农"的法律法规，有针对性地对农民职业培育的内容、机构、方式等做出相关规定，为职业农民培育提供了相对完善的法律保障。

第二，积极培育规模经营的主体。日本政府通过立法重点推动土地的合理流动，扩大农业经营规模，实施农地集中，鼓励小农户流转自有土地，转向非农产业。在实现农地集中化后，日本政府于 1992 年颁布《新食料、农

---

① USAD, https://newfarmers.usda.gov/risk-management, 2018.
② 李国祥、杨正周:《美国培养新型职业农民政策及启示》,《农业经济问题》2013 年第 5 期。
③ 孟飒、豆志杰:《美国日本和德国职业农民培育经验与启示》,《农业与技术》2021 年第 13 期。
④ Worker S. M., "Development of an Artifact-Based Evaluation Framework for Assessing 4‐H Learner Outcomes", *Journal of Extension*, 2019,57(1).
⑤ 汤璎芷:《乡村振兴背景下新型职业农民能力培养策略分析》,《农村经济与科技》2022 年第 6 期。

业、农村政策的方向》，培育和扶持大型农业经营体，鼓励新型农业经营主体带头创办专业化农业合作经济组织，实行农业产供销一体化，为农民提供良种培育、种养殖指导、营销帮助等多方面服务。[①] 2016 年，日本制定《农业竞争力强化计划》，以提高新型务农者的农业经营能力。[②]

第三，完善的农业教育体系。目前日本农业教育已形成了五个层次，由高到低依次为大学本科教育、农业大学校教育、农业高等学校教育、就农准备校教育和农业指导士教育。农民培训由国家统筹规划，教育系统为农民培训的主体，农业改良普及事业系统为辅助。重视发挥农协的作用，依托农协资源为农民提供指导，开办农业人才培训讲习班。在人员培训方面，日本为培育职业农民，搭建起由文部省、农林水产省和地方农业技术普及中心等共同参与的、较为健全的培训部门，有利于职业农民培训部门间的有效运转，从而培育出适应现代化农业发展的高素质职业农民。并且日本在职业农民培育过程中，注重塑造专业化的培育师资，以此来优化职业农民人才队伍。[③]在经费投入上，日本政府从中央到地方道府县都对农业教育事业给予扶持，注重多类别的经费投入，从多方面对培育职业农民给予经费支持。

综上所述，近代以来这些发达国家的农民职业化通常伴随着农业规模化经营、农业技术更新、农民职业素养提高，并且政府、市场、社会组织都以不同程度参与其中。总体上来讲，农民的职业化道路往往呈现以下趋势与特征：一是发展方向趋于一体化，职业农民的培育任务往往会融合到农业整体的发展布局中。二是以培训作为构建高质量农民队伍的手段，培训主体及其渠道多元化，培训形式更灵活多样。三是法规政策的推动和支撑作用不断加强，立法内容不断完善，培训体制和受训者权利得到更多的立法保障。

---

① 杨月琴：《日本农业经营主体培育的政策调整及其启示》，《农家参谋》2019 年第 1 期。
② 王琪：《国外新型职业农民培育模式经验与启示》，《山西农经》2023 年第 7 期。
③ 费娜、魏红：《日本职业农民培育的经验及启示》，《当代职业教育》2018 年第 4 期。

## 第五节 "新型职业农民培育"中政府主导的不可行性

从政策制定与执行层面来看,杨健、李增元的研究非常有洞察力地指出,有效推进新型职业农民发展战略,不仅需要重点落实扶持新型职业农民发展的专项性政策,还需要涉农财政政策、农业机械化建设政策、农业产业扶持政策、农业职业教育政策、规模经营补贴政策和城乡社会保障政策等多项政策进行协调配合和互动实施。其他涉农政策对于新型职业农民专项政策来说,是一种"助推政策"。其他涉农政策虽有支持新型职业农民发展的相关内容,但对于新型职业农民发展问题已进行了"策略转化",在文件内容上较少直接提及具体策略,这就导致新型职业农民专项政策难以与其他涉农政策进行良好的衔接,反而产生了政策互动的"真空地带"。当其他涉农政策未能有效衔接新型职业农民专项政策,就会导致新型职业农民专项政策被束之高阁,制约新型职业农民发展。[1] 朱启臻、胡方萌的研究也指出,为了促进新型职业农民的生成,我国至少需要完善四个要素:"引导土地流转以解决新型职业农民规模经营问题;创新农业组织形式以解决新型职业农民载体问题;完善政府对农业的支持与保护制度以解决农民收入问题;发展农民教育以解决农民素质问题。"[2]

这些观点无一例外都在试图从"政府主导"的视角下为"新型职业农民"的培育提出解决方案。然而,值得强调的是,基层为了完成"培育新型职业农民"的任务,往往将这项工作过度"数字化",而不注重对其实质性价值与意义的评估。我们在当前政府针对新型职业农民发展的相关报告中,往往能看到类似的困境总结,比如,认为当前存在的主要问题包括,"农业领域领军型人才匮乏,农业科技创新人才和具有工匠精神的农业高技能人才均比

---

[1] 杨健、李增元:《新型职业农民发展困境:政策约束及内在机理——基于Z市的调查》,《湖北民族大学学报(哲学社会科学版)》2022年第2期。
[2] 朱启臻、胡方萌:《新型职业农民生成环境的几个问题》,《中国农村经济》2016年第10期。

较缺乏,高素质专业技术人才和经营管理人才储备不足,生产一线具有精湛农业生产技艺的乡村实用人才短缺"。基于这种认知,政府往往选择采取以下措施,比如,加大高级人才引进培育、大力加强农业农村人才培育、优化乡村人才发展综合环境等。而政府各类报告中基本以培育新型职业农民的人数、次数等作为重要工作指标,这项工作的实际成效却始终不明确。比如,以一份相关部门的总结报告为例,2020年,"克服新冠肺炎疫情的不利影响,指导各涉农区通过网络授课、田间实训等线上线下结合的形式,因地制宜开展培训项目,有序推进2274名新型职业农民培训工作,超额完成市政府实事工程确定培训2000人的目标。对已就业的农民加强技能培训,促进高质量就业创业,已完成农民非农就业培训9万人次,并累计开展农业实用技术培训3614人、行业示范性培训4766人、单项引导性培训30966人次"。2021年,为加大高素质农民培育力度,"新认定新型职业农民2075名,累计达到2.35万名。将都市现代农业纳入人才引进重点支持产业范围,符合条件的核心业务骨干可直接申办落户"。

  上述这类总结基本呈现了政府在推进"新型职业农民"工作上的具体内容。但是,这些工作的具体成效却往往沦为:基层为了完成这些上级下压的数字指标而"求着村民参加培训"。一些村民表示,他们只是为了"凑数"所以参加培训,实际上培训的内容他们丝毫没有兴趣。也有村民表示,仅仅是为了给村干部一个面子,反正有补贴,所以就去听听,自己并不从事农业。诸如此类的"形式主义"培训课,事实上从各级政府尤其村委会的角度来看,也是"逼不得已"。从村委会层面看,事务性工作数不胜数,各种培训不胜枚举,各类接待应接不暇,要真正为需要接受培训的人提供他们期待的课程,这件事本身就非常有难度。因此,如何让"培育新型农民"成为一个有更高针对性、投入更有效率的发展目标,政府主导也许并不是最佳方案。

# 第十一章　困难就业群体及其就业保障机制

无论国内外，困难群体的就业问题始终是就业问题中最脆弱、最棘手的环节。当前我国学界针对困难就业群体的研究，以关注城镇失业群体或大学生未就业群体为主，对经济较为落后、社会保障水平稍低、文化水平不足的农村群体的就业关注度还不够充分。上海郊区农村虽然相对许多经济欠发达地区有更多的就业机会，但是仍然存在各类就业困难群体，也需要更多的扶持以促进就业。本章将首先对困难就业群体进行一个简单的分类，呈现上海农村就业困难群体的构成，分析该群体所面临的具体困境以及政府已经采取的回应措施。同时，通过总结一些发达国家和地区在解决困难就业群体的就业困境时的经验，进一步探讨如何回应该群体的再就业困境。

## 第一节　就业困难群体的概念界定及人员分类

根据我国《就业促进法》(2015修订版)第六章第五十二条规定，就业困难人员是指"因身体状况等原因难以实现就业，以及连续失业一定时间仍未能实现就业的人员"。就业困难人员的具体范围，由省、自治区、直辖市人民政府根据本行政区域的实际情况规定。因此，不同省份有关就业困难群体的具体对象不尽相同，各级政府都会根据就业以及经济形势的变化不断调整就业困难群体的范围。一般认为，就业困难群体应包括下岗失业工人、农民工、有就业能力的残疾人等。① 如果用主客观原则来界定就业困难群体,那么困难群体应该特指那些主观上有就业意愿,客观上有能力就业并存在就业现实需求,但是无法实现就业的群体。② 换言之,所谓就业困难群体,一般是指那些有就业愿望和劳动能力,在就业过程中处于弱势地位的人群,他们依靠自身的力量或能力无法通过市场实现就业或充分就业,需要国家和社会给予就业支持和帮助。③ 由于就业过程中的不平等和歧视等不同原因,这一就业群体在求职过程和就业过程中容易遭受比一般人更多的挫折和困难。

关于就业困难群体的分类,各类研究侧重点略有不同。比如,一些研究指出,就业困难群体的构成多元,主要包括"4050"下岗人员、夫妇两人下岗或失业、单亲家庭抚养未成年子女、大龄下岗失业人员、退伍军人、现役军人配偶、享受低保且登记失业一年以上的破产企业需要分流安置的职工、长期失业且家庭生活特别困难的下岗失业员工等。④ 一些研究则将就业弱势群体划分为国企改革中下岗的年长劳动力群体、残疾人群体、低学历群体、女性就业群体、进城打工的农民工群体。⑤ 还有一些研究认为就业困难群体主要为"4050"下岗失业人员、"零就业家庭"成员、残疾人群体、女性就业者群体和农民工群体。⑥ 总体而言,常见的就业困难群体的构成基本在一定范围内,主要包括"4050"下岗工人(登记失业大龄人员)、残疾人、享受最低生活保障人员、零就业家庭、农民工、有过犯罪记录的人等。与此同时,这一群体也的确存在一些一目了然的特征:一是年龄偏大。许多农村失业人员为私企破产倒闭或国企改革下岗的年长劳动力群体,年龄大约以40—50岁居多,再就业十分困难。二是身体或心理上面临困难的人群。比如残障人士、长期患有慢性病或大病的人群以及患有心理疾病的人群等。三是文化程度

---

① 杨珏:《城市困难人群就业援助体系研究》,硕士学位论文,苏州大学,2010年。
② 杨德敏:《就业援助法律机制研究》,中国法制出版社2012年版,第173页。
③ 王毅平:《山东省就业困难群体及其社会支持》,《理论学刊》2004年第6期。
④ 同上。
⑤ 汤建光、李江、庄士诚:《就业弱势群体就业问题探索》,《当代财经》2006年第11期。
⑥ 林俊:《就业困难群体职业指导的重要性及其路径选择》,《黑河学院学报》2012年第5期。

较低、专业技能较弱的人群。据调查,在困难就业群体中,初中及以下文化程度的群体占绝大多数,几乎没有受过专门的技能培训,很难适应新时期岗位的用工需求。①四是有过不良记录的人员。他们也是困难就业群体中的重要组成人员。

以上海为例,根据上海市《关于进一步做好本市就业援助工作的若干意见》(沪人社就发〔2016〕54号),上海2022年的"就业困难人员"认定申请条件为:

> 法定劳动年龄段内有一定劳动能力且就业愿望迫切,但因自身就业条件差而难以实现市场化就业,连续处于实际失业状态6个月以上的下列本市户籍人员:(一)大龄失业人员、协保人员、离土农民;(二)零就业家庭成员;(三)低收入困难家庭成员或享受最低生活保障家庭成员;(四)中度及以上残疾、部分丧失劳动能力的人员或一户多残家庭成员;(五)大龄或领取生活费补贴期满的被征地人员;(六)缺乏工作经验,处于实际失业状态一年以上,且经公共就业服务机构服务半年以上,多次推荐就业岗位仍未实现就业的35岁以下青年。(七)刑满释放、戒毒康复等有特殊困难的其他人员。对于不符合上述七种类型规定,愿意到绿化市容、物业管理、涉老服务、邮政快递、养护服务等市政府认定的特定行业相关用人单位以及涉农单位(涉农企业和区县级及以上示范农民合作社)一线非管理类工作岗位就业的本市户籍劳动力,可以申请认定为"特定就业困难人员"。②

简言之,身体、心理、智识上的相对弱势,往往被视为难以对社会做出积极贡献的人群,因此,在人力资源市场中也普遍处于相对边缘的状况。然而这部分人群,无论从社会正义的层面,还是从个体价值或社会价值实现的层

---

① 林俊:《就业困难群体职业指导的重要性及其路径选择》,《黑河学院学报》2012年第5期。
② http://rsj.sh.gov.cn/tzcqd_17752/20220310/t0035_1406286.html。

面,都不应被排除在劳动力市场之外,但他们的就业无疑需要得到更大的社会支持才能实现。

## 第二节 上海农村困难就业群体情况分析

2023年5月1日至5月26日我们在上海9个涉农区、16个镇的72个村庄发放1600份问卷,收回1583份问卷,其中,有效问卷1547份。调研对象男女比例均衡,不同年龄层、不同教育背景的调研对象均有包含。问卷结果显示,超过76%的农民表示没有遇到"想找工作却找不到的情况",但有近24%的农民表示遇到过找不到工作的情况。其中,最主要原因是年龄问题,将近56%的农民表示找不到工作的原因是年龄,其次,也有近39%的农民将找不到工作归因于"村庄附近根本没有工作机会",近33%的农民将找不到工作归因于"缺乏工作所需技能"。从性别看,女性(22%)村民遇到想找但找不到工作情况的比例低于男性(25.7%)村民。由此可见,就业困难对于上海农民来说,仍然是一个重要的问题。下文将首先介绍上海农村困难就业群体的基本构成情况。

### 一、重残无业人员

重残无业者可能是困难就业群体中相对最被边缘化的一个群体。根据上海市的规定,重残无业是指具有本市常住户籍的居民,年满16周岁,被评定为智商IQ值49以下或完全丧失劳动能力,不能通过劳动获取经济收入,生活不能自理,靠亲属或家人照料的无业残疾人。上海自1998年就开始对重残无业人员发放最低生活保障金。2002年,上海市民政局会同市财政局、市残疾人联合会印发《关于将本市重残无业人员生活补助实施归并管理的通知》(沪民救发〔2002〕82号),进一步规范了对重残无业人员的补助与支持,主要体现在,将重残无业人员"纳入定期定量补助对象管理,生活补助标准为低保的1.3倍,同时享受临时价格补贴、粮油帮困、元旦春节帮困等措施"。① 此后，虽然重残无业人员的相关规定也陆续略有改动，但改动幅度都不大。目前的最新版本制定于 2022 年，规定重残无业人员的生活补助一般按照重残无业人员生活补助标准全额发放。对符合领取养老金条件的，按照已领取的养老金低于同期重残无业人员生活补助标准的差额发放生活补助金。《关于印发〈上海市特困人员救助供养实施意见〉的通知》（沪民规〔2022〕4 号）规定，重残无业人员属于特困人员之一，因此每月按时发放的生活补助标准为低保的 1.3 倍，具体数字会根据最低保障金的变化而变化，目前为 1 850 元/月。② 总体上，因病残疾无法就业的人员在上海农村占比明显高于城市，比如 2021 年，上海享受补助的重残无业对象 52 030 人，其中农村 17 378 人，城市 34 652 人。③ 城市约是农村的 2 倍。然而，上海的城市总人口数与农村总人口数相比，远远超过 2 倍。从某种程度上看，这部分人群在基本生活上还是得到了较好的保障，但是，重残无业者参与就业的渠道却仍然非常有限。

## 二、"4050"人员

2001 年上海市在全国率先实施了"4050"工程，通过项目创业方式实现大龄人员再就业；政府出资购买岗位，安置特困人员就业；开放公共实训基地，安置青年就业；开展"万人就业项目"，送政策、送岗位、送技能，通过就业培训、就业补贴、就业咨询等各种方式促进就业；实施"灰领型技能人才培训"，提升产业工人的技能水平；实施职业技能振兴计划，开拓公益性就业岗位，缓解就业压力。相比城镇"4050"人员，农村"4050"失业人员在生存状况和就业方面都明显处于更加弱势的状态，他们往往经济条件相对更差，文化程度相对更低，拥有的就业渠道更窄，风险应对能力更差，就业困难问题非

---

① 上海市民政局：《关于对重残无业人员给予生活补助的通知》政策解读，https://mzj. sh. gov. cn/mz-zcjd/20210726/0dd647fc50ad41ae88a231f18ef78589. html。
② 上海市民政局：《关于调整本市最低生活保障标准及相关社会救助标准的通知》政策解读，https://mzj. sh. gov. cn/zd_jd/20221104/91b0c16d5a664acdb1da4c013d15c629. html。
③ 上海市民政局：《关于对重残无业人员给予生活补助的通知》政策解读，https://mzj. sh. gov. cn/mz-zcjd/20210726/0dd647fc50ad41ae88a231f18ef78589. html。

常突出。上海市"4050"人员来源于上世纪90年代末的下岗潮,当时上海一百万下岗的工人之中,有相当一部分下岗工人的年龄处于"女性40岁,男性50岁"这个阶段,因此也被称为"4050"人员。如果从总的样本来看,"4050"人员约占总失业群体的1/3,与其他年龄段的人相比,"4050"人员往往受教育程度比较低,家庭成分单一,经常被概括为"上有老,下有小,退休尚早,再就业已老"。很多"4050"人员上完小学或初中便辍学打工,受教育水平普遍较低,因此在人力市场中竞争力明显不足,只能从事一些低技能的简单工作。上海针对这一群体也制定了一系列的政策,比如,张兆安主编的《改革开放40年:上海100项首创案例》中就完整介绍了上海"4050"工程的发展历程,将这一工程的实施概括为"一个明确""五人运作机制""三个重点"。①②

### 三、不愿吃苦者

在最低生活保障上,上海农民相对全国其他地区的农民来说已经处于较高的水平;此外,许多农民通过房屋出租、土地出租、集体分红、打零工等渠道,也都有一定的收入来源。因此,许多安于现状或是经济诉求不高的村民,在找工作的过程中,也主要诉求于"清闲、上班地点近、有社保"这几个条件。他们一般期望的工作往往不是体力活,且工作时间不要太长,地点离家近,工资低一点没关系,但是最好有社保,能确保退休后有保障。而对于"高薪资""有前景""有上升空间""工作体面"等方面,则往往没有太高的诉求。

比如,我们的调研对象中有一位26岁的男青年,毕业于上海一个专科学校,大学学的是行政管理专业,毕业后断断续续做过不少工作,但是据他自己说,因为和同事相处问题,或是因为工作地点太远等问题,一直没能长时段地从事一份工作。采访中,他不断跟我们强调,他希望能找到的工作是

---

① 张兆安主编:《改革开放40年:上海100项首创案例》,上海社会科学院出版社2018年版,第339—344页。
② 具体地说,"一个明确"指的是,明确"4050项目"是非正规就业项目。为解决"4050"困难群体的就业问题,上海将目标投向了就业机会潜力巨大、技能要求相对较低、处于非正规状态的社区服务业。"五人运作机制"指的是项目设计人、招标人、执行人、评估人与监督人共同帮助"4050"人员实现再就业和创业。"三个重点"是指开业指导、政策支持和免费培训。

"离家近,工作轻松一点就行",其实一定程度上也代表了这一群体的核心诉求。正如他所说:

> 当时因为也年轻,没有那么多的想法,想随便找一份符合我专业,离家稍微近一点,相对来说比较轻松的工作。因为没那么多的职业规划,所以也没有想很多,想的只是离家近,轻松一点,也没有什么特别的想法。……我倾向于做一些类似敲敲键盘写写字这种文书工作。……因为我是一个上海人,我待在上海,我不需要承担那些外来工作人员所需要承担的生活成本,所以我本身其实没有太大经济压力。

另一个案例也可以说明一些问题,浦东一位 42 岁的黄女士,夫妻二人和儿子、婆婆同住,丈夫有稳定的工作,儿子已经将近成年正在上学,无须太多照顾,婆婆 70 岁出头,也不需照顾。但是黄女士已经在家待业 2 年,基本每个月都有失业保障金可领取,一个月 2 000 多元。因此,在生活上,黄女士没有经济压力,也没有家人的照顾压力,她在选择工作上,也基本以上述几个基本诉求为准。但是得到这样的工作对于黄女士而言,最大的困难就是因为自己"年龄太大"。虽然黄女士只有 42 岁,但是大多数的文职工作或是非体力的工作,都要求 40 岁或 35 岁以下。对于她而言,假如找不到一份超过失业救济金的工作,经济上的确不如在家待业更划算。

### 四、不愿就业者

此外,在我们所调研的村庄中,几乎每个村庄都存在具备就业能力而不愿意就业的村民。这一人群以 30 岁左右为主,通常村干部的解释是,他们不就业往往因为懒惰。比如,嘉定区徐行村村干部高主任提及此类人群时就讲,有些可能出于自身原因,比较喜欢轻松玩乐,也有些就只想找轻松点的工作,但又找不到。何庆兰 2010 年左右关于上海农村的调查就显示,在金山、奉贤等沪郊农村,有劳动能力但怕苦怕累好面子,自称"很难找到合适工作"的高中及以下文化程度的"2030"无业青年,成为非常典型的一类困难就业群体。该群体每村都有,少则2至3人,多则20至30人,是促进就业的最大难点①。

事实上,年轻人拒绝就业的情况在许多发达国家也是常见现象。比如,2014年一项有关日本青年群体就业的研究就显示,日本青年的失业率高于总失业率,比如15—29岁的青年,2005年的失业率达到6%—10%。此外,日本还出现了大量"茧居族",这一群体往往指"平时待在家中,但会去附近便利店""从自己房间出来,但不会出家门""基本上不从自己的房间出去"的年轻人。② 我国近年来在青年群体中也出现"躺平"文化,呈现出青年人放弃劳动,放弃努力向上的态势。从社会学角度来说,不愿就业的农村青年群体,也的确需要我们做更深入的研究。

### 五、就业保障程度低的超龄劳动者

与"不愿就业"的青年群体不同,上海农村还普遍存在一群有强烈就业意愿的老年劳动力。何庆兰在2010年左右的调查显示,许多50到60岁的老年农民劳动就业欲望强烈。他们往往有一定的劳动能力,超过法定劳动年龄,但又暂时无养老保障,这群在家待业的老年农民往往以50—65岁的农村妇女和60—65岁的男性村民为主③。而笔者在2022—2023年的调研中也同样发现,上海农村的低龄老年人(60—70岁)普遍有强烈的就业意愿,但与此同时,这一群体的就业也普遍存在一定程度的就业风险。如第四章谈到的,这些低龄老年人不仅实际上构成了上海农村的主要劳动力,而且对上海农业的发展起到非常重要的作用,但却大多被排除在劳动保障的范畴外。

### 六、有不良记录者

除了上述群体外,还有一类值得关注的就业困难群体是那些曾经在青

---

① 何庆兰:《农村劳动力就业问题研究:以沪郊为例》,上海人民出版社2010年版,第75—76页。
② 夏媛、张佳华:《日本青年就业问题及其政策对应措施》,《当代青年研究》2017年第1期。
③ 何庆兰:《农村劳动力就业问题研究:以沪郊为例》,上海人民出版社2010年版,第75—76页。

少年时期有过不良记录的群体。在浦东丰桥村的调研中，一位热心的退休妇女对我们说："我认为我们社会应该对两类人的就业加强关注。一类是我们这些刚退休，但是还比较年轻，想做事的人；一类是在18—25岁犯过错的年轻人。我们每个人都会犯错，尤其是年少无知的时候，不应该让他们用一生去偿还，而应该给他们同等的工作机会。"这位妇女谈及此话题，是因为她的身边出现过几个有不良记录的年轻人，他们出狱之后一直处于失业状态，很难再就业。在我们的调研中，许多村庄都有出现类似情况的群体。他们的再就业难度非常大，需要政府与相关社会组织给予更多的支持和协助。

总体而言，以上这些人群构成了上海农村主要的困难就业群体。针对这些困难就业群体，政府也出台了许多不同的政策，给予了各种不同的支持行动。

## 第三节　上海促进农村困难就业者就业的相关对策

表 11-1　近年来上海促进农村困难就业者就业的相关政策文件

| 年份 | 政策 | 关键词 | 政策内容 | 政策目标 |
| --- | --- | --- | --- | --- |
| 2021 | 上海市促进家庭农场发展条例 | 农民增收、农民就业 | 新型职业农民、农业职业经理人、农村实用人才等培育计划 | 技能发展 |
| 2021 | 关于进一步做好灵活就业人员就业创业工作有关事项的通知 | 经认定的本市"就业困难人员"实现灵活就业 | 拓宽灵活就业发展渠道 | 就业渠道 |
| 2021 | 关于助力全面推进乡村振兴的若干政策措施 | 促进农民就业创业 | 开展农民职业培训 | 制度支持、就业渠道 |
| 2021 | 关于推进花卉产业高质量发展服务高品质生活的意见 | 促进农民就业增收 | 建设30个与乡村振兴示范村和美丽乡村示范村协同推进、助力乡村产业发展、促进农民就业增收的特色花卉乡村 | 就业渠道 |

续 表

| 年份 | 政策 | 关键词 | 政策内容 | 政策目标 |
|---|---|---|---|---|
| 2021 | 中共上海市委关于制定上海市国民经济和社会发展第十四个五年规划和二〇三五年远景目标的建议 | 就业优先战略 | 终身职业技能培训。完善重点群体就业支持体系,多渠道帮助和引导农民工、返乡人员实现就业创业,就业家庭成员就业,积极防范、有效应对大规模裁员和失业的风险隐患 | 就业渠道、技能发展 |
| 2022 | 上海市乡村振兴促进条例 | 农民就业问题 | 健全城乡一体的公共就业创业服务体系,完善城乡统一的就业统计和失业救助政策 | 制度支持 |
| 2022 | 上海市人民代表大会常务委员会关于进一步做好当前促进就业工作的决定 | 帮扶农民工、就业困难人员 | 岗位推荐、职业指导、技能培训、职业见习等举措,落实以工代赈要求 | 就业渠道 |
| 2022 | 上海市激发重点群体活力带动城乡居民增收实施方案 | 高素质农民 | 大力培育家庭农场、农民合作社、构建"技能＋学历＋职称"全方位的高素质农民职业成长渠道 | 就业渠道、技能发展 |
| 2022 | 上海市人民政府关于做好本市当前和今后一个时期稳就业工作的意见 | 加强农民工和农村劳动力就业支持 | 开展"点对点"转移就业服务保障 | 制度支持 |
| 2022 | 关于进一步做好本市就业援助工作的若干意见 | "就业困难人员"认定标准 | 灵活就业、技能培训、就业援助服务 | 制度支持、技能发展、就业渠道 |
| 2023 | 上海市就业促进条例 | 就业援助和重点群体就业 | 设置公益性岗位就业困难人员认定办法,建立就业困难人员认定标准动态调整机制 | 制度支持 |
| 2023 | 关于优化调整稳就业政策全力促发展惠民生的若干措施 | 实施重点群体创业推进计划 | 面向农民工等意向创业群体开展创业培训,提升创业能力 | 技能发展 |
| 2023 | 关于进一步完善本市创业扶持政策举措的通知 | 创业补贴、社会保险 | 对本市"就业困难人员"提供创业补贴、社会保险 | 制度支持 |
| 2023 | 关于做好2023年全面推进乡村振兴重点工作的实施意见 | 拓宽农民增收致富渠道 | 促进低收入农户就业,鼓励农民跨区域就业,开发公益性岗位,提高托底安置能力 | 制度支持、就业渠道 |

促进上海农村就业的相关政策很多,但是聚焦于"困难就业群体"的政策很有限。总体上来说,促进就业的做法主要有以下三种手段:经济上的直接支持,比如失业金;就业能力上的提升,比如提供各种培训机会;就业信息上获得性的提高,比如发布各种就业机会给需要就业的人。严格来说,农村人口不存在"失业"的说法,因为有承包地和宅基地作为基本的生活保障,从某种意义上讲,中国农村没有无产者。但是,由于近二三十年来,土地收益或者说农业收入几乎已经不能起到基本生活保障的作用(上海农村人均耕地不过1亩左右,而1亩地的土地流转费也不过1000多元)。正因如此,上海对农村待业、无业人员仍然有特殊的关注。上海农村困难就业群体虽然从政策上的确享有各种保护,但是最重要的两个制度设计可能就是农村"就业援助员"职位的设置和"公益性岗位"的设置。下文将着重对这两项对策进行分析。

### 一、就业援助员的作用

根据岗位职责的规定,就业援助员是为刚进入社会的大学生或下岗职工提供再就业服务的人员。其具体工作包括:开展就业与社会保障政策宣传、劳动力资源调查,掌握社区事业、协保人员的状况,开发就业岗位以及维护劳动者合法权益等,为缓解当地就业矛盾发挥作用。更进一步说,就业援助员的工作职责主要有如下几点:一是通过各种形式对社区居民开展就业与社会保障政策宣传,帮助居民群众了解各项就业和劳动保障政策;二是在本辖区内开展劳动力资源调查摸底,掌握失业、协保、无业人员和就业困难人员等四类人员的总数及具体状况;三是指导社区就业困难人员办理相关认定手续,帮助其实现就业,多渠道收集用工信息,提供给社区的失业、协保人员,并做好跟踪指导服务等;四是社区居民反映劳动和社会保险方面的合法权益受到侵害时,为劳动者提供维权服务。

调研中,我们发现,上海基本上每个村都有一名就业援助员,有些是专职,有些是还同时兼任其他工作。而这些就业援助员日常的工作主要是每个月根据镇人力资源服务中心提供的失业者名单,打电话对接这些失业人员,询问并更新其个人就业情况,同时为其提供一些招聘信息。然而,在我们调研的几十个村庄中,大多数就业援助员表示,促成一个失业者的就业难度很大,有些就业援助员表示,一年也只能促成一两个失业者的再就业。一位就业援助员说道:"年轻人其实信息比我们都通畅,他们也不需要我们提供就业信息,我们给他们推荐的工作他们一般也不大会喜欢。有些中年人虽然是来问我(找工作),但是很多工作他们其实都做不了。"从需求端出发,就业援助员的工作机制也许对农村困难就业群体的支持还比较有限,可能也正因此,目前农村就业援助员的职位已经"只出不进",不再作为一个专职岗位来设置。

## 二、公益性岗位

公益性岗位指的是由政府出资扶持或引导社会资金开发的城市公共管理岗位,以及涉及服务居民利益的非营利的岗位。在社会功能上,公益性岗位是拓展就业渠道的一个重要途径,与正规的就业岗位有着本质的不同,它是在市场之外,主要由政府供给的非正规就业岗位,以扶助就业困难群体就业为主。其目的是通过以工代赈,降低困难人群的失业风险,缓解基层社会治理不足和公共服务力量不足等问题,维护社会稳定。[1]

2002年9月,中共中央、国务院下发《关于进一步做好下岗失业人员再就业工作的通知》(中发〔2002〕12号),其中提出"重点开发面向社区居民生活服务、机关企事业单位后勤保障和社区公共管理的就业岗位以及清洁、绿化、社区保安、公共设施养护等公益性岗位",[2]首次确定了由政府出资开发公益性岗位,作为缓解下岗、失业人员再就业问题的托底安置手段。2003年,劳动保障部发布《关于开展下岗失业人员再就业统计的通知》(劳社厅发〔2003〕4号),首次正式规定了公益性岗位的概念和援助人员的范围,[3]并首次对公益性岗位进行准确定义,即主要由政府出资扶持或社会筹集资金开

---

[1] 徐云辉:《中国公益性岗位制度运行困境研究》,博士学位论文,吉林大学,2019年。
[2] 中共中央国务院:《关于进一步做好下岗失业人员再就业工作的通知》,2002年9月30日。
[3] 劳动保障部:《关于开展下岗失业人员在就业统计的通知》,劳社厅发〔2003〕4号。

发的,符合公共利益的管理和服务类岗位。① 2007年,我国《就业促进法》的颁布实施,在法律层面上正式将公益性岗位制度确认为就业援助手段之一。② 准确地说,公益性岗位聘用的人员是有指向性和限定性的,主要用于为困难就业群体提供就业岗位援助。公益性岗位人员的岗位补贴和社会补贴来自公共财政资金,或来自由政府筹集的其他社会资金。随着近十多年的发展,公益性岗位开发的类别也越来越丰富,但主要在基层行政管理领域,大致分为社会公共管理类、社区服务类、机关后勤保障类等。经过多年发展,我国的公益性岗位覆盖范围逐渐从城镇扩大到乡村,并且乡村公益性岗位还在乡村振兴、巩固脱贫攻坚成果时发挥了重要作用。根据2023年中央一号文件规定,即"增强脱贫地区和脱贫群众内生发展动力……充分发挥乡村公益性岗位就业保障作用"③。

在全国尚未出现正式公益性岗位相关政策规定时,上海已经开始推行公益性劳动组织解决就业问题。1998年《上海市再就业工程领导小组办公室公益性劳动组织的认定管理暂行办法》规定④,公益性劳动组织是指"政府为分流安置企业下岗及社会失业人员中的就业困难人员,由地区扶持兴办,通过组织由财政拨款、失业保险基金资助、社会捐助等形成的保洁、保绿、保安、保养等涉及市民公共利益的劳动,帮助从业人员获得基本的收入和社会保障,具有以工代赈性质的劳动组织"。公益性劳动组织是非正规组织就业的一种组织形式,主要任务是拓展公益性劳动岗位,承担安置本地区再就业特困人员、长期失业人员、协议保留劳动关系后就业发生困难的人员。因此,公益性劳动项目的经费来源主要是政府财政拨款,且必须接纳安置本地区劳动部门职业介绍所推荐吸纳的就业困难人员。

---

① 劳动保障部:《关于开展下岗失业人员再就业统计的通知》,劳社厅发〔2003〕4号。
② 中华人民共和国第十届全国人民代表大会常务委员会第二十九次会议,《中华人民共和国就业促进法》,2007-08-30。
③ 中共中央国务院:《关于做好2023年全面推进乡村振兴重点工作的意见》,2023-01-02,https://rsj.sh.gov.cn/tgwyrsb_17088/20230214/t0035_1413546.html。
④ 沪再就办:《上海市再就业工程领导小组办公室公益性劳动组织的认定管理暂行办法》,1998-07-01,https://rsj.sh.gov.cn/tjnjygl_17265/20200617/t0035_1389552.html。

上海的公益性岗位的主要援助对象是就业困难人员。目前,公益性劳动项目的范围包括:(1)为社区环境卫生配套服务的道路清扫、公共场所环境卫生的清洁;(2)为城市绿化配套服务的城区道路、绿地及社区范围内的绿化种植、日常养护;(3)配合社会综合治理开展的社区治安保卫及劳动监督;(4)协助维护社区公共场所秩序及道路交通秩序;(5)社区市政公共设施的日常维护保养[1]。上海市采取社会保险补贴、岗位补贴等办法来保障公益性岗位从业人员的薪酬福利。2001年上海市劳动和社会保障局规定,对由地区劳动部门推荐到公益性劳动组织,且实际从事保洁、保绿、保安、保养工作的就业困难人员,市失业保险基金按每人每月200元标准给予岗位补贴[2]。同时,对从事公益性劳动且能坚持正常工作的就业困难人员,在扣除各项社会保险费后,其月收入不得低于本市企业职工月最低工资标准。2016年,上海市提高公益性岗位从业人员收入标准,对实行全日制工作的万人就业项目公共服务类队伍(河道保洁、林业养护、社区助老、社区助残)从业人员调整为2310元/月;千、百人就业项目和社区"四保"公益性岗位从业人员的收入标准随最低工资标准的调整作相应调整。[3]

此外,用人单位提供公益性岗位和吸纳就业困难人员可享受一定补贴政策。吸纳的"就业困难人员"属于协保人员的,可申请按月享受岗位补贴;吸纳的"就业困难人员"属于其他人员的,可申请按月享受岗位补贴和社会保险补贴。岗位补贴的标准为本市月最低工资标准的50%,社会保险补贴标准为以缴费当月职工社会保险缴费基数的下限作为基数计算的养老、医疗和失业保险缴费额中用人单位承担部分的50%。补

---

[1] 沪再就办:《上海市再就业工程领导小组办公室公益性劳动组织的认定管理暂行办法》,1998-07-01,https://rsj.sh.gov.cn/tjnjygl_17265/20200617/t0035_1389552.html。
[2] 《上海市劳动和社会保障局关于调整本市公益性岗位补贴发放的若干意见》,2001-11-20,https://rsj.sh.gov.cn/tjnjygl_17265/20200617/t0035_1389553.html。
[3] 上海市人力资源和社会保障局,上海市财政局:《关于调整本市万人就业项目等公益性岗位从业人员收入标准的通知》,2016-04-07,https://rsj.sh.gov.cn/tjnjygl_17265/20200617/t0035_1389502.html。

贴期限一般不超过 3 年，补贴期满且该"就业困难人员"距法定退休年龄不足 2 年的，补贴期限最长可延长至该"就业困难人员"到达法定退休年龄。[1]

上海市通过公益性岗位安置等途径，对就业困难人员实行优先扶持和重点帮助。区和乡镇人民政府、街道办事处应当承担公益性岗位的管理职责，根据本行政区域实际情况，统筹安排符合岗位要求的就业困难人员。[2] 同时，对于公益性岗位的从业人员，上海市政府还提供后续职业支持。《上海市就业促进条例》第三十三条规定，支持工会、共产主义青年团、妇女联合会、残疾人联合会以及其他社会组织，依托相关公共就业服务资源，举办公益性就业创业服务活动。[3]

## 第四节 发达国家针对困难就业群体的就业政策

不论发展程度如何，世界各国都客观上存在各类不同的困难就业群体，各国政府与各类社会组织都针对这些困难就业群体制定了相应的支持政策，采取了各种支持性的行动。虽然指称各异，但世界各国的就业帮扶做法一般都是在经济发展缓慢或就业问题严峻时，国家出资通过创造与公共工程相关的岗位，为就业困难群体提供临时就业机会。比如大型水利设施、交通设施、市政设施、社区建设、清洁卫生和垦荒绿化等工程。本节将对部分发达国家与地区的相关政策与做法进行简单罗列，为上海农村的困难就业群体再就业提供可供借鉴的建议（参见表 11-2）。

---

[1]《关于进一步做好本市就业援助工作的若干意见》的政策解读，2022-02-23，https://rsj.sh.gov.cn/tzcjd_17352_17352/20220311/t0035_1406341.html。

[2]《上海市就业促进条例》，2023-03-01，https://rsj.sh.gov.cn/tsrdfg_17258/20230301/t0035_1413855.html。

[3] 同上。

表 11-2　部分发达国家支持困难就业群体的相关政策[①]

| 国家 | 政 策 措 施 |
| --- | --- |
| 美国 | 在1934年经济危机时期,罗斯福新政采用"以工代赈"的方法,对失业困难群体进行救助,使就业困难群体不是通过发放救济金的形式而是通过劳动来获得经济来源 |
| 英国 | 英国政府规定,城市公用事业工程建设、垃圾清扫处理和加工、城市公园和街道绿化等部门的工作岗位,由公共就业服务部门购买下来,用以安置就业特困群体就业 |
| 法国 | 法国政府确定地方政府机构和公益事业部门要拿出一些工作岗位安排特困失业者就业,并同他们签订"团结就业合同",安排的对象为50岁以上长期失业者、最低生活津贴领取者和残疾劳动者等长期失业者 |
| | 法国1997年开始实施"青年就业计划",对公共部门、非营利部门为数十万失业青年提供为期5年的不续期合同 |
| 德国 | 德国政府为帮助东部地区的大批下岗失业职工,建立了安置性企业,称之为"重新融入社会"工程或"就业和结构发展公司"(ABS) |
| | 德国为保障残疾人就业建立庇护工厂,许多残疾程度较重的残疾人可以获得工作与相应报酬,同时拥有全覆盖的医疗保险、工伤保险、长期护理保险和养老保险,目前全德国有600多家经过政府批准的庇护工厂,惠及近30万残疾人。 |
| 瑞典 | 瑞典政府举办了市政管理、健康护理、文物保护和森林保护等以工代赈就业项目来安置缺乏技能、文化偏低或年龄偏大的失业者。 |
| | 瑞典通过本国的福利性企业为一定比例的残疾人提供就业岗位。比如名为Samhall的国有福利企业,该企业共有3万左右的员工,其中残疾人所占比例高达90%,而其中40%的残疾人是有智力缺陷或存在发展障碍的重度残疾人。 |

## 一、美国

美国通过税收优惠、宽松政策或直接的经济扶持等办法,促进一些社团组织的发展,为就业困难人群创造就业机会。1996年的福利改革法允许宗教、慈善组织通过订立契约的方式,利用政府资金提供就业服务。在领取有关救助金时,美国有32个州要求受助者签署个人责任计划书并遵守工作要求,否则无法领取救助金,通过这种方式减少受助者的依赖并迫使

---

[①] 资料来源:马永堂:《国外促进就业的政策措施》,《中国劳动》2004年第9期;路琪、惠霞、董志峰等:《国外残疾人就业:立法、方式、服务及启示》,《发展》2017年第4期。

其积极就业。① 同时,美国为受助者提供所需技能的培养和训练,通过就业能力综合教育、就业前预备训练、就业后的岗位维持能力训练、帮助失业者自我创业等措施,有效提升就业困难群体的可持续就业能力。主要包括以下形式:(1)就业准备培训。为受助者提供心理咨询、康复等,帮助其为求职做充分的准备,需要专业医疗和心理咨询师评估;(2)工作经验积累。对于无法找到全职工作者,培训与工作相关的技能;(3)在职训练。由公共部门和私人部门提供的提高受助者知识和技术的训练。(4)技能教育训练。为个人现有或预期的工作机会提供与之相关的技能教育。(5)完成高中学历计划。针对没有高中学历和文凭的受助者,使其参加高中课程,获得文凭。②

美国有发达而健全的就业服务体系,规定如果受助者无法在私有企业就业,可通过创造公共岗位的方式帮助其安排在公共部门就业。③ 美国实行劳动所得税抵免政策(Earned Income Tax Credit,简称 EITC),目的在于为就业家庭提高额外救助。比如,对于有两个子女的家庭,穷人每多赚取 1 美元收入,政府会补助 40 美分,小孩越多,补贴比例也会相应提高。这一政策有助于提高受助者从事低工资工作的收入回报,增强低工资就业对受助者的吸引。④ 此外,美国还实施相应配套措施来减少困难就业人群的生活压力,拨出大笔经费专门用于儿童托管和医疗救助,提供儿童托育服务或负担儿童照料费用,并为低收入家庭成员及儿童提供医疗救助,以帮助受助者维持就业状态。⑤

---

① Harrell R., Rodgers J., *American poverty in a new era of reform*, New York: Armonk, 2006, p.112.
② 张浩淼:《就业救助:国际经验与中国道路》,《兰州学刊》2018 年第 10 期。
③ Gilbert N. and Van Voorhis R. A., "Activating the Unemployed: A comparative appraisal of work-oriented policies(eds)", *International Social Security Series*, Vol. 3, New Brunswick (NJ) and London: Transaction Publishers, 2001, p.81.
④ 周蕾:《救助渐退思路下的国际救助制度经验与启示》,第三届中国社会救助研讨会论文,武汉大学,2013 年 11 月 2—3 日,第 291 页。
⑤ Harrell R., Rodgers J., *American poverty in a new era of reform*, New York: Armonk, 2006, p.81.

## 二、英国

英国设立公共就业服务中心,除了为失业者提供救济外,还通过互联网等媒体渠道全面搜集就业岗位信息,并发挥其作为欧盟成员国的优势与其他国家互通信息,及时将合适的工作岗位信息推荐给正在寻求就业的贫困者,为其提供更多的选择机会。2009年1月,英国政府提前投入100亿英镑用于公共项目开发,这笔资金广泛运用于公共工程、数码技术、环保项目等,为失业群体提供了多达10万个新的就业岗位。

同时,英国通过订立契约促进贫困者有效参与持续就业,实行强制性的再就业培训、就业心理帮助、调整福利支出等方式,以之加强就业。如加大就业能力培育和就业咨询服务方面的福利支出量,减少直接贫困救济支出额,通常只有经过评估表明确实不存在就业可能的贫困者,才可以直接获得政府贫困救助。英国面向受助者的求助援助包括再就业课程、求职研讨会、工作俱乐部、工作面试担保、工作推荐等多项措施,同时还努力在公共事业和志愿领域创造公共岗位。[1]

此外,英国实行工作家庭税收信贷(WFTC)机制,目的在于促使贫困与低收入家庭获得就业收入。[2] 英国政府实行救助渐退制度,在受助者就业后,会对住房救助和议会税收救助金延长一个月,使受助者可以进行过渡,避免再次陷入贫困。[3] 英国受助者在求职过程中可以得到交通费用和餐费补助。[4] 英国对就业引起的额外开支进行援助,主要是为受助者就业后的儿

---

[1] Gilbert N. and Van Voorhis R. A., "Activating the Unemployed: A comparative appraisal of work-oriented policies (eds)", *International Social Security Series*, Vol. 3, New Brunswick (NJ) and London: Transaction Publishers, 2001, p.3.
[2] 陈雪峰:《西方发达国家反贫困的经验与启示——基于困难群体就业的视角》,《北华大学学报(社会科学版)》2012年第6期。
[3] Martin J.P. &Grubb D., "What works and for whom: A review of OECD countries' Experiences with active labour market Policies", *Swedish Economic Policy Review*. 2001.
[4] Inese Kalvane, "Business Model Choice for Latvian Public Employment Service: What is the Best for Labour Force Competitiveness?" *Procedia-Social and Behavioral Sciences*, 2015 (213), pp.99-104.

童照护支付费用。此外,还实施了儿童税额抵扣计划,给需要花钱照料子女的低收入家庭提供实质性帮助。①

### 三、德国

德国通过提供贷款、税收和补贴等方面的优惠政策,扶持和引导中小型企业加速发展,积极拓展就业渠道;对提供更多就业岗位的企业,政府为其提供的贷款额占投资额的75%,还给予总投资额10%的补贴。德国政府规定失业人员可领取救助金,但设置一定附加条件,以之促进有劳动能力的受助者积极就业。德国规定领取救助者需要有意愿、积极地接受职业介绍和职业培训,如果没有充分理由说明自己放弃就业、实习的原因,那么其救助金就会被扣罚甚至停发。②

同时,通过培训提高失业者的人力资本,一般为短期措施,持续时间为2至8周,例如提供求职机会或电脑课程,由政府的职业介绍所承担课程费用等直接费用,以及差旅费和育儿费用,而失业津贴或援助在这些课程期间会继续支付。德国政府为雇主和个体经营者建立激励机制,即集中补贴。招收困难就业人群的企业,政府向雇用失业工人的雇主提供工资补贴,以补偿其降低的生产力。在符合某些资格条件的情况下,雇员可获工资津贴的发放,为期通常为12个月,金额为可补贴工资的30%—50%(包括雇主对社会保障的供款)。如果一个人的生产力被评估为极低,则可增加补贴的期限和数额。

德国政府出台直接提供就业机会的计划,如果有涉及公众利益的工程开设,政府则吸收待业人员,例如维护公共花园的项目。参加这一计划的资格是,必须由职业介绍所推荐,且个人通常必须失业一年以上。参与这一计划的受助人员有资格领取某种形式的收入补贴替代原有福利(在某些情况下,特别是德国东部地区,可能会有例外),最长期限通常为12个月,但特殊

---

① Ron Haskins, "Work Requirements and Government Subsidies Will Reduce Poverty", In *Welfare*, (ed.) by James Haley, San Diego: Greenhaven Press, 2003.
② 姚玲珍编著:《德国社会保障制度》,上海人民出版社2011年版,第268页。

情况下最长可延长至 36 个月。德国政府还设置其他配套措施减少受助者的负担,主要包括申请材料的费用、参加工作面试的旅费以及必要时的住宿费。此外,接受工作邀请的失业人员可以申请流动津贴,其中包括工作服和设备的费用,每天往返于家和单位之间的费用,以及必要时经营第二个家庭的部分费用。[1]

### 四、其他一些欧洲国家

1997 年法国针对高失业率青年群体颁布《青年就业法案》,规定"3 年之内向 18 岁至 26 岁的失业者以及从未领取过失业救济金的 30 岁以下的失业者提供 35 万个就业岗位"。1967 年,法国曾成立了专门的就业管理机构——全国就业管理局,具体承担以下职责:一是与公司企业联系,为失业者寻找招聘机会;二是为就业市场的供求双方牵线搭桥,不仅为求职者提供就业机会,而且为公司企业和求职者双方提供免费服务。[2]

瑞典为需要救助的就业群体提供面对面的职业指导和工作介绍,在"工作俱乐部"开展活动,且就业服务机构会一直与参与者保持联系,直至其找到工作为止。此外,瑞典政府通过不同公共工程等以工代赈方式安置困难就业群体。[3] 针对新近的外国移民,由于其就业难度高、福利依赖倾向强,瑞典政府会对这些移民和难民的技能和教育程度进行测试和评价,并开展有针对性的职业培训,并专门设置针对移民和难民的安置官员和就业服务机构等。[4]

1999 年 3 月 12 日,意大利制定了第 68 号法律,旨在规范和促进残疾人的就业。这项法律极大地促进了残疾人的就业,具体内容为:坚持"定向就

---

[1] Fertig M., Schmidt C. M., Schneider H., "Active labor market policy in Germany—Is there a successful policy strategy?", *Regional Science & Urban Economics*, 2006, 36(3), pp. 399-430.

[2] 陈雪峰:《西方发达国家反贫困的经验与启示——基于困难群体就业的视角》,《北华大学学报(社会科学版)》2012 年第 6 期。

[3] Gilbert N. and Van Voorhis R. A., "Activating the Unemployed: A comparative appraisal of work-oriented policies(eds)", *International Social Security Series*, Vol. 3, New Brunswick (NJ) and London: Transaction Publishers, 2001, p. 215.

[4] 粟芳、魏陆等编著:《瑞典社会保障制度》,上海人民出版社 2010 年版,第 215 页。

业"理念,在强制就业定额基础上,认真评估残障人员剩余能力,必要时提供培训、实习、创业指导,签订专门的三方劳动合同。①

## 第五节 解决我国就业困难群体再就业的一些对策

只要发展经济、增加就业岗位就能解决就业困难群体的就业问题恐怕并不现实,在很多情况下,经济增长、就业增加并不能惠及就业困难群体。因此,解决就业困难群体的就业问题,需要采取特殊的手段和措施。有关就业困难群体的就业问题已经引起众多学者、专家的广泛关注,通过不同学科从不同角度、不同思路的研究,提出了对此群体进行就业扶植应采取的对策。

第一种观点认为,就业困难群体就业扶持的主要方向是非正规就业或灵活就业。胡鞍钢根据《中国统计摘要》2002年的数据分析,1995—2001年,若扣除正常退休人数,全国下岗职工累计在4500万人左右,约有3000万—3500万人实现再就业或灵活就业,他认为今后创造就业的主要方向应是非正规就业或灵活就业。② 在我国,就业弱势群体进入正规部门的障碍较大,国有、集体单位等传统正规部门很难充分吸纳这一群体就业。因此,非正规就业的存在将对扩大就业、减缓贫困化起非常重要的作用。姜海龙呼吁失业者弱势群体要进一步更新就业观念,解放思想,除了考虑全日制就业、正规就业外,还应接受短期临时性就业、非全日制就业、劳务派遣就业等灵活的非正规就业方式。③

第二种观点认为,政府应该在就业扶助方面积极作为。首先,政府应将

---

① Massimiliano Agovino, Agnese Rapposelli., "Does flexicurity promote the employment of disabledpeople? A panel analysis for Italian regional data", *Springer Science + Business Media Dordrecht*, 2015,9, pp. 2086-2105.
② 胡鞍钢:《中国如何应对高失业阶段的挑战》,见 http://www.gog.com.cn/xb/x0207/.ca211752.htm。
③ 向仍腊:《探讨弱势群体在就业中的优势方略》,《中国就业》2012年第5期。

拥有的就业资源向就业困难群体倾斜。比如汤建光认为作为社会主义全民所有制经济实现形式的国有企业，经营模型应当多样化，允许部分国有企业的就业资源用于扶助就业困难群体；或者政府运用市场手段，通过购买就业岗位这种特殊的财政转移支付的方式，有效解决问题。[1] 其次，建立有效的社会支持政策，尤其是社会保障政策尤为重要。杨团认为在我国，保护弱势群体就业的社会保障政策首推失业保险政策和最低生活保障政策，同时还要扩大社会保障面，实施再就业政策和地区发展政策。[2] 现有的就业扶助可以说仍有不足，刘晓梅等人研究国外救助措施后认为，我国现行的救助制度仅停留在保障困难人群的基本生存权利，对援助对象的发展与自立还很忽视，进而提出了对援助对象实施自立性援助的政策呼吁。[3]

第三种观点认为，应该从法律保障层面对就业弱势群体进行帮扶。李林认为，在法治社会中，法律是弱势群体实现自身生存和发展的武器，应当对弱势群体依法给予例外对待和特别保护，以缩小其与强势群体的差距。[4] 这也是法治国家的普遍做法。美国早在1967年就开始实施《年龄歧视法》禁止雇佣中的年龄歧视；法国立法禁止在招工广告中使用年龄限制，并禁止企业实行强迫退休制度；日本在就业促进法律制度中也明确规定对特殊劳动者如高龄、残疾人、妇女的就业促进。[5] 而这群人在我国就业市场上则是最容易受到歧视的人，法律缺位和有法不依现象严重。即使我国劳动法有明确的法律规定，实际上也很难对企业和雇主形成有效约束，因此，加快制定反就业歧视法至关重要。

第四种观点认为，加强相关职业培训至关重要。首先，是职业指导培训，主要任务是提供职业咨询和开发职业潜力，引导就业困难人群树立正确的就业观念，提高求职技巧，并为其指导设计职业生涯。林俊认为对于困难

---

[1] 汤建光、李江、庄士诚：《就业弱势群体就业问题探索》，《当代财经》2006年第11期。
[2] 杨团：《弱势群体及其保护性社会政策》，《前线》2001年第5期。
[3] 刘晓梅、西萌、满清喆：《自立性援助：低收入者就业援助理念与政策》，《中国劳动》2013年第5期。
[4] 李林：《法制社会与弱势群体的人权保障》，《前线》2001年第5期。
[5] 侯志阳：《转型期就业弱势群体的困境与出路》，《南京人口管理干部学院学报》2004年第1期。

就业群体，职业指导可以帮助就业困难群体转变就业观念，帮助他们了解自我和职业，以更加理智的态度去就业和再就业，这也是促进就业困难群体就业的现实选择。① 其次，是专业技能培训，按照劳动力市场对劳动力职业技能的要求，因地制宜地进行针对性培训，对困难就业群体进行人力资本投资。② 同时，赵艳芳研究发现，通过做好失业人员的技能培训来解决失业问题，还有利于失业保险基金的收支平衡。③

第五种观点认为，社会需要对就业困难群体给予广泛支持与帮助。保护就业困难群体是一个社会问题，虽然政府在其中处于主导地位，但是由于政府财力有限，能够动用的就业资源有限，就业困难群体或弱势群体的就业问题最终还是需要整个社会的关注与支持。丘海雄等人认为，对弱势群体的就业扶持应该从一元化向多元化的方向转变，实施广义的社会支持。④ 因此，建立多层次、立体化的就业弱势群体社会支持网络，是解决问题的重要途径，比如，建立完善的社会公共就业服务体系，社区非正规就业服务体系等。

## 第六节　结　语

上海农村困难就业群体的再就业问题，客观来说，政府无论是通过就业援助员岗位的介入，还是通过公益性岗位的提供，都是具有一定普遍性也有一定效果的解决方法。但是，由于困难就业群体本身类型非常复杂，如上文所列举的，既有不愿就业的人，也有不愿吃苦的人，既有不被社会接纳的人，也有已经退出正规劳动市场的老年人，这些不同的群体所需要的支持事实上是非常不同的。在进一步的工作中，无疑需要对这些不同类型的困难就业群体做更细化的研究，并提供更有针对性的支持。

---

① 田光哲、李祥伟：《创新职业指导——新理念》，中国劳动社会保障出版社 2005 年版。
② 宁本荣：《上海女性弱势群体就业困境及其政策选择》，《人口学刊》2003 年第 4 期。
③ 赵艳芳：《山西省城镇失业问题浅析》，《经济研究参考》2016 年第 39 期。
④ 丘海雄、陈健民、任焰：《社会支持结构的转变：从一元到多元》，《社会学研究》1998 年第 4 期。

总而言之，工作之于每个人的意义不同，但是毫无疑问，它的意义一定远远超越经济范畴。借用马克思的观点，他认为"通过人的劳动，人对他人的态度和人处理自己与他人的关系的方式发生了革命性的变革。这种劳动使我从狭隘的利己主义的束缚中摆脱出来，使我和他人之间形成一种新的社会交往方式"。① 换言之，马克思提出劳动概念，绝不仅仅是经济学意义上的，更是自我创造意义上的。对困难就业群体的就业支持，并不仅仅是为其提供经济来源，同时，也是为其提供实现自我价值与生命意义的机会。从这个意义上来说，在为困难就业群体提供就业支持的过程中，应更多地从困难就业者本身的诉求和实际情况出发，为他们提供更多让他们实现自我价值的机会。

---

① 见于王晓升：《从异化劳动到实践：马克思对于现代性问题的解答——兼评哈贝马斯对马克思的劳动概念的批评》，《哲学研究》2004年第2期。

# 第十二章　超龄劳动者的就业
## 　　　　保障困境及其对策

根据 2020 年第七次人口普查的数据显示,我国 60 岁以上的老年人口占比达到了 18.7%,65 岁及以上人口占比则达到了 13.5%。其中,60—64 岁和 65—69 岁老年人的就业分别占同一年龄组老年人口的 34.43% 和 27.49%,70 岁及以上老年人就业比例也占到了同一年龄组老年人口的 11.76%。[①] 然而,与此同时,值得注意的是,超龄劳动者的劳动权益保障问题也随之逐渐凸显,尤其是最近几年,全国各地纷纷出台政策禁止中老年人从事建筑施工作业就引起了许多的讨论。[②] 这样的规定,政府虽然主要是出于人道主义的考虑,但也的的确确造成许多中老年农民工面临经济上的窘境,甚至在有些情况下,还迫使他们处于"非法工作"的无保障境地。本章基于各类超龄劳动者的相关新闻报道、相关统计数据、相关政府报告以及 2021—2023 年在上海农村郊区进行的田野调查成果,旨在通过分析超龄劳动者的就业情况与社会保障情况等,探讨我国超龄劳动者面临的就业保障困境。不同于第四章针对低龄老年人就业问题的视角,本章主要从法律权益层面进行讨论,并总结发达国家在超龄劳动者就业保障方面的经验,为提

---

[①] 中华人民共和国国家发展和改革委员会:《老年人再就业释放人口红利》,2023 年 5 月 30 日,https://www.ndrc.gov.cn/fggz/jyysr/jysrsbxf/202305/t20230530_1356850.html,引用日期:2023 年 7 月 26 日。
[②] 如,2019 年,上海市住建委、市人社局和市总工会共同发文,明确规定禁止 18 周岁以下、60 周岁以上男性及 50 周岁以上女性三类人员进入施工现场从事建筑施工作业,同时进一步规定,禁止 55 周岁以上男性、45 周岁以上女性工人进入施工现场从事井下、高空、高温、特别繁重体力劳动或其他影响身体健康以及危险性、风险性高的特殊工作。天津市住建委发文,施工单位对男性超过 60 周岁、女性超过 50 周岁的不得签订劳动合同。未签订劳动合同的不得进场施工。

高超龄劳动者的劳动权益保障提供对策建议。

## 第一节 "超龄劳动者"的法律界定

根据我国现行的《中华人民共和国劳动法》(简称《劳动法》)规定,劳动者是指达到法定年龄,具有劳动能力,以从事某种社会劳动获得收入为主要生活来源,在用人单位的管理下从事劳动并获取劳动报酬的自然人。判断劳动者资格的核心标准是劳动权,但从年龄方面我国并未规定享有劳动权的上限。[①] 根据《中华人民共和国宪法》第42条"中华人民共和国公民有劳动的权利和义务",可知我国宪法对公民劳动权的享有并没有设置年龄范围。作为劳动领域的基本法《劳动法》和《劳动合同法》,也均未就劳动者的法定退休年龄进行规定,《劳动法》第15条对劳动者年龄只有一个最低限制性规定,即"禁止用人单位招用未满十六周岁的未成年人",也并未对用人单位雇佣劳动者的年龄上限作出限制。但从司法实践与法理分析角度,一般认为超龄劳动者是指超过法定退休年龄后继续从事劳动的人员。[②] 根据1978年颁行的《国务院关于工人退休、退职的暂行办法》第1条,我国的法定退休年龄为男性年满60周岁,女性年满50周岁。在我国人口老龄化日趋严重,用工成本不断增高的背景下,超龄人员就业情况越来越普遍,尤其是在餐饮、保安、清洁、建筑等劳动密集型服务行业。

超龄劳动者是否享有法律规定的劳动权益则取决于用人单位与超龄劳动者之间是"劳动关系"还是"劳务关系"。超龄劳动者大致分为两类,一类是享有基本养老保险待遇或领取养老金的超龄劳动者,另一类是不享有基本养老保险待遇或领取养老金的超龄劳动者。在目前法律体系中,享受养老保险待遇的超龄劳动者和用人单位之间,一般被明确认定为劳务关系。2008年9月18日国务院令第535号公布实施《中华人民共和国劳动合同法实施条

---

① 景春兰、徐志强:《超龄劳动关系之"不法"及其法律规制》,《中南大学学报(社会科学版)》2013年第1期。
② 李康:《论超龄劳动者工伤救济的路径》,《法律适用》2022年第11期。

例》,该条例将劳动者达到法定退休年龄明确规定为劳动合同终止的情形。但对于未能享受养老保险待遇的超龄劳动者则存在争议,能否适用劳动法并未明确,比如王皎皎的研究就认为,达到退休年龄不意味着劳动者丧失劳动能力,因此超过退休年龄的人员应该能与用人单位建立合法的劳动关系。[1]

## 第二节 超龄劳动者的生存现状与问题

我国的超龄劳动者多来自农村地区,主要从事低技能、高体力工作。由于制度供给不足,超龄劳动者在劳动关系中常常处于弱势,其权益保障处于"真空"状态。发生劳动争议后,有关部门一旦认定为劳务关系,超龄劳动者便无法受到《劳动法》及相关法律的保护,因此与其相关的劳动权益保障常常受到侵害。比如,作为劳务关系中的劳动者,无法享受劳动者法定的加班费、带薪年假、未签劳动合同双倍工资、解除劳动关系给予经济补偿金、社会保险金缴纳、工伤赔偿等福利待遇,除非双方在合同中有明确约定。

### 一、超龄劳动者的再就业基本情况

表 12-1　　　　　　　　全国与上海老年人的就业情况

| 年龄 | 性别 | 就业率 全国 | 就业率 上海 |
| --- | --- | --- | --- |
| 55 岁以上 | 总 | 3.08% | 1.27% |
|  | 男性 | 4.07% | 2.09% |
|  | 女性 | 2.15% | 0.48% |
| 60 岁以上 | 总 | 2.19% | 0.34% |
|  | 男性 | 2.83% | 0.53% |
|  | 女性 | 1.59% | 0.16% |
| 65 岁以上 | 总 | 1.73% | 0.17% |
|  | 男性 | 2.25% | 0.27% |
|  | 女性 | 1.25% | 0.09% |

数据来源:2020 中国人口普查年鉴

---

[1] 王皎皎:《离退休人员就业权法律保护问题研究》,《当代法学》2008 年第 2 期。

2020年第七次全国人口普查数据显示,60—69岁的老年人就业人口占到同一年龄组老年人口的比例在30%左右,而70岁及以上老年人就业人口也占到同一年龄组老年人口的比例超过10%。[1] 然而,根据表12-1,无论全国还是上海,55岁以上老年人的就业率都并不高。55岁以上全国就业率是3.08%,上海市1.27%;60岁以上全国就业率是2.19%,上海市0.34%;65岁以上全国是1.73%,上海市0.17%。需要说明的是,这一就业率的统计,主要以"缴纳社保"为依据,实际退休年龄以上继续工作的人口则可能远远超过统计数据,尤其是在农村地区与农业产业上。比如,根据上海市农业农村委的统计,2021年度上海农村实用人才综合统计调查结果显示,农村实用人才中55岁及以上老人占比42.03%。而上海市农业农村委2023年的"上海百村万户大调研",则发现农业从业群体中老年农民占比达到50.6%,超过一半。许多村庄的调研结果都显示,60—70岁这一年龄阶段的超龄劳动者是上海农业的主要从业者,而新型经营主体也普遍反映,找不到年轻人工作,来工作的基本都是中老年人。

从地域看,农村老年人的就业比例高于城镇,就业地点集中在一线和省会城市。根据《2020中国人口普查年鉴》,2019年我国60—64岁城乡老年人就业比例分别为18.83%和46.11%,60—64岁男女老年人就业比例分别为38.62%和25.17%。[2] 根据2019年底中国老龄科学研究中心发布的抽样调查结果显示,城镇老年人中有9.7%仍在工作,农村老年人中有10.6%仍在工作。[3] 造成这一情况的主要原因是,相较于城镇,农村养老金金额较低,尤其是在经济欠发达地区,农村养老金每月只有几百元,完全无法满足生活所需。因此,对于老一辈的大龄农民工,退休后在农村养老往往存款和

---

[1] 中华人民共和国国家发展和改革委员会:《老年人再就业释放人口红利》,2023年5月30日,https://www.ndrc.gov.cn/fggz/jyysr/jysrsbxf/202305/t20230530_1356850.html,引用日期:2023年7月26日。

[2] 陈业宏、高尔旆:《积极老龄化背景下促进老年人再就业的对策建议》,《中州学刊》2023年第5期。

[3] 中国新闻网:《"银发就业者"势必越来越多 他们的劳动权益如何保障》,2022年5月16日,http://www.chinanews.com.cn/cj/2022/05-16/9755387.shtml,引用日期:2023年7月26日。

退休金不足,又缺少合适的工作机会和收入来源,最终会再次选择前往经济发达城市再就业。《2022老龄群体退休再就业调研报告》显示,18.4%的老龄求职者处于跨城工作状态,其中有32%和29.6%工作在新一线城市(成都、杭州、重庆等)以及一线城市,还有部分受访者(28.7%)会前往家乡所在的省会城市求职就业。①

从就业类型看,受到年龄和体力的限制,超龄劳动者选择再就业的工作类型大多是辅助性、临时性的服务业和劳动密集型行业。对于有专业技能的求职者来说,财务会计、技术咨询等岗位(16.3%)和书法老师、摄影师等培训行业(9%)是他们的最多选择。对学历不高但耐心细致的求职者而言,则更多选择从事服务业(41%)和后勤保障(20%)等劳动密集型行业,如保洁人员、城市环卫工、厨师等。②

从就业意愿看,老年人,尤其是低龄老年人继续就业的意愿依然非常强烈。根据《2022老龄群体退休再就业调研报告》显示,68%的老年人退休后再就业意愿强烈,其中,46.7%的老年人其再就业的动机是寻求个人和社会价值,19%的老年人则是为了追求职业发展。③ 有关老年人的就业意愿问题,第四章已经有较多论述,此处不再赘述。

从性别看,超龄劳动者的就业水平还存在明显的性别差异,60—64岁的男女老年人就业比例分别为38.62%和25.17%,差距大于13个百分点。④ 农村老年人就业数量多于城市老年人,前者主要从事第一产业和第三产业中的体力型劳动,因此,超龄劳动者中男性比例明显高于女性。中国老年社会追踪调查(CLASS)2018年的调查数据显示,农村老年人就业基本集中于农、牧、渔业以及商业、服务业、制造业,如建筑工地工人、保安等,专业

---

① 前程无忧:《2022老龄群体退休再就业调研报告》,2022年10月19日,http://www.199it.com/archives/1507664.html,引用日期:2023年7月26日。
② 同上。
③ 任欢:《聚焦"银龄族"重返职场》,《光明日报》2022年11月22日,第7版。
④ 中华人民共和国国家发展和改革委员会:《老年人再就业释放人口红利》,2023年5月30日,https://www.ndrc.gov.cn/fggz/jyysr/jysrsbxf/202305/t20230530_1356850.html,引用日期:2023年7月26日。

技术人员占比非常小；城市老年人就业从事自由职业者的工作比例最高，其次是商业、服务业、制造业和农、牧、渔业。① 而许多老年女性都承担了照护孙辈的责任，因此直接进入劳动力市场的人数也相对更少。受我国传统的"男主外，女主内"家庭分工模式影响，无论城乡，女性老年人的家庭事务参与率都普遍高于男性老年人，② 在老年阶段，女性仍是为子女家庭提供劳务帮助的主要承担者。

## 二、超龄劳动者面临的困境

上述这些数据，无不证明目前我国许多老年人正处于"再就业"中，但是这个已经存在的普遍事实尚未在法律层面有充分的回应，也正因此，超龄劳动者常常面临各种不同程度的权益受损。下文将通过一些官方新闻媒体的报道来呈现他们所面临的困境。

### (一) 拖欠劳动报酬

用人单位为规避责任，经常不与超龄劳动者签署正规的合同，且超龄劳动者在法律上模糊、特殊的"劳动者"身份，使得随意拖欠超龄劳动者劳动报酬的事件屡见不鲜。比如，2018年《北京青年报》的一则新闻指出，一位78岁的高龄老年人薛春勤，因为没有养老保险，从2014年起在江苏盐城阜宁县的江苏富建集团旗下的一家工厂做门卫，口头约定月工资1 000元，然而2016年期间工厂仅支付了两个月的工资，有10个月工资被拖欠。涉事企业表示，双方并不存在劳动关系，即使去劳动部门也没用。在多次与富建集团沟通未果后，薛春勤家人希望通过阜宁县劳动部门维护自身权益，但是阜宁县劳动部门表示，由于老人的年龄超过了法定退休年龄，因此不属于其受

---

① 中国老年学和老年医学学会：《新时代积极应对人口老龄化发展报告——中国老龄化社会20年：成就·挑战与展望》，人民出版社2021年版，第335—336页。
② 复旦大学人口研究所任远教授主持的上海市委科研创新重大项目"新时代中国人口发展战略研究"在2021年开展了"积极应对人口老龄化社会调查"，调查显示，农村女性与男性的家庭事务参与率分别为63.60%与55.80%，城市女性与男性的家庭事务参与率分别为56.07%与48.02%。

理范围。① 再比如,2022年最高人民检察院公布了五起拒不支付劳动报酬的典型犯罪案例,其中一例涉及企业恶意拖欠超龄劳动者薪资。浙江省义乌市某文化传播有限公司在经营量贩KTV时,因经营不善拖欠方某某等27名员工工资97089元,其中两名员工年龄超过了退休年龄,为超龄劳动者。在此情形下,被欠薪的27名员工向义乌市人力资源和社会保障局投诉,然而,劳动行政部门以超龄劳动者和用人单位之间系劳务关系而非劳动关系,不受《中华人民共和国劳动法》保护为由,未将该2名员工的工资认定在责令支付的范围内。②

### (二) 随意辞退

根据法律规定,劳动者超过法定退休年龄,用人单位可以终止劳动合同,因此,超龄劳动者往往面临合法随意解雇问题。涉及此类问题的法律主要为以下两条:第一,《中华人民共和国劳动合同法》实施条例第21条规定,劳动者达到法定退休年龄的,劳动合同终止;第二,《中华人民共和国劳动合同法》第44条规定,劳动者开始依法享受基本养老保险待遇的,劳动合同终止。因为无强制规定,在实践中,用人企业往往采用前者随意解雇超龄劳动者。对于已经签订劳动合同而尚未退休的大龄劳动者,合同时间跨度往往多于该劳动者临近法定退休年龄的跨度,在此期间,用人单位为了降低用工成本,通常会在劳动者达到法定退休年龄后单方面终止劳动合同,解雇超龄劳动者。比如,家住上海闵行区的54岁的吴菊梅女士,于2006年入职绿都公司从事配送员工作,2016年达到法定退休年龄,此后绿都公司继续留用。双方签订最后一期的合同期限自2019年7月30日起至2021年11月30日止,而绿都公司于2020年4月10日通知吴菊梅该合同于同年4月30日终止。吴菊梅认为,自己虽已超过法定退休年龄,但因社保缴纳未满15年,无

---

① 殷国安:《超龄劳动者维权需要统一的法律指引》,《北京青年报》2018年4月27日,第2版。
② 中华人民共和国最高人民检察院:《检察机关依法惩治拒不支付劳动报酬犯罪典型案例》,2022年1月6日,https://www.spp.gov.cn/xwfbh/dxal/202201/t20220106_540955.shtml,引用日期:2023年7月26日。

法办理退休手续，未享受养老保险待遇，双方仍是劳动关系，所以绿都公司在双方签订的劳动合同未到期前终止双方劳动合同是违法行为。法院则认为该公司做法符合我国《劳动合同法》实施条例第 21 条规定，自吴菊梅女士退休次日双方便建立特殊劳动关系，绿都公司有权依据法律规定依法终止劳动合同。吴菊梅女士即使出示上海市宝山区人力资源和社会保障局为其 2020 年 3 月的工伤出具的认定书，以此推断双方存在劳动关系，法院却依然认为，即使工伤得以认定，也无法得出双方必然存在标准劳动关系的结论。[1]

另外，特殊劳动关系解除后，用人单位不承担经济补偿金，因此，解雇超龄劳动者违法成本低廉。超龄劳动者与用人单位之间的劳动关系存有一定的特殊性。在特殊劳动关系中，劳动者请求享受《中华人民共和国劳动法》《中华人民共和国劳动合同法》规定的劳动报酬、劳动保护、劳动条件、工作时间、休息休假、职业危害防护、福利待遇的，应予支持；劳动者请求签订无固定期限劳动合同、支付两倍工资、经济补偿、赔偿金及社会保险待遇的，不予支持，但双方另有约定的除外。比如，家住上海嘉定区的 55 岁的张玉英女士，自 2019 年 9 月起至某家政服务有限公司工作，从事介绍钟点工、派单等工作，但双方未签订书面合同，只是口头约定工资。2022 年 2 月后，该家政公司就一直未向其支付工资，直到 2022 年 6 月 13 日，张玉英女士无故被移出工作群，被解除了劳动关系。张女士要求家政公司支付被拖欠工资、未签订书面劳动合同的两倍工资差额、年休假工资、违法解除劳动合同赔偿金。法院认为，张女士 2021 年在家政公司工作时，就已经超过退休年龄，故双方不构成劳动关系，原告基于劳动关系主张的未签书面劳动合同两倍工资差额、年休假工资、违法解除劳动合同赔偿金，均缺乏事实和法律依据不予支持，只支持未支付的劳动报酬的偿还。[2] 同样的案例在上海市崇明区也

---

[1] 上海市第一中级人民法院：《吴菊梅与上海绿都乡音实业有限公司劳动合同纠纷二审案件二审民事判决书》，(2020)沪 01 民终 13698 号。
[2] 上海市杨浦区人民法院：《张玉英与挚恒天爱（上海）家政服务有限公司追索劳动报酬纠纷一审民事判决书》，(2022)沪 0110 民初 19763 号。

出现过。53岁的王菊平在2013—2019年,在上海某冲压件厂担任电焊工,但从未签订劳动合同或劳务合同。2019年4月1日,该厂以电话方式通知王女士停工,拖欠2019年1—3月的工资,且不依法出具退工单,致使王女士在此后求职过程中屡屡受挫。法院认为,虽然并无相关的劳动合同或者劳务合同证明王女士与工厂的关系,但并不影响其客观上为工厂提供劳动的事实,工厂应当支付被拖欠的工资。但是,因为王女士在该工厂工作时已经超过退休年龄,不能再建立劳动关系,其要求的未签书面劳动合同双倍工资差额、给付违法解除劳动关系代通知金、解除劳动合同经济补偿金没有法律依据,不予支持。[1]

### (三) 工伤认定与赔偿困难

首先,超龄劳动者工伤认定困难,劳动保障机构通常对其工伤申请不予受理,只能通过法院判决维护个人权益,花费大量的时间、精力和律师费,维权成本高昂。根据《工伤保险条例》第17条规定[2],工伤认定流程是先向劳动保障行政部门申请工伤认定,之后才能向社保部门申请报销。从实践看,多地劳动保障机构以超过退休年龄劳动关系自然消失对超龄劳动者的工伤申请不予受理。比如,2023年《农民日报》的相关报道指出,浙江宁波60岁的快递分拣员于凌晨进行分拣工作时,因心搏骤停猝死在岗位上。而当地人社局表示,60周岁本身不属于劳动者范畴,如果没缴纳工伤保险,就不能认定为工伤。[3] 再比如,家住上海市嘉定区的64岁张德珍女士也遇到同样的问题,其受聘于上海某餐饮公司,在下班过程中因工作场

---

[1] 上海市崇明区人民法院:《王菊平与上海景亿冲压件厂劳动合同纠纷一审民事判决书》,(2019)沪0151民初6986号。
[2] 《工伤保险条例》第十七条规定,职工发生事故伤害或者按照职业病防治法规定被诊断、鉴定为职业病,所在单位应当自事故伤害发生之日或者被诊断、鉴定为职业病之日起30日内,向统筹地区劳动保障行政部门提出工伤认定申请。遇有特殊情况,经报劳动保障行政部门同意,申请时限可以适当延长。用人单位未按前款规定提出工伤认定申请的,工伤职工或者其直系亲属、工会组织在事故伤害发生之日或者被诊断、鉴定为职业病之日起1年内,可以直接向用人单位所在地统筹地区劳动保障行政部门提出工伤认定申请。
[3] 刘知宜:《超龄劳动者工伤,谁来埋单?》,《农民日报》2023年3月1日,第5版。

所地面湿滑不慎摔伤骨折,向上海市嘉定区人力资源和社会保障局提出工伤认定申请。人保局作为劳动仲裁机构认为张德珍不具有劳动争议主体资格,因为在进入该公司工作时,其已超过法定退休年龄,且公司并未与其签订劳动合同,在受聘期间没有按项目参保等方式缴纳工伤保险费的记录,无充分证据证明其与公司之间存在劳动关系,对该申请不予受理。[1] 即使张女士后面又向法院申请判决,但劳动保障机构的行为仍属合理合法范围。因此总的来说,当前劳动保障机构对超龄劳动者完全无法起到应有的作用。

其次,根据现有司法解释,用人单位聘用的超过法定退休年龄的劳动者,因工伤亡的,可以认定为工伤,但目前法律适用仍不统一,对过往案例的答复很难提供普遍参照。最高人民法院行政审判庭倾向于采用工伤认定与劳动关系确认相分离原则,即不认定劳动关系的前提下,也可以享受工伤赔偿待遇,其对山东省高级人民法院报送的《关于超过法定退休年龄的进城务工农民工作时间内受伤是否适用〈工伤保险条例〉的请示》中明确表示用人单位聘用的超过法定退休年龄的务工农民,在工作时间内出于工作原因伤亡的,应当适用《工伤保险条例》的有关规定进行工伤认定。[2] 超过法定退休年龄的务工农民工,在其未享受养老保险待遇或领取退休金的前提下,因工伤亡的,可以认定为工伤;已经参与工伤保险的超法定退休年龄劳动者,因工伤亡的,也可以被认定为工伤。[3] 比如,2022年"中国新闻网"报道,53岁的云南人阮某在湖州一建筑工地工作时不慎从脚手架上摔下受伤。阮某要求工地项目公司为其申请工伤认定,但由于超过退休年龄而不能与公司形

---

[1] 上海市第二中级人民法院:《张德珍与上海市嘉定区人力资源和社会保障局劳动和社会保障二审行政判决书》,(2019)沪02行终386号。
[2]《最高人民法院行政审判庭关于超过法定退休年龄的进城务工农民因工伤亡的,应否适用〈工伤保险条例〉请示的答复》(〔2010〕行他字第10号,附山东省高级人民法院请示),用人单位聘用的超过法定退休年龄的务工农民,在工作时间内出于工作原因伤亡的,应当适用《工伤保险条例》的有关规定进行工伤认定。
[3] 连云港市中级人民法院:《连云港市超龄劳动者权益保护典型案例》,2022年11月30日,https://pkulaw.com/pal/a3ecfd5d734f711d1b9232b847afdb579786dbe01f8a7d20bdfb.html,引用日期:2023年7月26日。

成劳动关系，无法享受工伤保险。① 再比如，家住上海市奉贤区58岁的顾引连女士，在达到法定退休年龄后，一直在上海某技术学校担任保洁工作。2020年7月18日顾引连办理退休手续并领取养老保险金，2021年12月早晨顾引连在上班途中遭遇交通事故，要求通过认定与用人单位的劳动关系从而获得工伤赔偿。法院认为，根据《最高人民法院关于审理劳动争议案件适用法律问题的解释（一）》第三十二条之规定，②2020年7月至2021年12月顾引连与用人单位系劳务关系而非劳动关系，③虽然保洁工作的内容、工作场所及用工待遇等各项劳动条件在此期间没有发生任何变化，但顾女士收到的赔偿却大大减少。同样的事情也发生在北京，2022年《工人日报》报道，63岁的维修工卢师傅办理退休手续后被返聘到一家物业公司工作，双方建立了劳务关系。2018年7月16日，卢师傅在其受聘物业公司所服务的小区内清理排水口过程中，因墙体倒塌被砸伤。事后，卢师傅被医院诊断为骨盆、腰椎多处骨折，头部外伤、胸壁等多处挫伤，并接受了手术治疗。物业公司承担了部分医疗费和误工费，但没有赔偿其他费用，卢师傅将物业公司诉至法院。法院表示从现行法律法规看，劳动者达到法定退休年龄之后返聘或至其他单位工作继续提供劳务的，双方建立的是劳务合同关系，因此作为退休人员的卢师傅，不适用《中华人民共和国劳动法》及工伤保险的相关规定进行调解，而应根据《民法典》侵权责任的规定进行赔偿。④

再次，相较于城市，农村的超龄劳动者在工伤获赔方面更是处于劣势。最为典型的案件是由《法制日报》于2015年报道的一起事件。年过六旬的

---

① 中国新闻网：《"银发就业者"势必越来越多　他们的劳动权益如何保障》，2022年5月16日，http://www.chinanews.com.cn/cj/2022/05-16/9755387.shtml，引用日期：2023年7月26日。
② 《最高人民法院关于审理劳动争议案件适用法律问题的解释（一）》第三十二条之规定，用人单位与其招用的已经依法享受养老保险待遇或者领取退休金的人员发生用工争议而提起诉讼的，人民法院应当按劳务关系处理。
③ 上海市第一中级人民法院：《顾引连与上海栖才劳务派遣有限公司确认劳动关系纠纷二审民事判决书》，(2023)沪01民终5008号。
④ 张一衡：《退休返聘的劳动者发生工伤谁来赔》，《工人日报》2022年6月9日，第7版。

赵老汉作为"第一代农民工"在河北省承德市双滦区一处建筑工地打工，2012年老赵在拆除架子时摔落在地受伤，经鉴定构成十级伤残。在老赵住院治疗期间，建筑公司交了一部分医疗费之后便不再出钱。老赵的辩护律师认为老赵与该公司属于劳动关系，根据2010年3月最高人民法院下发的《最高人民法院行政审判庭关于超过法定退休年龄的进城务工农民因工伤亡的，应否适用〈工伤保险条例〉请示的答复》，超过退休年龄的农民工因工受伤属于工伤，且《劳动法》对达到法定退休年龄仍然从事劳动的农民工，未作禁止性规定。但建筑公司则认为两者是劳务关系，根据2010年9月的《最高人民法院关于审理劳动争议案件适用法律若干问题的解释（三）》第七条规定，[①]已经领取养老金的超龄劳动者其与用人单位属于劳务关系，而老赵在事发时已经开始领取新型农村养老保险金，已依法享受养老保险待遇。法院因难以确定具体适用的法律条文，审理一直陷入僵局，在提起诉讼一年后，急需后续治疗费用和生活费用的老赵只能接受法院调解，获得一定补偿。如果该案被认定为劳动关系，进而认定为工伤，则赵老汉可以获得8万元左右的赔偿；如果被认定为劳务关系，则只能获得1万元左右的赔偿。而赵老汉通过调解最终拿到的补偿，远达不到认定为劳动关系的标准。在此案中，农村超龄劳动者之所以处于劣势，一是虽然新型农村养老保险和城镇养老保险均为养老保险，但二者在数额、功能、性质等方面有很大区别，城镇养老保险金额可以满足居民的基本生活，农村养老保险金额则只能作为一种补贴，保障力度较小。而且《社会保险法》并没有将新型农村社会养老保险纳入社会统筹的范围，也就是说其并不是真正意义上的基本养老保险。[②]二是最高人民法院的司法解释下发自2010年，而新型农村社会养老保险开始推行是在2010年后，新型农村养老保险制度的出台，打乱了相关

---

[①]《最高人民法院关于审理劳动争议案件适用法律若干问题的解释（三）》第七条规定，用人单位与其招用的已经依法享受养老保险待遇或领取退休金的人员发生用工争议，向人民法院提起诉讼的，人民法院应当按劳务关系处理。
[②] 周宵鹏：《高龄民工劳动保护尚缺共识之殇 超龄工伤难获赔》，《法制日报》2015年5月24日，第2版。

法律及司法解释构成的保障体系。

最后,即使超龄劳动者被成功认定为工伤,其享受的各种工伤保险待遇的获取会有一定削减,可获得停工留薪期工资和一次性伤残就业补助金,不再享受一次性工伤医疗补助金、一次性伤残就业补助金。根据《工伤保险条例》第三十六条规定,工伤人员因工致残被鉴定为七级至十级伤残的,享受以下待遇:……(二)劳动合同期满终止,或者工伤人员本人提出解除劳动合同的,由工伤保险基金支付一次性工伤医疗补助金,由用人单位支付一次性伤残就业补助金。在该规定中,享受一次性工伤医疗补助金的前提是解除或终止劳动、聘用合同,而超龄劳动者与用人单位之间一般不会发生解除、终止劳动合同,不具备享受该待遇的前提。用人单位向劳动者支付的一次性伤残就业补助金是对劳动就业年龄范围内工伤劳动者部分丧失劳动能力影响就业的一种补偿,而超过法定退休年龄后再就业则不属于劳动法律关系保护范围。所以对超过法定退休年龄的人员,即便被认定为工伤及享受工伤保险待遇,也不再享受一次性伤残就业补助金。而超龄劳动者工伤,可享有一次性伤残补助金,因为工伤保险基金按照规定赔付工伤人员一次性伤残就业补助金、治疗工伤所需医疗费、到签订服务协议的医疗机构进行工伤康复的费用、经劳动能力鉴定委员会确认的辅助器具费用,即一次性伤残补助金。比如,家住上海市闵行区的59岁的王海英女士,在上海江城市容服务管理有限公司工作,在上下班途中遭遇交通事故。经相关部门审查后,认定其为发生工伤并被鉴定为因工致残程度十级。因此,王女士主张支付一次性工伤医疗补助金、一次性伤残就业补助金、一次性伤残补助金和休息四个月的工资。法院认为,工伤保险基金根据王女士个人情况赔付一次性伤残补助金,交通事故责任人则补偿留薪期间的工资;无法赔付一次性工伤医疗补助金、一次性伤残就业补助金是因为,根据《上海市工伤保险实施办法》第四十一条之规定,因工伤人员退休或者死亡使劳动关系终止的,不享受此二项补助金。王海英因超过法定退休年龄后才至江城公司工作,故与江城公司之间不存在劳动关系,不能享受一次性伤残就业补助金和一次性工伤医疗补助金。①

## 第三节 部分发达国家对超龄劳动者的保障措施

随着全球多国人口老龄化现象加剧,越来越多的超龄劳动者参与就业已经成为趋势,尤其是在老龄化较为严重的发达国家。针对超龄劳动者就业问题,各国相继采取相关政策措施,包括改革退休和社保体系、立法规定薪资待遇等,确保超龄劳动者在再就业过程中的合法权益得到保护。

### 一、日本

作为老龄化程度最高的国家之一,日本鼓励退休人员再次就业以解决养老问题。在就业合法性方面,日本颁布法律保障退休人员再次劳动的权利。1966 年颁布的《雇佣对策法》要求雇主为中高龄从业者提供一定比例的工作岗位,并修改了《职业安定法》,进一步规定了雇主要有维持中高龄从业者雇佣率的义务。1967 年出台的《有关促进中高龄者雇佣的特别措施法》,建立了高龄者雇佣率制度,规定所有工种对 55 岁以上劳动者的雇佣率一律为 6%。1986 年《特别措施法》改名为《高龄者雇佣安定法》,规定企业有义务尽量雇佣劳动者至 60 岁。2013 年,《高龄者雇佣安定法》修订案硬性规定企业有义务采取措施保障老年人就业,需要从延迟退休、摒弃退休制度、返聘三种方案中选择其一,特别是对年满 60 岁且有工作意愿的老年人,应保障其工作到 65 岁。2020 年 3 月,《高龄者雇佣安定法》再次修订,增加了用人单位在确保满足老年人到 70 岁为止享有就业机会的相关条例。

在就业准备方面,日本政府主动推进对高龄劳动者的就业指导、技能培训与就业安置。1975 年日本建立"银发人力资源中心"(Silver Human

---

① 上海市第一中级人民法院:《王海英与上海江城市容服务管理有限公司劳动合同纠纷民事二审案件民事判决书》,(2021)沪 01 民终 16099 号。

Resources Center），专门作为老年人工作的中介机构，为老年人重新进入人才市场提供更多的信息和机会；此外，部分地方中心提供辅导高龄人士再就业的训练，如爱知县资源中心每年推出的"专业建物管理员养成课程"。日本的高龄者就业支持专门机构——日本老年人和残疾人就业组织（JEED），为高龄就业者提供招聘指导，并进行实地调查，要求雇主定时提供高龄者工作报告，协助政府完成对雇主和雇员帮助、指导、奖励的措施。

在就业保障方面，日本对超龄劳动者的相关社会福利提供保护。2016年3月通过的《雇佣保险改革法案》规定，老年人可以继续加入雇佣保险，失业时最多可以得到相当于失业前50天工资的补偿。日本还考虑到超龄劳动者的身体状况，控制超龄劳动人员的工作时长。如本田汽车公司规定超龄人员每日工作时间减半，从而充分保障超龄人员的休息权利。此外，日本工伤保险基本覆盖全体在社会中从事工作的各类人群，超龄劳动者也包括在其中，根据《劳动者灾害补偿保险法》第三条之规定，只要是雇佣员工的企业均能适用该法，只要超过五名雇工企业就必须参加工伤保险。

### 二、韩国

在就业合法性方面，韩国出台法律促进高龄者就业。1991年制定了《高龄者就业促进法》，规定企业有义务雇佣一定比例以上的老年人；2005年韩国劳动部制定了《促进高龄者就业基本计划》；2007年6月通过《高龄者就业促进法》实施细则。通过以上法律，韩国建立了具有系统性和综合性的促进高龄者就业制度。韩国法律禁止歧视高龄应聘者。此外，韩国政府2007年开始3期5年专案计划，在第三次《高龄者就业促进五年基本计划（2017—2021）》中规定，营造适合高龄者的就业环境，为高龄者提供专门培训，并以扩大退休人员的就业机会为主要政策目标之一。①

为了应对年龄歧视问题，2008年韩国将《高龄者就业促进法》更名为《禁止就业年龄歧视和促进高龄者就业法令》。首先，从招聘、工资、晋升、福

---

① 郭振昌：《韩国高龄就业政策与对台湾的启发》，"台湾新社会智库"政策报告，2022年2月9日。

利等方面禁止企业设置年龄门槛,并制定了如果受雇老年人遭受歧视可以向国家人权委员会说明情况等援助制度。[①] 其次,该法律要求300人以上员工企业对于高龄者的标准雇佣率分别达到制造业2%;交通运输业、房地产业、租赁业6%;其余3%的标准;未达成者则处500万韩元以下罚款。然后,对于中央和地方政府、政府出资事业单位中的基层岗位和部分专业岗位,优先聘用高龄者。再次,2020年新增规定千人以上员工企业对于退休前3年内已投保就业保险1年以上的员工(若有再就业意愿与能力者),有义务为其提供职业咨询、职业培训和就业安置。最后,若企业对高龄者进行不当解雇或调动,将对企业责任人处2年以下有期徒刑或处1000万韩元以下罚款。

此外,韩国老人福利部、韩国老人人力开发院及自治团体联合开发了适合老年人的工作岗位,在支援老年人就业方面效果突出,这些岗位包括公益型、教育型、福利型、市场型、人力派遣型等形式。同时,韩国制定"促进老年人就业奖励制度",向那些雇佣年龄大、学历低的老年人的企业提供适当的补助金,以此减轻企业在雇佣老年人方面的负担。在专门的就业政策机构(劳动研究所等)设立"高龄化社会就业和劳动政策中心",韩国就业信息院(KEIS)2021年1月25日重组,建立大数据中心和高龄化社会研究团队,加强对高龄者就业情况和政策状况的分析,拟开展高龄者再就业支持服务评估咨询等工作。

表 12-2　　　　　　　　　韩国老年人工作岗位类型[②]

| | |
|---|---|
| 公益型 | 巡逻街道、自然环境管理、维护交通安全、保护公共设施 |
| 福利型 | 儿童青少年保护事业、文化福利事业、托儿所保育员 |
| 教育型 | 文化设施讲解员、兴趣班讲师、老年教育讲师 |
| 市场型 | 饮食业、干洗店、地方务农、特产品的制造及销售 |
| 派遣型 | 加油站员工、园艺员、考试监督员、收发员 |

---

① 丁英顺:《韩国老年福利制度的发展及特征》,《东北亚学刊》2017年第3期。
② 资料来源:丁英顺:《韩国老年福利制度的发展及特征》,《东北亚学刊》2017年第3期。

### 三、新加坡

新加坡面对愈加严重的人口老龄化问题，采取了积极的应对措施，鼓励老年人继续发挥余热。2012年开始实施的《退休与重新雇佣法令》为老年人再就业提供了法律保障。该法律规定，当劳动者达到62岁的退休年龄，但身体状况和工作表现仍好，雇主需要继续雇佣其至满65岁，这部分劳动者拥有退休或继续劳动的选择权，重新受雇年龄上限为67岁。如果雇主无法提供合适的工作岗位，需要为其支付5 500新元至1.3万新元的雇佣援助金。

新加坡政府通过给予老年就业者及雇主双方优惠政策，鼓励到达法定退休年龄的老年人继续工作，例如降低雇主和雇员的公积金缴费率，主动雇佣65岁及以上员工的企业还能获得政府提供的特别就业补贴。其中最为重要的补贴计划有两个。一个是年长员工就业补贴（Senior Employment Credit，简称SEC），雇主若聘用60岁及以上、月薪不超过4 000新元的本地雇员，最高可获8%的薪金补贴；聘请年龄越高的雇主，所能获得的薪金补贴比例越高。另一个是部分工时员工重新雇佣津贴（Part-Time Re-employment Grant，简称PTRG），为年长员工提供更多机会被重新受雇，担任兼职工作。为鼓励雇主聘请更多年长者全职或兼职工作，新加坡对该两项津贴的补贴时间延长至2025年后。

此外，新加坡政府还推行优化职场计划，为超龄者重新就业提供各种培训，帮助其提升就业技能，适应社会发展需求。同时，新加坡政府提供部分老年人政策优惠岗位，主要为低技术含量、劳动强度不高的岗位，如校园内清洁工和食堂服务人员。

### 四、美国

美国通过立法取消退休年龄限制和禁止年龄歧视。美国首次涉及就业年龄歧视的立法是1963年《联邦同工同酬法》，解决不同身份员工的薪酬问题，保障了包括老年人在内劳动者工作报酬的利益。1964年《民权法》第七章首次对禁止年龄歧视作出明确的规定。1967年制定《禁止年龄歧视雇佣法》，禁止雇主因年龄歧视劳动者，帮助超龄再就业人员能够和普通劳动者一样获得平等的工作机会。这也是世界上最早的一部明确反对劳动力市场中年龄歧视的法律。① 20世纪80年代美国对《就业年龄歧视法》进行三次修订后，除具有特殊性要求的行业外，不再对劳动年龄进行上限限制，劳动者可以在用工单位工作至离世，同时废除了法定退休制度。

美国利用养老金退休补助改革，激励老年劳动力再就业。《养老金法》规定，超龄再就业人员具有自由选择的权利，可以选择就业或休息。若选择就业，养老金将暂停发放直至其不工作为止，且养老金金额可增长0.25%。美国还对超龄劳动者的工作时间进行了明确的规定，为每年1900小时，若有违反，相关的雇主将会得到处罚。同时，为了让超龄劳动者获得更好的工作机会，美国建立了面向退休人员的信息网站专供信息交流，提供特定用途的数据库和专业服务平台，以帮助其寻找适合岗位，同时成立了第三方中介机构和具有公益性的管理机构。政府开发专门的审核测试程序，评估超龄人员的工作能力和身体状况等。同时，美国联邦老龄管理局资助建设社区大学，开展社区型的老年教育，帮助老年人掌握新的技能和知识。② 此外，《劳动者和劳动者事故保险法》明确规定，劳动者必须能够享受劳动者法的保护，只要该劳动者在事故中被伤害即可享受赔偿。现在美国各州已经制定自己的劳动伤害保险法，实现劳动保险以及工业意外保险的全部覆盖。

## 五、英国

英国在超龄劳动者就业问题上大致呈现从教育到立法的过程。1993年英国发起了"变老运动"（Getting On），引导雇主认识到招聘老年人的价值，出版针对多样化年龄群体的实务手册，禁止在就业招聘广告中出现诸如

---

① 殷俊、陈天红：《美国延迟退休激励机制分析——兼论对中国延迟退休年龄改革的启示》，《经济与管理》2014年第4期。
② 杨庆芳：《我国老年教育发展探究——基于积极老龄化的视角》，知识产权出版社2014年版，第3页。

年龄上限的要求。1998年，政府出台了年度关键指标，通过指标保障老年员工在劳动力市场上的平等地位和合法权益。之后，受到欧盟相关法律法规的启发，英国于2004年通过《雇佣关系法》，立法保障老年人享有劳动权利，从法律上解决了超龄就业人员就业的阻碍。同年，英国在《联系年龄支付法》中正式提出区分非正常退休年龄与延期退休年龄的待遇，主动选择非正常退休年龄的公民一旦退休，则养老保险金会相应减少；反之，选择延期退休的劳动者其养老保险金随之增加。说明英国认为到了退休年龄的劳动者依然可以选择不领取养老保险金，继续工作。

超龄就业人员在招聘的过程中以及解聘的过程中还存在被歧视的情况，为此2006年英国颁布《雇佣平等年龄规则》，赋予了不同年龄劳动者享有同等的解雇或裁员补助等一系列权利。英国2004年通过《平等法》，成立"平等和人权委员会"，更好地为涉及年龄、残障、性别等六个领域的平等及人权提供支援，且该委员会具有对消除就业年龄歧视法令的建议权和执行权。此外，政府为了进一步鼓励超龄人员再就业，规定在法定退休年龄退休的人，领取的养老金相应地会减少0.5%；若延迟退休，则可以多领取原有养老金的0.7%。

## 六、德国

德国为提高超龄劳动者的就业机会做出了多种尝试。第一，成立劳动力市场现代服务委员会（即哈茨委员会），在《劳动力市场的综合改革制度》中规定，如果雇佣55岁以上的失业者，则该雇主可被免去缴纳失业保险费的义务。第二，开展"动议50＋"政策，推动50岁及以上的劳动者就业，一方面补偿低收入工作劳动者，另一方面以政策或补贴的方式，激励用工方给上述群体提供劳动机会，促进其就业。[①] 第三，通过"新工作质量计划"，致力于维持和发展高龄劳动者的再就业能力，关注其终身学习和健康。第四，工伤保险覆盖面极广，超龄劳动者能享受应有的工伤保险。在德国，无论年龄、

---

[①] 钟仁耀、马昂：《弹性退休年龄的国际经验及其启示》，《社会科学》2016年第7期。

种族、性别、收入或在职时间长短，只要存在雇佣关系，"雇主"有为"雇员"缴纳工伤事故保险金的法定义务，所有"雇员"都有权享受工伤事故保险的保护，甚至包括囚犯和学生。[①] 第五，德国在2006年颁布《一般平等待遇法》（即《平等待遇基本法》），针对就业年龄歧视问题给予专门的法律保障。[②]

## 第四节　结语

无论从农业劳动力保障供给角度，还是从提高超龄劳动者基本社会保障的人道主义角度考虑，提高超龄劳动者的就业保障水平都势在必行。我国乡村超龄劳动者的就业保障既需要更系统的社会保障政策的支持，也需要老年人在产业升级背景下的技能提升，当然，也依赖于乡村产业发展对这类劳动力的吸纳能力。据此，我们提出以下四点建议：

第一，规避超龄劳动者再就业的风险，提高超龄劳动者的基本权利保障。在法律上保护超龄劳动者的合法权益，既要提高他们拥有获取劳动机会的制度保障，也要充分考虑老年人参加生产性劳动所可能面临的风险，并对之有效规避并设置保障。比如，为参与就业的超龄劳动者购买意外保险，并提供更多针对超龄劳动者的意外保险险种。在这方面，安信农保就针对务农人员提供了人身意外伤害的保险，建议也可针对超龄劳动者设计相应的保险产品。

第二，增加超龄劳动者的就业信息获取渠道。目前许多老年人的就业信息获取仍然只是通过"熟人介绍"，虽然村里有"就业援助员"，但是主要服务对象是未达到退休年龄的劳动力，对达到退休年龄的老年劳动力往往较为忽视。许多国家都专门设计了相关的政策促进老年人的就业信息获取渠道，相信这样的政策也会为我们提供借鉴。

第三，加大政府扶持力度，降低经营主体吸纳老年人就业的用工成本。

---

[①] 姚玲珍：《德国社会保障制度》，上海人民出版社2011年版，第295页。
[②] 蔡定剑、刘小楠：《反就业歧视法专家建议稿及海外经验》，社会科学文献出版社2010年版，第72—73页。

政府应将"保障和促进老年人就业"作为一种提高养老水平的"福利",其衍生的附加价值才是劳动资源的有效利用问题。在这样的认识基础上,应该降低经营主体吸纳老年劳动力的成本。比如前文提到的,20世纪90年代中后期以来,德国和法国两国政府分别在公共部门和私有经济领域制定并实施了差别化的老年人口就业政策。政府重点在公共部门和公共产品民营化领域挖掘和创造了大量适合老年人口就业的临时性岗位,而为了挖掘老年人口的人力资本潜能,政府通过采取向用人单位提供就业补贴和降低社会保险费缴纳比例等措施,积极地引导和鼓励私有经济领域部门向老年人口提供就业机会。这样的举措也应被重视和借鉴。

第四,增加针对超龄劳动者的再就业培训机会。许多超龄劳动者的身体和精神状况仍然处于非常旺盛的状态,仍有很强的学习能力。因此,建议多提供一些针对超龄劳动者劳动技能提升的专业培训,为他们量身定做更丰富的课程进行能力提升。

总的来说,正如林进龙和穆光宗的研究所指出的,市场对资源配置的决定性作用叠加"未富先老"的基本国情,决定了我国必将走向生产性老龄化的老龄社会治理道路。① 然而,当老年人走上这条生产性老龄化的道路时,国家与社会应该给予其基本权益保护,这应是比任何其他劳动者都更亟须考虑的制度设置问题。不仅关乎人力资源的充分利用,也关乎对老年人进行社会保护的人道主义问题。

---

① 林进龙、穆光宗:《生产性老龄化:反思、超越与中国化》,《探索与争鸣》2023年第3期。

# 参 考 文 献

[1] Alan Walker, "Active ageing in employment: its meaning and potential", *Asia Pacific Review*, Vol.13, No.1, May 2006, pp.78-93.

[2] Anagnost A. S., "Strange circulations: the blood economy in rural China", *Economy and Society*, 2006,35(4), pp.509-529.

[3] Ann Bowling, *Ageing Well: Quality of Life in Old Age*, UK: Open University Press, 2005.

[4] Arun, L., Narmatha, N., Manivannan, A., Sakthivel, K.M. & Uma, V., "Profile of broiler contract farmers and their knowledge level in contract farming", *Indian Journal of Animal Research*, 2014, p.48.

[5] Au, W., "Meritocracy 2.0: High-stakes, standardized testing as a racial project of neoliberal multiculturalism", *Educational Policy*, 30.1(2016), pp.39-62.

[6] Bakken, Borge, "The Exemplary Society: Human Improvement, Social Control, and the Dangers of Modernity in China," Oxford: Oxford University Press, 2000.

[7] Barbosa, L., "Meritocracy and Brazilian society", *RAE-Revista de Administração de Empresas*, 54.1(2014), pp.80-85.

[8] Bell, D. A., "Meritocracy is a good thing", *New Perspectives Quarterly*, 29.4(2012), pp.9-18.

[9] Bellows, T. J., "Meritocracy and the Singapore political system", *Asian Journal of Political Science*, 17.1(2009), pp.24-44.

[10] Bouchard G., "Family reproduction in new rural areas: Outline of a North American model", *Canadian Historical Review*, 1994,75(4), pp.475-510.

[11] Bourdieu, P., *Reproduction in Education*, Society and Culture Sage, 1990.

[12] Butler R. N. & Gleason, H. P., *Productive Aging: Enhancing Vitality in Later Life*, New York: Springer Publishing Company, 1985, p.148.

[13] Camp W G., "Smith, Hughes, Page, Prosser", *The Agricultural Education Magazine*, 2017,89(4).

[14] Caro. F. G., "Productive Aging: An Overview of the Literature", *Journal of Aging Society Policy*, 1994, 6(3), pp. 39–71.

[15] Castilla, E. J. and Stephen Benard, "The paradox of meritocracy in organizations", *Administrative science quarterly*, 55.4(2010), pp. 543–676.

[16] Chayanov, Alexander, *Die lehre von der bauerlichen wirtschaft, versuch einer theorie der familienwirtschaft im Landbau*. Berlin: Verlagsbuchhandlung Paul Parey. 1923, p. 7

[17] Chen N., "Secularization, sacralization and the reproduction of sacred space: Exploring the industrial use of ancestral temples in rural Wenzhou, China", *Social & Cultural Geography*, 2017, 18(4), pp. 530–552.

[18] Chong, T., "Vocational education in Singapore: meritocracy and hidden narratives", *Discourse: Studies in the Cultural Politics of Education*, 35.5 (2014), pp. 637–648.

[19] Corbett, Ross J., "The fading promise of a more meritocratic society", *The Future of Liberal Education*, Routledge, 2016, pp. 39–44.

[20] Croft, Genevieve K., "The US land-grant university system: An overview", *CRS Report*, 45897(2019).

[21] Croll E. J., "Women in rural production and reproduction in the Soviet Union, China, Cuba, and Tanzania: Socialist development experiences", *Signs: journal of women in culture and society*, 1981, 7(2), pp. 361–374.

[22] Doeringer, P. B. and Piore, M. J., *Internal Labor Markets and Manpower Analysis*. Lexington, MA: Heath, 1971.

[23] Ermisch, J., Markus J. and Timothy M. S., eds., *From parents to children: The intergenerational transmission of advantage*, Russell Sage Foundation, 2012.

[24] European Commission, Delivering Lisbon • Reforms for the enlarged Union, Brussels: Commission to the Spring European Council, 2002, p. 6.

[25] Fertig M., Schmidt C. M., Schneider H., "Active labor market policy in Germany — Is there a successful policy strategy?", *Regional Science & Urban Economics*, 2006, 36(3), pp. 399–430.

[26] Fowkes, B. ed., *Capital: Volume 1*, London: Penguin Books Publishing Company Press, 1992.

[27] Fraser, N., "Crisis of Care? On the Social-Reproductive Contradictions of Contemporary Capitalism", *Social Reproduction Theory*, London: Plute Press, 2017.

[28] Gilbert N. and Van Voorhis R. A., "Activating the Unemployed: A comparative appraisal of work-oriented policies(eds)", *International Social Security Series*, Vol. 3, New Brunswick (NJ) and London: Transaction

Publishers, 2001, pp. 3&81&215.

[29] Goldin, C., "Career and Family: College Women Look to the Past", Working Paper, 1995.

[30] Gonzales E., Matz-Costa C., Morrow-Howell N., "Increasing Opportunities for the Productive Engagement of Older Adults: a Response to Population Aging", *Gerontologist*, 2015, 55(2), pp. 252-261.

[31] Graeub, Benjamin E., Chappell M. J., Hannah Wittman, Samuel Ledermann, Rachel Bezner Kerr and Barbara Gemmill-Herren, "The State of Family Farms in the World", *World Development*, Vol. 87, November 2016, pp. 1-15.

[32] Hairong, Yan. "Neoliberal Governmentality and Neohumanism: Organizing Suzhi/Value Flow through Labor Recruitment Networks", *Cultural Anthropology*, 2010, pp. 493-523.

[33] Harrell R., Rodgers J., *American poverty in a new era of reform*, New York: Armonk, 2006, pp. 81&112.

[34] Harry R. Moody, "A Strategy for Productive Aging: Education in Later Life", in Scott A. Bass, Francis G. Caro, Yung-Ping Chen, *Achieving a Productive Aging Society*, United States of America: Auburn House, 1993, pp. 221-232.

[35] Hebbink, G. E., "Production factor substitution and employment by age group", *Economic modeling*, Vol. 10, 1993, pp. 217-234.

[36] Herberle Rudolph, "The causes of rural-urban migration a survey of German theories", *American journal of sociology*, 46.6, 1938, pp. 932-950.

[37] Herzog A. R., House J. S., "Productive Activities and Aging Well", *Generations*, 1991, 15(1), pp. 49-54.

[38] Hobson, J. M., *The Eastern origins of Western civilisation*, Cambridge University Press, 2004.

[39] Hsu, C. L., "The city in the school and the school in the city: Ideology, imagery, and institutions in Maoist and market socialist China", *Visual Studies*, 2008, pp. 20-33.

[40] Huang, H., "Personal Character or Social Expectation: A formal analysis of 'suzhi' in China", *Journal of Contemporary China*, 25.102, 2016, pp. 908-922.

[41] Hunt, M. O., "The individual, society, or both? A comparison of Black, Latino and White beliefs about the causes of poverty", *Social forces*, 1996, 75(1), pp. 293-322.

[42] Imbroscio, David, "Urban policy as meritocracy: A critique", *Journal of Urban Affairs*, 38.1(2016), pp. 79-104.

[43] Inese Kalvane, "Business Model Choice for Latvian Public Employment Service: What is the Best for Labour Force Competitiveness?", *Procedia-Social and Behavioral Sciences*, 2015(213), pp.99-104.

[44] Jacobs T., Slotbeschouwingen. "'Actief ouder worden' en 'autonomie': twee kernbegrippen voor het ouderenbeleid? [Concluding remarks. 'Active ageing' and 'autonomy': two key concepts for policy on older adults?]", In Jacobs, T., Vanderleyden, L. and Vanden Boer, L. (eds), Op latere leeftijd: de leefsituatie van 55-plussers in Vlaanderen, Garant, Antwerp, Belgium, 2004, pp.329-342.

[45] Jonathan Gruber, David A. Wise, *Social Security Programs and Retirement Around the World: The Relationship to Youth Employment*, Chicago: University of Chicago Press, 2010.

[46] Kaland, O. J., "The cultural production of the 'quality citizen': internalisation, appropriation and re-configuration of suzhi discourse among migrant youths in Shanghai, China." *Globalisation, Societies and Education*, 2019.18(3), pp.303-316.

[47] Katz C., "Sow what you know: the struggle for social reproduction in rural Sudan", *Annals of the Association of American Geographers*, 1991, 81(3), pp.488-514.

[48] Kipnis. A., "Suzhi: A Keyword Approach", *The China Quarterly*, 2006, pp.295-313.

[49] Kipnis and Andrrew, "Suzhi: A Keyword Approach", *The China Quarterly*, 2006, pp.295-313.

[50] Koning, N., "The Failure of Agrarian Capitalism: Agrarian Politics in the UK, Germany, the Netherlands and the USA, 1846-1919", London: Routledge, 2002.

[51] Kung J. K., "Off-farm labor markets and the emergence of land rental markets in rural China", *Journal of Comparative Economics*, Vol. 30, No.2, June 2002, pp.395-414.

[52] Kunz R., "The crisis of social reproduction in rural Mexico: Challenging the 're-privatization of social reproduction' thesis", *Review of International Political Economy*, 2010, 17(5), pp.913-945.

[53] Lan, P., "Segmented Incorporation: The Second Generation of Rural Migrants in Shanghai", *The China Quarterly*, 2014, pp.243-265.

[54] Lee, R. & A. Mason, "Is low fertility really a problem?" *Science*, (346), pp.229-234.

[55] Li, M., & Zhang, Q., "Meritocracy, Suzhi Education and the Use of Live-Streaming Technology in Rural Schools in Western China", *The China*

  *Quarterly*, 2023, pp. 1 - 16.
[56] Lin, Y., "Turning rurality into modernity: Suzhi education in a suburban public school of migrant children in Xiamen", *The China Quarterly*, 2011, 206, pp. 313 - 330.
[57] Lipsey, D., "The meretriciousness of meritocracy", *The Political Quarterly*, 85.1(2014), pp. 37 - 42.
[58] Liu, Bao-Peng, Qin, Ping, Jia and Cun-Xian, "Behavior characteristics and risk factors for suicide among the elderly in rural China", *The Journal of Nervous and Mental Disease*, Vol. 203, No. 3, 2018, pp. 195 - 201.
[59] Liu J., "Ageing, migration and familial support in rural China", *Geoforum*, 2014, 51, pp. 305 - 312.
[60] Mann S. A. and Dickinson, J. M., "Obstacles to the development of a capitalist agriculture", *The Journal of Peasant Studies*, 5(4), pp. 466 - 481.
[61] Martin, G. et al., "In the name of meritocracy: managers' perceptions of policies and practices for training older workers", *Ageing & Society*, 34.6 (2014), pp. 992 - 1018.
[62] Martin J. P. &Grubb D., "What works and for whom: A review of OECD countries' Experiences with active labour market Policies", *Swedish Economic Policy Review*, 2001.
[63] Massimiliano Agovino, Agnese Rapposelli, "Does flexicurity promote the employment of disabledpeople? A panel analysis for Italian regional data", *Springer Science+Business Media Dordrecht*, 2015, 9, pp. 2086 - 2105.
[64] McNamee, Stephen J. and Robert K. Miller, *The meritocracy myth*, Rowman & Littlefield, 2009, pp. 11 - 16.
[65] Mitchell, Timothy, *Rule of experts: Egypt, techno-politics, modernity*. Berkeley: University of California Press, 2002.
[66] Moramarco, K. M., Seeking suzhi through Modernization and Development, Doctoral dissertation, University of Kansas, 2017.
[67] Murphy, R., "Turning Peasants into Modern Chinese Citizens: 'Population Quality' Discourse, Demographic Transition and Primary Education", *The China Quarterly*, 2004, pp. 1 - 20.
[68] N. N., K. A., Felister, M. & Natalia, K. A., "Construct the efficiency of contract farmers and Non-Contract farmers on cocoa production", *International Journal in Management & Social Science*, 2019, p. 6.
[69] Newman, Benjamin J., Christopher D. Johaston and Patrick L. Lown, "False Consciousness or Class Awareness? Local Income Inequality, Personal Economic Position, and Belief in American Meritocracy", *American Journal*

of Political Science, 59.2,2015, pp.326 – 340.
[70] NIñO, H. P. , "Migrant workers into contract farmers: processes of labour mobilization in colonial and contemporary Mozambique. Africa ", International Journal in Management & Social Science, 2017, p.87.
[71] O'Brien, K. J. and L. Li, "Chinese Political Reform and the Question of 'Deputy Quality'." China Information, 1993, pp.20 – 31.
[72] OECD, Maintaining prospertiy in an aging society, Paris: OECD, 1998, p.84.
[73] Panayotakis, C., "Capitalism, Meritocracy, and Social Stratification: A Radical Reformulation of the Davis-Moore Thesis." American Journal of Economics and Sociology, 73.1(2014), pp.126 – 150.
[74] Pappas, G. and Christopher W. T. , "Meritocracy the great American myth? A look at gatekeeping in higher education", College and University, 86.1 (2010), p.28.
[75] Peng Jia, Jincai Zhuang, Andrea Maria Vaca Lucero, Charles Dwumfour Osei and Juan Li, "Does Participation in Local Non-agricultural Employment Improve the Mental Health of Elderly Adults in Rural Areas? Evidence From China", Frontiers in Public Health, Vol.9,2021, pp.1 – 13.
[76] Performance And Innovation Unit, Winning the generation game: Improving opportunities for people aged 50 – 65 in work and community activity, London: Cabinet Office, 2000, p.7.
[77] Perry, E. J., "Studying Chinese politics: farewell to revolution?", The China Journal, 2007(57), pp.1 – 22.
[78] Poocharoen, Ora-orn and Alex Brillantes, "Meritocracy in Asia Pacific: Status, issues, and challenges", Review of Public Personnel Administration, 33.2(2013), pp.140 – 163.
[79] Reynolds, J. and He X. , "Perceptions of meritocracy in the land of opportunity", Research in Social Stratification and Mobility, 36 (2014), pp.121 – 137.
[80] Ron Haskins,"Work Requirements and Government Subsidies Will Reduce Poverty." In Welfare, (Ed.) by James Haley, San Diego: Greenhaven Press, 2003.
[81] Sliwa, M. and Marjana J. , "The discourse of meritocracy contested/ reproduced: Foreign women academics in UK business schools ", Organization, 21.6(2014), pp.821 – 843.
[82] Schubert, Gunten & Anna L. Ahlers, "County and Township Cadres as a Strategic Group: 'Building a New Socialist Countryside' in three provinces." The China Journal, 67.1(2012), pp.67 – 86.

[83] Schubert, Gunter and Anna L. Ahlers, "County and township cadres as a strategic group: 'Building a New Socialist Countryside' in three Provinces", *The China Journal*, 67.1(2012), pp. 67 – 86.

[84] Sealy, R., "Changing perceptions of meritocracy in senior women's careers", *Gender in Management: An International Journal*, 25. 3(2010), pp. 184 – 197.

[85] So, Bennis Wai Yip, "Exam-centred meritocracy in Taiwan: Hiring by merit or examination?", *Australian Journal of Public Administration*, 74. 3 (2015), pp. 312 – 323.

[86] Stark, O., "Research in Rural to Urban Migration in Less Developed Countries: the confusion frontier and why we should pause to rethink afresh", *World Development*, 1982, pp. 63 – 70.

[87] Stark, O. and D. E. Bloom, "The New Economics of Labor Migration", *American Economic Review*, 1985, pp. 173 – 178.

[88] Talib, N. and Richard F., "Inequality as meritocracy: the use of the metaphor of diversity and the value of inequality within Singapore's meritocratic education system", *Critical Discourse Studies*, 12. 4 (2015), pp. 445 – 462.

[89] Tao Yang, "China's land arrangements and rural labor mobility", *China Economic Review*, Vol. 8, No. 2, June 1997, pp. 101 – 115.

[90] Todd, S., *The People: The Rise and Fall of the Working Class, 1910 – 2010*. Hachette UK, 2014.

[91] Van den Heuvel, N., Herremans, W., van der Hallen, P., Erhel, C. and Courtioux, P., De arbeidsmarkt in Vlaanderen [The Labour Market in Flanders], Special Issue: Active Ageing, Early Retirement and Employability. Garant, Antwerp, Belgium, 2006.

[92] Verté, D. and De Witte, N., "Ouderen en hun participatie aan het maatschappelijke leven [Older Adults and Their Participation in Societal Life]", *UVV-info*, March-April 2006, pp. 28 – 31.

[93] Walker A., "Active Aging: Realising its Potential", *Australasian Journal on Aging*, 2015, 34(1), pp. 2 – 8.

[94] Wallis C., "Micro-entrepreneurship, new media technologies and the reproduction and reconfiguration of gender in rural China", *Chinese Journal of Communication*, 2015, 8(1), pp. 42 – 58.

[95] Wang X. Q. and Bai N. F., *The Poverty of Plenty*, translated by Angela Knox, Basingstoke & London: Macmillan, 1991.

[96] WHO, Active ageing: a policy framework, Madrid: 2nd UN Assembly on Ageing, 2002, p. 12.

[97] Wiederkehr, V., et al., "Belief in school meritocracy as a system-justifying tool for low status students", *Frontiers in Psychology*, 6(2015), p.1053.

[98] Worker S.M., "Development of an Artifact-Based Evaluation Framework for Assessing 4-H Learner Outcomes", *Journal of Extension*, 2019,57(1).

[99] Woronov, Terry E., "Governing China's Children: Governmentality and 'Education for Quality'", *Positions: East Asia Cultures Critique*, 2009, pp.567-589.

[100] Y. Peng, "Kinship Networks and Entrepreneures in China's Transitional Economy", *American Journal of Sociology*, 2004,109(5), pp.1045-1074.

[101] Yang, L. & Walker, R., "Poverty, Shame and Ethics in Contemporary China", *Journal of Social Policy*, 2020, pp.564-581.

[102] Young, M., "Meritocracy revisited", *Society*, 31.6(1994), pp.87-89.

[103] Zhan, J. V. & Qin, S., "The art of Political ambiguity: Topdown intergovernmental information asymmetry in China", *Journal of Chinese Governance*, 2017, pp.149-168.

[104] Zhan, J. V. & Qin, S., "The art of political ambiguity: Top-down intergovernmental information asymmetry in China." *The China Quarterly*, 192(2007), pp.855-875.

[105] Zhang, Hong, "From Resisting to 'Embracing?' the One-Child Rule: Understanding new fertility trends in a central China village", *The China Quarterly*, 192(2007), pp.855-875.

[106] Zhang, Z. B., "Crowding out meritocracy?-Cultural constraints in Chinese public human resource management", *Australian Journal of Public Administration*, 74.3(2015), pp.270-282.

[107] CHARLS研究团队:《中国人口老龄化的挑战:中国健康与养老追踪调查全国基线报告》。

[108] 安华、赵云月:《国际比较视域下的老年人就业:社会认同、政府支持、企业配合》,《经济体制改革》2020年第4期。

[109] 安娜·茹姿科、李存娜:《捷克和波兰的积极养老政策》,《国际社会科学杂志(中文版)》2007年第24期。

[110] 卞文忠:《别让"人才短板"制约乡村振兴》,《人民论坛》2019年第1期。

[111] 蔡定剑、刘小楠:《反就业歧视法专家建议稿及海外经验》,社会科学文献出版社2010年版,第72—73页。

[112] 蔡昉:《人口转变,人口红利与经济增长可持续性——兼论充分就业如何促进经济增长》,《人口研究》2004年第2期。

[113] 蔡云凤、闫志利:《中外新型职业农民培育模式比较研究》,《教育探索》2014年第3期。

[114] 曹丹丘、丁志超、高鸣：《乡村人才振兴的现实困境与路径探索——以青岛市为例》，《农业现代化研究》2020年第2期。

[115] 查明建、高健、李冠杰：《现代职业农民培养的英国经验》，《中国职业技术教育》2015年第10期。

[116] 陈晨：《农民工首次返乡风险研究(1980—2009)——基于个人迁移史的事件史分析》，《人口与经济》2018年第5期。

[117] 陈国权：《规模化经营是上海乡镇企业可持续发展必由之路——上海郊区培育发展乡镇企业集团的思考》，《上海农村经济》1999年第1期。

[118] 陈俊：《对大学生村官流失问题的调研——以陕西省周至县为例》，《中国人力资源开发》2012年第9期。

[119] 陈雪峰：《西方发达国家反贫困的经验与启示——基于困难群体就业的视角》，《北华大学学报(社会科学版)》2012年第6期。

[120] 陈业宏、高尔筛：《积极老龄化背景下促进老年人再就业的对策建议》，《中州学刊》2023年第5期。

[121] 陈义媛：《农业现代化的区域差异：农业规模化不等于农业现代化》，《理论月刊》2023年第4期。

[122] 陈义媛：《资本下乡的社会困境与化解策略——资本对村庄社会资源的动员》，《中国农村经济》2019年第8期。

[123] 陈义媛：《资本主义式家庭农场的兴起与农业经营主体分化的再思考——以水稻生产为例》，《开放时代》2013年第4期。

[124] 陈正华：《新型职业农民培训理论与机制》，《高等农业教育》2013年第5期。

[125] 陈政、王燕荣等：《农民工返乡创业驱动因素及其地区差异实证分析》，《经济地理》2022年第10期。

[126] 崔传义：《进入21世纪的农民工回乡创业》，《经济研究参考》2008年第31期。

[127] [美]大卫·格雷伯：《毫无意义的工作》，吕宇珺译，中信出版集团2022年版。

[128] [美]戴慕珍：《中国乡村起飞：经济改革的制度基础》，李伟东译，中国社会科学出版社2021年版。

[129] 但文红、彭思涛、王丽：《西南喀斯特地区农业规模化发展存在的问题与对策》，《贵州农业科学》2010年第7期。

[130] 丁关良：《国外农用土地流转法律制度对中国土地承包经营权流转的启示》，《世界农业》2010年第8期。

[131] 丁俊华、耿明斋：《农民工返乡创业的政策执行绩效与治理逻辑——基于全国23个省(区、市)问卷调查的实证检验》，《河南师范大学学报(哲学社会科学版)》2023年第2期。

[132] 丁英顺：《韩国老年福利制度的发展及特征》，《东北亚学刊》2017年第3期。

[133] 范春梅：《跨越乡村治理性别鸿沟：女性村干部职业选择的动力机制研究——以上海市奉贤区J镇为例》，硕士学位论文，华东理工大学，2022年。

[134] 范德成、王韶华：《农村劳动力转移视角下的农业规模化经营促进城镇化的作

用研究》,《经济体制改革》2011 年第 6 期。
[135] 方中华:《乡村振兴如何破解人才瓶颈》,《人民论坛》2019 年第 9 期。
[136] 费娜、魏红:《日本职业农民培育的经验及启示》,《当代职业教育》2018 年第 4 期。
[137] 费孝通:《江村经济:中国农民的生活》,商务印书馆 2001 年版。
[138] 费孝通:《乡土中国·乡土重建》,北京联合出版公司 2018 年版。
[139] 冯仕政:《典型:一个政治社会学的研究》,《学海》2003 年第 3 期。
[140] 高宏伟:《农业生态安全视角下的农村土地流转分析》,《经济问题》2015 年第 2 期。
[141] 高怀飚:《村干部不宜"公职化"》,《领导科学》2003 年第 9 期。
[142] 高长江:《乡村现代化与乡村文化建设》,《中国农村观察》1995 年第 4 期。
[143] 谷玉良:《"众筹创业"与"村企合一":新时期农民工返乡创业研究——以湖北省荆门市 M 村为例》,《求实》2016 年第 8 期。
[144] 顾耀华、谭晓东:《健康老龄化对中国启示》,《中国公共卫生》2019 年第 8 期。
[145] 郭剑雄:《人力资本的农业就业:需求管理政策考量》,《经济与管理评论》2020 年第 2 期。
[146] 郭丽君、陈春平:《乡村振兴战略下高校农业人才培养改革探析》,《湖南农业大学学报(社会科学版)》2020 年第 2 期。
[147] 郭亮:《资本下乡与山林流转——来自湖北 S 镇的经验》,《社会》2011 年第 3 期。
[148] 郭庆松:《金融寒冬下大学生就业路在何方》,《社会科学报》2009 年 1 月 8 日。
[149] 郭秀兰:《大学生村官与农村经济发展的正相关分析——以山西省为例》,《经济问题》2013 年第 4 期。
[150] 郭振昌:《韩国高龄就业政策与对台湾的启发》,"台湾新社会智库"政策报告 2022 年 2 月 9 日。
[151] 郭智奇等:《培育新型职业农民问题的研究》,《中国职业技术教育》2012 年第 15 期。
[152] 韩朝华:《个体农户和农业规模化经营:家庭农场理论评述》,《经济研究》2017 年第 7 期。
[153] 韩娜:《我国新型职业农民培育问题研究》,硕士学位论文,大连海事大学,2013 年。
[154] 何莉:《中国农地流转模式选择》,硕士学位论文,西南财经大学,2011 年。
[155] 何倩倩:《老龄化背景下农村家庭养老困境与应对——基于两代老人共存现象分析》,《贵州社会科学》2021 年第 8 期。
[156] 何庆兰:《农村劳动力就业问题研究:以沪郊为例》,上海人民出版社 2010 年版。
[157] 何盛明:《财经大辞典》,中国财政经济出版社 1990 年版。
[158] 贺雪峰:《农民工返乡创业的逻辑与风险》,《求索》2020 年第 2 期。

[159] 贺雪峰:《小农立场》,中国政法大学出版社2013年版。
[160] [法]亨利·列斐伏尔:《资本主义的幸存:生产关系的再生产》,米兰译,上海社会科学院出版社2024年版。
[161] 侯志阳:《转型期就业弱势群体的困境与出路》,《南京人口管理干部学院学报》2004年第1期。
[162] 胡俊生:《广东代耕农生存状况调查》,《中国改革(农村版)》2004年第5期。
[163] 胡世前、姜倩雯、黄玮凡:《OECD国家老年人口就业政策》,《中国劳动》2015年第16期。
[164] 胡文原:《上海村干部绩效管理的困境和对策分析——基于宝山区L镇的调查》,硕士学位论文,上海交通大学,2009年。
[165] 胡小武:《市场理性与文化乡愁:乡村振兴战略中的青年镜像与群体心态》,《中国青年研究》2019年第9期。
[166] 胡湛、彭希哲、吴玉韶:《积极应对人口老龄化的"中国方案"》,《中国社会科学》2022年第9期。
[167] 胡湛、彭希哲:《应对中国人口老龄化的治理选择》,《Social Sciences in China》2020年第4期。
[168] 胡湛、彭希哲:《治理转型背景下的中国人口治理格局》,《人口研究》2021年第4期。
[169] 华金·阿朗戈、黄为葳:《移民研究的评析》,《国际社会科学杂志》2001年第3期。
[170] 黄军昌、朱光鼐:《莫负大任即降身——寄语选调生》,《党员干部之友》2002年第1期。
[171] 黄思:《乡村振兴背景下县域青年参与乡村治理研究——以后备干部制度为例》,《中国青年研究》2021年第5期。
[172] 黄晓星、徐盈艳:《双重边缘性与个体化策略——关于代耕农的生存故事》,《开放时代》2015年第5期。
[173] 黄志辉、麻国庆:《无"法"维权与成员资格——多重支配下的"代耕农"》,《中国农业大学学报(社会科学版)》2011年第1期。
[174] 黄志辉:《自我生产政体:"代耕农"及其"近阈限式耕作"》,《开放时代》2010年第12期。
[175] 黄忠怀、邓永平:《都市里的小农:城市郊区"农民农"现象及其成因——基于上海浦东Z镇的实证分析》,《华东理工大学学报(社会科学版)》2013年第28期。
[176] 黄宗智:《制度化了的"半工半耕"过密型农业(上)》,《读书》2006年第2期。
[177] 黄宗智:《中国新时代的小农户经济》导言,《开放时代》2012年第3期。
[178] 霍军亮、吴春梅:《乡村振兴战略背景下农村基层党组织建设的困境与出路》,《华中农业大学学报(社会科学版)》2018年第3期。
[179] 姜亦炜、吴坚、晏志鑫:《荣誉与尊严:乡村振兴中的基层荣誉体系建设——基

于浙江省新乡贤组织的调研》,《浙江学刊》2019年第4期。
[180] 蒋和平、王克军、杨东群:《我国乡村振兴面临的农村劳动力断代危机与解决的出路》,《江苏大学学报(社会科学版)》2019年第1期。
[181] 蒋文华:《多视角下的中国农地制度》,博士学位论文,浙江大学,2004年。
[182] 焦必方:《实现乡镇企业环境经济的协调发展:以上海市郊为例的探讨》,《复旦学报(社会科学版)》1998年第3期。
[183] 景春兰、徐志强:《超龄劳动关系之"不法"及其法律规制》,《中南大学学报(社会科学版)》2013年第1期。
[184] 孔韬:《乡村振兴战略背景下新型职业农民培育的困境与出路》,《中国职业技术教育》2019年第6期。
[185] 孔祥利、陈新旺:《资源禀赋差异如何影响农民工返乡创业——基于CHIP2013调查数据的实证分析》,《产经评论》2018年第5期。
[186] 雷浩巍:《地方选调生培养问题研究》,硕士学位论文,西南财经大学,2010年。
[187] 李博:《乡村振兴中的人才振兴及其推进路径——基于不同人才与乡村振兴之间的内在逻辑》,《云南社会科学》2020年第4期。
[188] 李繁荣:《恩格斯农业生态思想述评》,《海派经济学》2014年第2期。
[189] 李国祥、杨正周:《美国培养新型职业农民政策及启示》,《农业经济问题》2013年第5期。
[190] 李环环、牛晓静:《法国农民职业培训体系对我国的启示》,《中国成人教育》2017年第1期。
[191] 李洁:《"人"的再生产——清末民初诞生礼俗的仪式结构与社会意涵》,《社会学研究》2018年第5期。
[192] 李洁:《重新发现"再生产":从劳动到社会理论》,《社会学研究》2021年第1期。
[193] 李竞博:《中国人口老龄化与劳动生产率:影响机制及其政策应对》,社会科学文献出版社2021年版。
[194] 李康:《论超龄劳动者工伤救济的路径》,《法律适用》2022年第11期。
[195] 李坤轩:《当前基层公务员队伍建设存在的问题及对策分析——基于S省4市基层公务员队伍建设状况的调研》,《领导科学》2019年第2期。
[196] 李林:《法制社会与弱势群体的人权保障》,《前线》2001年第5期。
[197] 李文波、韩新宝:《大学生村官流失的原因及对策分析》,《广东青年干部学院学报》2010年第3期。
[198] 李文棋:《土地流转:中国农村土地使用权制度变迁的必然选择》,《台湾农业探索》2002年第3期。
[199] 李文学:《新型职业农民须具有四大特质》,《农村工作通讯》2012年第7期。
[200] 李永萍:《村干部的职业化:原因、效果与限度——基于上海市远郊农村的调研》,《中共宁波市委党校学报》2017年第1期。
[201] 李玉红:《农业规模化经营的外部性分析——一个生态环境角度的考察》,《重

庆理工大学学报(社会科学版)》2016年第7期。

[202] 李跃:《新农村建设中的土地流转问题分析》,《农业经济问题》2010年第4期。

[203] 梁永成、陈柏峰:《农村后备干部培养体系的转型与重塑》,《思想战线》2020年第5期。

[204] 林进龙、穆光宗:《生产性老龄化:反思、超越与中国化》,《探索与争鸣》2023年第3期。

[205] 林俊:《就业困难群体职业指导的重要性及其路径选择》,《黑河学院学报》2012年第5期。

[206] 林卡、吕浩然:《四种老龄化理念及其政策蕴意》,《浙江大学学报(人文社会科学版)》2016年第4期。

[207] 林克松、袁德梽:《人才振兴:职业教育"1+N"融合行动模式探索》,《民族教育研究》2020年第3期。

[208] 林龙飞、陈传波:《返乡创业青年的特征分析及政策支持构建——基于全国24省75县区995名返乡创业者的实地调查》,《中国青年研究》2018年第9期。

[209] 刘发安:《基层年轻公务员非正常流失现象探讨》,《领导科学》2016年第6期。

[210] 刘家斌、王娟:《论新型职业农民培育在全面乡村振兴中的关键性作用》,《农业经济》2022年第8期。

[211] 刘建丽:《我国农村土地流转存在的问题及对策探析》,《当代经济》2012年第2期。

[212] 刘俊威、刘纯彬:《农民工创业性回流影响因素的实证分析——基于安徽省庐江县调研数据》,《经济体制改革》2009年第6期。

[213] 刘林平、万向东:《论"树典型"——对一种计划经济体制下政府行为模式的社会学研究》,《中山大学学报(社会科学版)》2000年第3期。

[214] 刘美玉:《基于扎根理论的新生代农民工创业机理研究》,《农业经济问题》2013年第3期。

[215] 刘晓梅、西萌、满清喆:《自立性援助:低收入者就业援助理念与政策》,《中国劳动》2013年第5期。

[216] 刘艳婷:《农村实用人才教育培训探究——评〈人才振兴:构建满足乡村振兴需要的人才体系〉》,《中国教育学刊》2020年第11期。

[217] 刘益真:《发达国家新型职业农民培育经验及其启示》,《合作经济与科技》2017年第6期。

[218] 刘溢海、来晓东:《"双创"背景下农民工返乡创业意愿研究——基于河南省4市12县的实证分析》,《调研世界》2016年第11期。

[219] 刘知宜:《超龄劳动者工伤,谁来埋单?》,《农民日报》2023年3月1日,第5版。

[220] 刘志鹏、高周易、马亮:《示范:政策高位推动的工具——基于国务院各部门的实证研究(2008—2019)》,《政治学研究》2022年第4期。

[221] 刘志阳、李斌:《乡村振兴视野下的农民工返乡创业模式研究》,《福建论坛(人

文社会科学版)》2017年第12期。
[222] 鲁恩·艾尔维克、秦喜清:《挪威和英国的积极养老观念与政策》,《国际社会科学杂志(中文版)》2007年第4期。
[223] 鲁晓明:《积极老龄化视角下之就业老年人权益保障》,《法学论坛》2021年第4期。
[224] 陆钢:《上海农村城市化初探》,《上海师范大学学报(哲学社会科学版)》1996年第2期。
[225] 路琪、惠霞、董志峰等:《国外残疾人就业:立法、方式、服务及启示》,《发展》2017年第4期。
[226] [法]路易·阿尔都塞:《论再生产》,吴子枫译,西北大学出版社2019年版。
[227] 罗昊:《组织性依附:青年职业农民自我发展的实践困境及其策略建构》,《中国青年研究》2023年第6期。
[228] 罗敏:《从"离乡"到"返乡":青年参与乡村振兴的行动逻辑——基于H省Z市1231名青年的问卷调查分析》,《中国青年研究》2019年第9期。
[229] 罗先智:《浅议土地承包经营权流转》,《中国经济问题》2009年第1期。
[230] 马俊军:《农村党员干部思想行为"家族化"问题对策研究》,《青海社会科学》2016年第4期。
[231] 马锞等:《东莞发展都市农业的SWOT分析》,《广东农业科学》2014年第41期。
[232] 马流辉:"21世纪全球发展与农政转型"国际会议论文,北京,2023年。
[233] 马流辉:《"农民农":流动农民的异地职业化——以沪郊南村为个案的初步分析》,《中国农村研究》2013年第1期。
[234] 马流辉:《间接驱逐与身份改造——大都市郊区农业规模经营的治理逻辑》,《中国农业大学学报(社会科学版)》2016年第6期。
[235] 马玉婷、高强、杨旭丹:《农村劳动力老龄化与农业产业结构升级:理论机制与实证检验》,《华中农业大学学报(社会科学版)》2023年第2期,第71页。
[236] [英]迈克尔·曼:《社会权力的来源》,刘北成译,上海人民出版社2015年版。
[237] 毛飞、孔祥智:《农地规模化流转的制约因素分析》,《农业技术经济》2012年第4期。
[238] 孟飒、豆志杰:《美国日本和德国职业农民培育经验与启示》,《农业与技术》2021年第13期。
[239] 南希·莫罗-豪厄尔:《生产性老龄化:理论与应用视角》,《人口与发展》2011年第6期。
[240] 宁本荣:《上海女性弱势群体就业困境及其政策选择》,《人口学刊》2003年第4期。
[241] 宁吉喆:《第七次全国人口普查主要数据情况》,《中国统计》2021年。
[242] 宁泽逵、柳海亮等:《村干部向何处去——关于村干部"公职化"的可行性分析》,《中国农村观察》2005年第1期。

[243] 农业农村部科技教育司、中央农业广播电视学校:《2020 年全国高素质农民发展报告》,中国农业出版社 2021 年版。
[244] 潘旦:《自组织增权视角下的农民工创业能力提升》,《求索》2019 年第 2 期。
[245] 潘明明:《土地规模化经营对农业生态效率影响及城乡市场分割调节作用探析》,《北方园艺》2021 年第 7 期。
[246] [法]皮埃尔·布迪厄、J.-C. 帕斯隆:《再生产:一种教育系统理论的要点》,刑克超译,商务印书馆 2002 年版。
[247] 蒲实、孙文营:《实施乡村振兴战略背景下乡村人才建设政策研究》,《中国行政管理》2018 年第 11 期。
[248] 亓玉芳:《农业人才教育培育助力乡村振兴——评〈新型农民教育知识〉》,《热带作物学报》2020 年第 12 期。
[249] 钱鑫、姜向群:《中国城市老年人就业意愿影响因素分析》,《人口学刊》2006 年第 5 期。
[250] 钱再见、汪家焰:《"人才下乡":新乡贤助力乡村振兴的人才流入机制研究——基于江苏省 L 市 G 区的调研分析》,《中国行政管理》2019 年第 2 期。
[251] 秦雯:《农民分化、农地流转与劳动力转移行为》,《学术研究》2012 年第 7 期。
[252] 丘海雄、陈健民、任焰:《社会支持结构的转变:从一元到多元》,《社会学研究》1998 年第 4 期。
[253] 渠敬东:《占有,经营与治理:乡镇企业的三重分析概念(上)重返经典社会科学研究的一项尝试》,《社会》2013 年第 1 期。
[254] 冉东凡、吕学静:《退休人口再就业决策的影响因素研究——基于中国健康与养老追踪调查数据》,《社会保障研究》2020 年第 2 期。
[255] 任欢:《聚焦"银龄族"重返职场》,《光明日报》2022 年 11 月 22 日,第 7 版。
[256] 上海市农业农村委员会:《上海农业农村人才发展报告》,2018 年。
[257] 上海市人大农业与农村委:《关于本市乡村振兴立法相关重点问题研究报告》,内部资料,2022 年。
[258] 邵彦敏:《农业人口流动与农村土地流转》,《人口学刊》2007 年第 4 期。
[259] 石建:《村庄场域青年干部的回流机制及其实践困境——基于家计模式的分析视角》,《中国青年研究》2022 年第 5 期。
[260] 石智雷、谭宇、吴海涛:《返乡农民工创业行为与创业意愿分析》,《中国农村观察》2010 年第 5 期。
[261] 宋宝安、于天琪:《城镇老年人再就业对幸福感的影响——基于吉林省老年人口的调查研究》,《人口学刊》2011 年第 1 期。
[262] 苏迪、韩红蕾:《乡村振兴战略下开放大学助推乡村人才振兴的研究》,《成人教育》2020 年第 9 期。
[263] 粟芳、魏陆等编著:《瑞典社会保障制度》,上海人民出版社 2010 年版。
[264] 孙鹃娟:《农村留守老年人养老问题:状况、需求与建议》,《中国民政》2016 年第 12 期。

[265] 孙玉娜、李录堂、薛继亮:《农村劳动力流动、农业发展和中国土地流转》,《干旱区资源与环境》2012年1期。

[266] 汤建光、李江、庄士诚:《就业弱势群体就业问题探索》,《当代财经》2006年第11期。

[267] 汤璇芷:《乡村振兴背景下新型职业农民能力培养策略分析》,《农村经济与科技》2022年第6期。

[268] 唐亚林、钱坤:《城市精细化治理的经验及其优化对策——以上海"五违四必"生态环境综合治理为例》,《上海行政学院学报》2019年第2期。

[269] 陶振:《村干部公职化管理的多重维度》,《重庆社会科学》2016年第7期。

[270] 田光哲、李祥伟:《创新职业指导——新理念》,中国劳动社会保障出版社2005年版。

[271] 田书芹、王东强:《乡村人才振兴的核心驱动模型与政策启示——基于扎根理论的政策文本实证研究》,《江淮论坛》2020年第1期。

[272] 童洁、李宏伟、屈锡华:《我国新型职业农民培育的方向与支持体系构建》,《财经问题研究》2015年第4期。

[273] 涂华锦、邱远、赖星华:《科技人才下乡助力乡村振兴的困境与实践——基于广东省河源市的田野调查》,《中国高校科技》2020年第4期。

[274] 涂永前、蒙瑞、温军旗:《超龄劳动者用工法律关系的认定——基于刘某诉某餐饮分公司劳动争议案的研究》,《中国人力资源开发》2018年第7期。

[275] 万芊:《城市低龄老年人再就业促进研究——基于上海市的调查》,《社会科学研究》2013年第6期。

[276] 汪丁丁:《中国人口与人力资本问题》,《IT经理世界》2010年第7期。

[277] 汪小勤、汪红梅:《"人口红利"效应与中国经济增长》,《经济学家》2007年第1期。

[278] 王丰、安德鲁·梅森、沈可:《中国经济转型过程中的人口因素》,《中国人口科学》2006年第3期。

[279] 王富忠:《乡村振兴战略视域下乡村人才机制建设研究》,《农业经济》2020年第8期。

[280] 王皎皎:《离退休人员就业权法律保护问题研究》,《当代法学》2008年第2期。

[281] 王俊、吴理财:《农村青年干部为何留不住——基于社会认同视角下的实证分析》,《中国青年研究》2020年第6期。

[282] 王莉莉:《中国老年人社会参与的理论、实证与政策研究综述》,《人口与发展》2011年第3期。

[283] 王琪:《国外新型职业农民培育模式经验与启示》,《山西农经》2023年第7期。

[284] 王钱坤:《数字乡村建设:内涵、挑战与优化路径》,《当代农村财经》2023年第9期。

[285] 王文强:《以体制机制创新推进乡村人才振兴的几点思考》,《农村经济》2019年第10期。

参 考 文 献 / 223

[286] 王晓升:《从异化劳动到实践:马克思对于现代性问题的解答——兼评哈贝马斯对马克思的劳动概念的批评》,《哲学研究》2004年第2期。
[287] 王晓毅、罗静:《共同富裕、乡村振兴与小农户现代化》,《北京工业大学学报(社会科学版)》2022年第3期。
[288] 王轶、丁莉、刘娜:《创业者人力资本与返乡创业企业经营绩效——基于2139家返乡创业企业调查数据的研究》,《经济经纬》2020年第6期。
[289] 王毅平:《山东省就业困难群体及其社会支持》,《理论学刊》2004年第6期。
[290] 王志刚、于永梅:《大学生村官的择业动机、满意度评价及长效发展机制研究》,《中国软科学》2010年第6期。
[291] [美]沃勒斯坦:《现代世界体系》,郭方等译,社会科学文献出版社1998年版。
[292] 吴敏:《贫困山区新农村建设中"乡土人才"队伍建设刍议》,《理论导刊》2013年第3期。
[293] 吴郁玲、曲福田:《土地流转的制度经济学分析》,《农村经济》2006年第1期。
[294] 奚建武:《"农民农":城镇化进程中一个新的问题域——以上海郊区为例》,《华东理工大学学报(社会科学版)》2011年第26期。
[295] 夏媛、张佳华:《日本青年就业问题及其政策对应措施》,《当代青年研究》2017年第1期。
[296] 夏正林:《论退休权的宪法保障》,《法学》2006年第12期。
[297] 夏柱智、贺雪峰:《半工半耕与中国渐进城镇化模式》,《中国社会科学》2006年第2期。
[298] 夏柱智:《半工半耕:一个农村社会学的中层概念——与兼业概念相比较》,《南京农业大学学报(社会科学版)》2016年第6期。
[299] 向仍腊:《探讨弱势群体在就业中的优势方略》,《中国就业》2012年第5期。
[300] 熊万胜、郑楷:《并轨政治视角下的村干部半职业化现象》,《浙江社会科学》2022年第8期。
[301] 徐超、吴玲萍、孙文平:《外出务工经历、社会资本与返乡农民工创业——来自CHIPS数据的证据》,《财经研究》2017年第12期。
[302] 徐宏宇:《城乡一体化地区新生代村干部的择业逻辑及其影响——基于家计模式视角的分析》,《中国青年研究》2021年第8期。
[303] 徐林、宋程成、王诗宗:《农村基层治理中的多重社会网络》,《中国社会科学》2017年第1期。
[304] 徐勇:《中国农村村民自治》,华中师范大学出版社1997年版。
[305] 徐云辉:《中国公益性岗位制度运行困境研究》,博士学位论文,吉林大学,2019年。
[306] 许纯洁:《民族地区高校新型乡土人才培养:时代使命与实现路径》,《广西民族研究》2019年第2期。
[307] 许恒周:《农村劳动力市场发育对农村土地流转的影响分析——基于农户调查的实证研究》,《当代经济管理》2011年第9期。

[308] 闫文娟、郭树龙、史亚东:《环境规制、产业结构升级与就业效应:线性还是非线性?》,《经济科学》2012年第6期。

[309] 闫小欢、霍学喜:《农民就业、农村社会保障和土地流转——基于河南省479个农户调查的分析》,《农业技术经济》2013年第7期。

[310] [荷]扬·杜威·范德普勒格:《小农与农业的艺术:恰亚诺夫主义宣言》,潘璐译,叶敬忠译校,社会科学文献出版社2020年版。

[311] 杨德敏:《就业援助法律机制研究》,中国法制出版社2012年版。

[312] 杨凤雷、陈甸:《社会参与、老年健康与老年人力资源开发》,《劳动保障世界》2011年第12期。

[313] 杨洪林:《山地生态民族地区农村土地流转调查研究——以鄂西南为中心》,《湖北社会科学》2015年第9期。

[314] 杨健、李增元:《新型职业农民发展困境:政策约束及内在机理——基于Z市的调查》,《湖北民族大学学报(哲学社会科学版)》2022年第2期。

[315] 杨珏:《城市困难人群就业援助体系研究》,硕士学位论文,苏州大学,2010年。

[316] 杨柳、杨帆、蒙生儒:《美国新型职业农民培育经验与启示》,《农业经济问题》2019年第6期。

[317] 杨璐璐:《乡村振兴视野的新型职业农民培育:浙省个案》,《改革》2018年第2期。

[318] 杨庆芳:《我国老年教育发展探究——基于积极老龄化的视角》,知识产权出版社2014年版。

[319] 杨团:《弱势群体及其保护性社会政策》,《前线》2001年第5期。

[320] 杨月琴:《日本农业经营主体培育的政策调整及其启示》,《农家参谋》2019年第1期。

[321] 姚玲珍编著:《德国社会保障制度》,上海人民出版社2011年版。

[322] 姚修杰、陶庆华:《发达国家如何培养新型职业农民》,《中国人才》2018年第6期。

[323] 姚洋:《非农就业结构与土地租赁市场的发育》,《中国农村观察》1999年第2期。

[324] 叶晓华:《九十年代上海郊区乡镇企业发展战略探讨》,《上海企业》1992年第7期。

[325] 殷国安:《超龄劳动者维权需要统一的法律指引》,《北京青年报》2018年4月27日,第2版。

[326] 殷俊、陈天红:《美国延迟退休激励机制分析——兼论对中国延迟退休年龄改革的启示》,《经济与管理》2014年第4期。

[327] 殷梅英:《以组织振兴为基础推进乡村全面振兴》,《中国党政干部论坛》2018年第5期。

[328] 印子:《职业村干部群体与基层治理程式化——来自上海远郊农村的田野经验》,《南京农业大学学报(社会科学版)》2017年第17卷第2期。

[329] 应小丽:《乡村振兴中新乡贤的培育及其整合效应——以浙江省绍兴地区为例》,《探索》2019年第2期。
[330] 游和远、吴次芳:《农地流转、禀赋依赖与农村劳动力转移》,《管理世界》2010年第3期。
[331] 袁中华:《"客耕农"与城市郊区的小农农业——基于上海的实证研究》,《中国乡村研究》2015年。
[332] 张川川、赵耀辉:《老年人就业和年轻人就业的关系:来自中国的经验证据》,《世界经济》2014年第5期。
[333] 张红宇:《大国小农迈向现代化的历史抉择》,《求索》2019年第1期。
[334] 张红宇:《乡村振兴战略与企业家责任》,《中国农业大学学报(社会科学版)》2018年第1期。
[335] 张辉、崔泽民、宋玮等:《英国现代农业发展的启示与建议》,《中国农业资源与区划》2016年第4期。
[336] 张竞文:《对粮食主产区土地流转效果的调查分析——以安徽省为例》,《现代农业科技》2015年第2期。
[337] 张静宜、李睿、陈传波:《先前经验、政策支持与返乡创业机会识别》,《调研世界》2021年第9期。
[338] 张娟、惠宁:《资源型城市环境规制的就业效应及其门限特征分析》,《人文杂志》2016年第11期。
[339] 张恺悌:《中国城乡老年人社会活动和精神心理状况研究》,中国社会出版社2008年版。
[340] 张立新、林令臻、孙凯丽:《农民工返乡创业意愿影响因素研究》,《华南农业大学学报(社会科学版)》2016年第5期。
[341] 张笑寒、岳启凡:《土地规模化经营促进农业生产性投资了吗?——基于全国三十一个省(市)的面板数据》,《审计与经济研究》2019年第4期。
[342] 张一衡:《退休返聘的劳动者发生工伤谁来赔》,《工人日报》2022年6月9日,第7版。
[343] 张翼:《受教育水平对退休老年人再就业的影响》,《中国人口科学》1999年第4期。
[344] 张兆安:《改革开放40年:上海100项首创案例》,上海社会科学院出版社2018年版。
[345] 赵帮宏、张亮、张润清:《我国新型职业农民培训模式的选择》,《高等农业教育》,2013年第4期。
[346] 赵敏:《国际人口迁移理论评述》,《上海社会科学院学术季刊》1997年第4期。
[347] 赵秀玲:《乡村振兴下的人才发展战略构想》,《江汉论坛》2018年第4期。
[348] 赵艳芳:《山西省城镇失业问题浅析》,《经济研究参考》2016年第39期。
[349] 赵渊博:《中国就业极化问题研究》,中国社会科学出版社2002年版。
[350] 浙江省金华市社联课题组:《农业规模经营的研究》,《浙江社会科学》1990年

第 1 期。

[351] 郑一平:《影响村级治理的主要因素分析——江西省桥下村调查》,《中国农村经济》1997 年第 9 期。

[352] 中国老年学和老年医学学会:《新时代积极应对人口老龄化发展报告——中国老龄化社会 20 年:成就·挑战与展望》,人民出版社 2021 年版。

[353] 钟光荣:《乡村振兴战略下新型职业农民培育的困境与出路》,《现代农业科技》2018 年第 2 期。

[354] 钟仁耀、马昂:《弹性退休年龄的国际经验及其启示》,《社会科学》2016 年第 7 期。

[355] 钟涨宝、汪萍:《农地流转过程中的农户行为分析——湖北、浙江等地的农户问卷调查》,《中国农村观察》2003 年第 6 期。

[356] 周飞舟、王绍琛:《农民上楼与资本下乡:城镇化的社会学研究》,《中国社会科学》2015 年第 1 期。

[357] 周飞舟:《分税制十年:制度及其影响》,《中国社会科学》2006 年第 6 期。

[358] 周飞舟:《回归乡土与现实:乡镇企业研究路径的反思》,《社会》2013 年第 3 期。

[359] 周洁红、魏珂:《发达国家职业农民培育政策的演变及启示》,《农业经济问题》2019 年第 8 期。

[360] 周蕾:《救助渐退思路下的国际救助制度经验与启示》,第三届中国社会救助研讨会,武汉大学,2013 年 11 月 2—3 日。

[361] 周黎安:《从"双重创造"到"双向塑造"——构建政府与市场关系的中国经验》,《学术月刊》2023 年第 3 期。

[362] 周宵鹏:《高龄民工劳动保护尚缺共识之殇,超龄工伤难获赔》,《法制日报》2015 年 5 月 24 日,第 2 版。

[363] 周学良:《产业结构升级的就业效应分析》,《金融发展研究》2015 年第 2 期。

[364] 周雪光:《"关系产权":产权制度的一个社会学解释》,《社会学研究》2005 年第 2 期。

[365] 周应恒、胡凌啸、严斌剑:《农业经营主体和经营规模演化的国际经验分析》,《中国农村经济》2015 年第 9 期。

[366] 朱红根、康兰媛:《农民工创业动机及对创业绩效影响的实证分析——基于江西省 15 个县市的 438 个返乡创业农民工样本》,《南京农业大学学报(社会科学版)》2013 年第 5 期。

[367] 朱红根、康兰媛等:《劳动力输出大省农民工返乡创业意愿影响因素的实证分析——基于江西省 1145 个返乡农民工的调查数据》,《中国农村观察》2010 年第 5 期。

[368] 朱慧玲:《作为分配正义的优绩主义》,《伦理学研究》2022 年第 3 期。

[369] 朱启臻、胡方萌:《新型职业农民生成环境的几个问题》,《中国农村经济》2016 年第 10 期。

[370] 朱启臻、闻静超:《论新型职业农民及其培育》,《农业工程》2012年第3期。

[371] 祝进进:《走出田野:"农民农"日常生活中的手机实践——以江苏省常熟市为例》,硕士学位论文,安徽大学,2022年。

[372] 左停、马泽乔、徐卫周:《现代化愿景下提升中国农业农民职业化水平研究》,《江苏社会科学》2023年第4期。

# 后　　记

　　拙著是2021年以来,我在上海市乡村振兴研究中心工作两年多时间里的阶段性成果。在短时间内,我很难对其中的很多不足和遗憾做出让我自己满意的回应。因此,我不得不承认,我是怀着惴惴不安的心情出版这本专著的,而这种"不安",也许我只能以积极的态度进行回应:在未来的研究中,我会不断补充、更新我的认知,让这项工作得到更扎实的提升。而这本书,与其说是对前一阶段工作的总结,不如说是为下一阶段的工作埋下一个伏笔。

　　总而言之,首先感谢乡村振兴研究中心作为一个机构组织的支持,也感谢所有领导、同事作为个体在我们的工作合作关系上的支持。无论是研究所需的经费还是所需的时间,都是完成这本专著的重要基础。同时,感谢我所调研过的许多村庄,无论村民还是村干部,都给予了我们研究人员很大的耐心和支持,让我们得以深入了解他们的世界,并通过他们的世界去理解一些更宏大的问题。此外,非常感谢复旦大学国际关系与公共事务学院的博士候选人夏怡弯、吴俊儒同学,硕士研究生赵晨汐、田甜同学,以及江南大学的硕士研究生陆晨豪同学对本书的贡献,他们耐心帮助我收集了许多材料,不厌其烦地帮助我编辑书写格式、转录录音等,这些烦琐工作的完成大大提高了我的工作效率。最后,非常感谢我的家人对我的理解与包容,情感支持更是所有的支持中,最不可见的,却是最珍贵的。

魏澜<br>2024年4月

图书在版编目(CIP)数据

超大城市乡村就业图景的变迁及动力机制转型：以上海为例 / 魏澜著 .— 上海：上海社会科学院出版社，2024．— ISBN 978-7-5520-4445-4

Ⅰ．F323.6

中国国家版本馆 CIP 数据核字第 20244RF198 号

### 超大城市乡村就业图景的变迁及动力机制转型：以上海为例

著　　者：魏　澜
责任编辑：王　睿
封面设计：杨晨安
出版发行：上海社会科学院出版社
　　　　　上海顺昌路 622 号　邮编 200025
　　　　　电话总机 021-63315947　销售热线 021-53063735
　　　　　https://cbs.sass.org.cn　E-mail：sassp@sassp.cn
照　　排：南京前锦排版服务有限公司
印　　刷：上海颛辉印刷厂有限公司
开　　本：710 毫米×1010 毫米　1/16
印　　张：15
字　　数：218 千
版　　次：2024 年 7 月第 1 版　2024 年 7 月第 1 次印刷

ISBN 978-7-5520-4445-4/F・774　　　　　　　　定价：88.00 元

版权所有　翻印必究